Os Legisladores

W. I. Kryjanovskaya
(Rochester)

Os Legisladores

(Romance)

1930

Editora M. Gudkov
Riga – Letônia – R. Antoninskaya, 11
Tel.: 32.056

Os Legisladores
pelo espírito *J. W. Rochester*
psicografia de *Wera Krijanowskaia*

Direção editorial: *Celso Maiellari*
Tradução: *Dimitry Suhogusoff*
Revisão: *Maria Carolina C. Silveira*
e Joaquim Antonio Pereira Sobrinho
Capa: *6B Estúdio e SGuerra Design*
Assistente de Arte: *Renata Tiemi Owa*
Fotolitos de Capa: *Megagrafics*
Impressão e acabamento: *Gráfica Palas Athena*

LÚMEN EDITORIAL
Rua Espírita, 64
São Paulo - SP
CEP 01527-040
Tel/Fax (0xx11) 3207-1353

visite nosso site: www.lumeneditorial.com.br
fale com a Lúmen: atendimento@lumeneditorial.com.br
departamento de vendas: comercial@lumeneditorial.com.br
contato editorial: editorial@lumeneditorial.com.br

2006

Impressão no Brasil – *Printed in Brazil*

Capítulo I

O sol punha-se, coruscando os raios purpúreos sobre a vasta planície ladeada pelos paredões escuros da floresta e das montanhas arborescentes.

O denso e alto mato vicejava por toda a campina; aqui e ali, viam-se espalhados grupos de árvores de troncos enormes e folhagem exuberante, que formavam no local uma copa praticamente impenetrável.

Animais de tamanho descomunal e aspecto estranho podiam ser vistos correndo ou esticados pachorrentos, aquecendo-se ao sol. Seus corpos compridos e flexíveis findavam em cauda, como a de dragão; dois pares de pés curtos e grossos serviam-lhes de locomoção, e as enormes asas, tão possantes como as de uma águia, possibilitavam-lhes alçarem o vôo; as cabeças estreitas, com grandes olhos sugerindo inteligência, assemelhavam-se às de aquênios. Eram animais totalmente negros, como as asas de um corvo, ou de um branco prateado, ou, ainda, de um vermelho-ruivo aurifulgente, com matiz esverdeado.

Não muito longe daquele incomum rebanho, embaixo da folhagem densa de árvores, estava reunido um grande grupo de homens, de estatura colossal. Suas únicas vestimentas eram peles de animais que lhes cobriam os quadris cúprico-avermelhados. Os cabelos negros, rijos e desgrenhados, caíam sobre os ombros; seus rostos de feições grosseiras e maxilares salientes eram imberbes. Estavam armados de paus grossos, nodosos, e machados curtos de pedra, enfiados atrás dos cintos; empunhavam uma corda comprida enrolada, e uma das pontas amarrada a uma pedra. Ajeitados nos tocos de árvores ou no relvado, eles conversavam; suas vozes guturais podiam ser ouvidas de longe. Eram, pelo visto, pastores.

Subitamente, um dos homens ergueu-se e apontou para um grupo de mulheres, reconhecíveis por seus cabelos longos e seios avantajados; elas acabavam de sair da floresta e se aproximavam lépidas em direção aos homens. À semelhança deles, suas vestes resumiam-se a uma única peça: uma espécie de tanga de folhas trançadas, de cana de açúcar. Dentro de suas cestas rústicas e toalhas de palha, elas levavam o almoço para os pastores. Compunha-se este de vários tipos de frutas, raízes, e peixe cru; dentro de recipientes de casca de bétula, havia um líquido amarelado de odor aromático.

Após depositarem a comida aos pés dos homens, as mulheres prostraram-se em deferência diante deles, depois, levantaram-se rapidamente e começaram a contar animadamente alguma coisa, provocando muita agitação entre os pastores.

— O homem da caverna está nos chamando!? Por que será? – surpreendeu-se um dos homens, visivelmente perturbado.

— E os outros também foram chamados? – interessou-se um deles.

— O mensageiro nos disse que alguns mensageiros partiram para os vales e florestas. Mas a reunião, marcada no Vale da Pedra Sagrada, é somente para os mais velhos e alguns convidados especiais – asseverou uma das mulheres.

Após comerem rapidamente, todos se puseram a caminho.

Depois de uma caminhada bastante longa, a multidão saiu numa ampla campina margeada de árvores colossais; seus troncos eram ocos por dentro e serviam de moradia aos aborígenes.

As singulares tocas circulares eram atapetadas por dentro com peles de animais; ali mesmo, viam-se utensílios domésticos, feitos de casca de árvores, e aprovisionamentos alimentares. Enquanto as mulheres cuidavam da casa, as crianças, completamente nuas, corriam alegres ao ar livre. Havia pelo menos uma centena daquelas casas arbóreas.

Entre os moradores a agitação era visível. Reunidos em pequenos grupos, discutiam algo em voz alta; os recém-chegados participavam imediatamente da conversa.

Depois, da multidão adiantaram-se cerca de cinqüenta homens e mulheres e dirigiram-se pela trilha em direção à mata.

Após caminharem por um longo tempo, deram num amplo vale, cercado nos flancos pela floresta e montanhas pontiagudas, sulcadas por uma infinidade de fissuras.

No centro do vale, sobre um montículo, erguia-se uma colossal rocha cúbica, e, em cima dela, repousava uma outra pedra de formato cônico, lembrando um pequeno obelisco. Ao redor daquele cone de basalto preto, polido e refulgente, amontoavam-se ramagens resinosas.

O local estava apinhado de gente. Homens e mulheres, formando um bloco compacto, apertavam-se junto aos pés do montículo; a luz avermelhada e fumacenta dos archotes lançava clarões purpúreos sobre aquela estranha reunião.

Subitamente a multidão se agitou e se apertou para formar uma passagem, ouvindo-se o rolar de um sussurro:

— O homem da caverna...! O homem da caverna...!

Pela passagem formada entre a multidão, vinha chegando um homem de aspecto bastante estranho. Era de uma estatura descomunal e magro feito um esqueleto. O rosto oblongo e ossudo, lábios grossos, nariz chato e fronte baixa, era lívido e reverberava em tonalidade azul, como se o sangue que corria debaixo da pele fosse dessa cor. Seus olhos assentavam-se fundos nas órbitas e estavam incrivelmente esbugalhados; entretanto, o mais surpreendente nele era a existência de um terceiro olho, localizado na nuca, enquanto que a cabeça era praticamente desprovida de cabelos. Vestia uma túnica de pele de animal; seus braços e pernas de tamanho desproporcional estavam desnudados.

Com a sua chegada, a multidão caiu genuflexa e começou a bater repetidamente a testa na terra. Respondendo à saudação com uma leve inclinação da cabeça, o homem foi para o montículo, galgou os degraus, deu sete voltas ao redor da pedra, reverenciou-a, inclinando-se até o solo, e prostrou-se diante dela, recitando fórmulas mágicas em sua voz gutural.

A seguir, jogou sobre a folhagem ali preparada um líquido denso como alcatrão, tirou de um saquinho amarrado atrás da cintura duas pedras de formato chato, e começou a friccioná-las uma na outra, até que delas salpicassem faíscas, que acenderam as ramagens resinosas em volta da pedra cônica.

Ouviu-se, nesse instante, um barulho estridente e uma fumaça densa subiu às alturas. O homem de três olhos começou a urrar e a rodopiar com rapidez extraordinária, sendo imitado pela multidão. Homens e mulheres, dando-se as mãos, formaram uma corrente em volta da rocha, rodopiando numa dança tresloucada em meio a urros selvagens – o que deveria, provavelmente, constituir uma espécie de canto, uma vez que as vozes ora soavam alto, ora baixo, sem nenhum ritmo, entretanto, ou melodia determinada.

A coluna de fumaça, nesse ínterim, foi densificando-se, espalhando-se e levantando-se, como uma cortina no ar sem vento.

Subitamente, entre as nuvens de fumaça surgiu uma labareda, alçando-se em coluna ígnea e tingindo-se de todas as cores do arco-íris, formando, ao final, uma esfinge de proporções colossais.

Tanto o homem da caverna como toda a multidão estacaram, puseram-se de joelhos e começaram a contemplar extasiados a visão. Nisso, o ser misterioso começou a falar. A poderosa voz, que parecia vir de longe, alcançava até as últimas fileiras e soava como em megafone.

— Vim lhes dizer, habitantes dos vales, montanhas e florestas, que chegou a hora da descida dos deuses. Sua vinda dispersará as trevas, pois que é de seu desejo misturar-se ao povo, ensinar-lhe os profundos mistérios, mostrar as riquezas do solo e fazê-lo descobrir as maravilhas do Céu. Eles irão transformá-los e a geração de vocês será conhecida como a que teve a fortuna de ver sua descida das alturas, para aqui estabelecer a morada. Os deuses estão vindo! Preparem-se, pois, habitantes dos vales, montanhas e florestas, para o grande dia: nada comam ou bebam durante os próximos dois dias e, no terceiro, reúnam-se nos vales, junto aos pés das montanhas, para ver a descida de seus futuros senhores e mestres. A hora chegou!

A voz silenciou, a visão tornou-se tosca e dissolveu-se no ar.

Ainda por alguns minutos, todos se mantiveram paralisados, atônitos pelo que acabavam de ouvir; depois, a multidão agitou-se feito um mar bravio. Cercando o homem da caverna, os nativos cobriram-no de perguntas. Ele explicou que a enigmática criatura, que eles acabavam de ver, fora enviada pelos deuses para anunciar-lhes a sua descida. Em seguida, instruiu-os como deveriam jejuar e purificar-se com os banhos nos rios, e, finalizando, ordenou que colocassem vestes novas e limpas. Após estas instruções, ele detalhou os locais em que todos deveriam reunir-se para assistirem ao grandioso e singular espetáculo: a descida dos deuses das alturas – seres misteriosos em sua missão de transformarem o mundo.

A multidão dispersou-se apressada para transmitir a extraordinária notícia a outros.

Os dois dias seguintes àquela noite memorável se passaram em febril excitação.

No dia marcado, à tardezinha, toda a população estava de pé; o nervosismo crescia a cada hora, e a ansiedade por aquele extraordinário acontecimento parecia tomar conta não só de pessoas, mas de toda a natureza.

A impaciência da turba selvática crescia; alguns jovens dos mais corajosos e argutos, tendo já domesticado animais alados, anteriormente descritos, montaram-lhes o lombo e alçaram às alturas para assistirem, entre os primeiros, aos deuses aguardados.

Finalmente, pelo céu derramou-se uma luz rosada, reverberando ao amarelo dourado, e naquele fundo radioso começou a desenhar-se a frota enigmática, descendo à velocidade estonteante das alturas celestes.

De cada nave, feito sóis, dardejavam correntes de luz ofuscante; aos ouvidos de todos chegavam acordes de música inaudita.

Os sons harmônicos, suaves e ao mesmo tempo indescritivelmente poderosos, faziam estremecer cada fibra daqueles humanos, desde o mais rude; calados, atônitos e trêmulos, eles deslumbravam-se por aquele extraordinário espetáculo.

A música das esferas causou ainda um outro fenômeno bem inesperado: das profundezas dos pântanos e rios, das montanhas e florestas, saíram as mais variadas espécies de animais e monstros, grandes e pequenos – todos que anteriormente provocavam grande medo nas pessoas, fazendo-as fugir apavoradas. Não obstante, as terríficas feras não tinham intenção, aparentemente, de causar algum mal aos humanos, enfeitiçadas que estavam, ouvindo a melodia mágica que parecia envolver todos os homens e animais, acalmando-os.

Entrementes, a frota espacial aproximou-se mais da terra. As luzes que dela rutilavam tornaram-se multicoloridas, e os vales e as montanhas viram-se inundados alternadamente de azul safira, verde esmeralda e vermelho rubi; o ar saturou-se de fluidos aromáticos, maravilhosos.

Agora já se podia vislumbrar, nitidamente, na ponta de cada aeronave uma portinhola aberta, onde se perfilavam seres humanos, altos e esbeltos, trajando vestes brancas ou envoltos em véus que mais pareciam névoas prateadas. Seus semblantes eram de beleza celestial e, de fato, aos rudes seres primitivos eles pareciam divinos!

Com ar sereno e pensativo examinavam os adeptos aquela terra nova – seu futuro campo de batalha – e aquela massa humana, junto da qual foram convocados para reformar, fornecer luz espiritual e calor humano, ministrar os fundamentos da magnitude do Criador, os princípios da ordem e da orientação para o caminho da perfeição.

Silente, como se embalada pelas ondas melodiosas, passou a frota aérea por sobre os vales e as florestas, e, alçando vôo para as alturas, desapareceu atrás das montanhas.

A turba primitiva parecia estar em letargia. Apoderou-se dela um sentimento novo, um misto de encantamento, exaltação diante daquela beleza perfeita, e o reconhecimento de sua fealdade. Não era um sentimento eivado de inveja, pois que, para eles, eram deuses aqueles seres de beleza extraterrestre.

Assim exaltados, num estado jamais vivido, olhavam os selvagens impressionados em direção à cordilheira, atrás da qual deveriam estar os deuses. Um temor supersticioso dominou-os, quando, de repente, acima dos píncaros das montanhas começaram a surgir triângulos ígneos e depois se assomou a imagem colossal de uma criatura alada, empunhando espada flamejante. E todos compreenderam que aqueles sítios se tornaram sagrados, e que nenhum dos habitantes dos vales, montanhas e florestas poderia ousar aproximar-se daquela morada dos deuses.

Numa das montanhas a margear a área onde havia descido a frota dos adeptos, havia uma enorme gruta formada em parte pela própria natureza, e, em parte, pelas mãos humanas. Ali se reuniram cerca de vinte pessoas. Alguns dos paredões do salão subterrâneo estavam ornados por esculturas; uma esfera luminosa, acoplada à parede divisória, lançava sobre o ambiente uma luz suavemente azulada. Numa depressão profunda, lembrando um nicho, via-se um enorme bloco de pedra rubra esculpido em forma de triângulo, que tinha o acesso assegurado por alguns degraus. O bloco, encimado por uma grande cruz em ouro maciço, refulgia em clarões fosfóricos; do teto pendiam sobre a cruz sete lâmpadas de ouro, finamente trabalhadas, e, em cada uma, cintilava chama de cor diferente, correspondendo à tonalidade do arco-íris. As luzes multicolores reverberavam pictoricamente sobre o ouro e o grande cálice de cristal, junto à base da cruz; de ambos os lados do cálice, repousavam enormes livros encadernados em metal.

Numa gruta contígua menor, também iluminada por uma esfera fixada à parede, havia uma mesa e alguns bancos de pedra.

Algumas pessoas oravam ardorosas de pé diante do nicho. Após se curvarem por três vezes até o solo, elas entoaram um hino em coro, imponente e melodioso, e passaram para uma pequena gruta ao lado, onde uns se sentaram à mesa, outros ficaram caminhando de um lado para outro. Todos pareciam visivelmente perturbados e envoltos em pensamentos profundos.

Eram homens belos, no desabrochar da juventude, de feições variadas, ainda que magras, pálidas e aparentando serem ascetas. Em todos cintilava, invariavelmente, uma luz interna que parecia filtrar-se da pele, iluminando parcialmente seus rostos enérgicos; seus olhares denotavam muita inteligência e vontade férrea, ainda que dessem a impressào de estarem acometidos por profunda tristeza.

Trajavam o mesmo tipo de vestes longas, de couro escuro, cingidas por cordão, e calçavam sandálias de palha.

Finalmente, um homem aparentemente superior quebrou o silêncio.

— Irmãos, o nosso trabalho acabou, assim como a nossa expiação, eu espero... – anunciou ele. – É chegada a hora de nos apresentarmos diante de nossos antigos mestres e juízes, para prestarmos conta da colossal missão a nós confiada. Parece-me oportuno juntarmos os documentos que constituem os resultados de nossa obra para levá-los aos nossos mestres.

— O sino ainda não repicou, mas concordo com você. É bom estarmos prontos! – anuiu um dos homens, erguendo-se.

Eles foram buscar uma quantidade enorme de pergaminhos e colocaram-nos sobre a mesa. Estavam neles registradas as evoluções astronômicas, as posições das constelações e o movimento dos planetas desde tempos imemoráveis; outros continham a história da evolução do planeta e das raças que o habitaram; outros, finalmente, continham um relato detalhado do trabalho de cada um e os resultados obtidos.

Mal eles acabaram de arrumar e amarrar os pacotes dos valiosíssimos documentos, ouviram-se claramente três repiques sonoros de sino. Todos estremeceram, alguns coraram de nervosismo.

— Vamos fazer uma última ablução e elevar uma oração purificadora antes de nos apresentarmos aos nossos juízes – tornou a falar o primeiro.

Calados, um após o outro, aproximaram-se da fonte que jorrava um jato fino de água nas paredes da gruta, formando um tanque; lavaram em água limpa o rosto e as mãos, e, depois, retornaram para a gruta maior, onde pronunciaram uma oração e cantaram um hino. O imponente cântico, executado em grande júbilo e fé ardorosa, louvava as forças do bem e a bem-aventurança da purificação; enquanto durou aquele grandioso louvor, o nicho inundou-se de maravilhosa luz rosada, o cálice coriscou em feixes radiosos e encheu-se pela metade de um líquido dourado.

Jubilosos e como que transfigurados, contemplavam os presentes aquele espetáculo mágico. Depois, um deles subiu os degraus, pegou o cálice, tomou dele e passou aos outros para que também bebessem do conteúdo enigmático. Em seguida, aquele que parecia o superior, pegou o cálice nas mãos, um outro ergueu a cruz, os restantes dividiram entre si os livros e os pergaminhos e, segurando cada um na mão uma carga e na outra uma vela de cera acesa, todos se dirigiram à escada esculpida na rocha e escondida atrás de uma saliência.

Saíram numa ampla área cercada por altas montanhas; ali, entre uma vegetação luxuriante, erguia-se um enorme prédio de arquitetura ímpar. Uma grande escadaria levava a uma galeria com colunas em forma de troncos de árvores, onde em enormes taças esculpidas de pedra ardiam ervas aromáticas. Foi ali que eles se postaram em suas vestes simples e escuras de trabalho.

Daquela altitude, diante deles se descortinava um panorama surpreendente. Não longe da escada, descia uma trilha ladeada por arbustos floridos, que levava para uma campina larga, na qual estavam pousando os adventícios do planeta morto. Uma após a outra ancoravam as aeronaves, e delas desciam os seus passageiros, que depois se reuniam em grupos. Um dos grupos constituía-se de pessoas totalmente cobertas por longos véus; por entre aquele tecido prateado filtrava-se uma luz intensa, como se vinda de metal incandescido, enquanto que ao redor de suas cabeças irisavam halos aurifulgentes. Um pouco à frente, agrupavam-se os magos em suas vestes alvas e fachos na testa, denotando o seu grau, e com insígnias fulgindo nos peitos; mais adiante – feito visões radiosas – estavam as magas; os cavaleiros do Graal, lembrando colméia prateada; os adeptos de patente inferior e, finalmente, um grande número de terráqueos, que mereceram ser transferidos para o novo planeta. Os últimos pareciam tontos, tremiam agrupados sob a guarda dos seguranças.

Os grandes servidores da luz, encabeçados pelos hierofantes, carregando cálices encimados por cruzes, dirigiram-se ao palácio, onde eram esperados pelos pioneiros do jovem planeta. Estes se lhes prostraram aos pés e, levantando-se, juntaram-se a eles. Entraram no enorme salão apenas os magos superiores, as magas, os cavaleiros do Graal, ficando em semicírculo no fundo. No centro, diante dos magos superiores, cobertos por mantos, postou-se, então, o pequeno grupo dos obreiros do novo mundo. Estes imediatamente entregaram aos adeptos a cruz, o cálice e os livros encadernados em capas metálicas.

Ouviu-se então na sala, mergulhada em silêncio, a voz estentórea de um dos homens, cujo rosto estava coberto por um manto.

— Glória a vocês, meus filhos! O trabalho árduo expiou seus pecados. Que se rompam as correntes que os prendem ao passado! Que retornem os ex-expurgados, já purificados, ao seio dos servidores da luz e que se celebre a sua ressurreição espiritual!

Clarões coruscantes dardejaram dos magos superiores, cobrindo com película ígnea os obreiros, como se os calcinando. E quando a névoa avermelhada se dissipou, viu-se que uma incrível transfiguração se havia dado. Em vez das antigas vestes de couro, os obreiros do novo planeta estavam trajando vestes alvas; seus semblantes de incrível beleza agora estampavam uma alegria jubilosa e em suas frontes surgiu o primeiro facho da coroa dos magos.

Os recém-chegados da Terra cercaram, abraçaram e felicitaram-nos. Entre eles havia velhos amigos e foi grande a alegria do reencontro!

Os transfigurados, entretanto, não se esqueceram de seu papel de anfitriões e trataram de acomodar as visitas no novo planeta. Primeiramente, eles levaram os magos superiores para um lugar especialmente preparado, enquanto os outros viajantes eram convidados para um enorme salão, onde por eles aguardava uma grande mesa com repasto trivial: leite, mel, frutas e pão.

Ebramar também achou entre os expurgados um velho companheiro e o fez sentar-se junto de si à mesa.

— Estou realmente feliz que as suas provações tenham fim, Udea! Ficamos muito gratos a você e a seus amigos por este maravilhoso palácio que nos prepararam como abrigo, e tão confortável – confessou Ebramar.

Udea, um jovem belo de feições sérias e grandes olhos negros e pensativos, suspirou.

— Tivemos bastante tempo para construí-lo. E, mesmo assim, ele não é suficiente para acomodar todos, ainda que tenhamos adaptado muitas grutas, onde poderão ser instalados os magos inferiores. Quanto ao conforto, este é o mínimo aceitável, do mesmo modo que o repasto. Não temos recursos alimentícios e só pudemos oferecer-lhes do que dispúnhamos. Cada bloco de pedra deste prédio foi para nós uma luz de esperança de que as trevas da nossa existência algum dia se dissipassem; de que vocês viessem para cá e nós voltássemos ao convívio de nossos semelhantes; de que vocês nos trouxessem as relíquias do passado, lembranças vivas da Terra morta, outrora nosso berço.

Oh, Ebramar! Que terrível pesadelo tem sido esta vida desde o momento em que me vi neste planeta selvagem, povoado por seres inferiores incapazes de me entender. Decerto, eu tinha amigos de infortúnio, mas o ambiente era insuportável. E a consciência de que éramos nós mesmos os culpados por esta nossa dura sina..., arrependimento e remorsos nos oprimiam a alma! Pois, positivamente, ficamos privados de tudo; tínhamos tão-somente os nossos conhecimentos, nosso único divertimento era o enorme trabalho que tínhamos pela frente. Foi duro. Às vezes, eu achava que não ia agüentar, de tão difícil que era. E, infelizmente eu era imortal...!

Sofrimentos vividos traduziam-se na voz de Udea; Ebramar apertou-lhe fortemente a mão.

— Espante as más lembranças, tanto mais que estas são inoportunas! A grandiosidade do dever cumprido e o brilho da merecida recompensa farão com que você se esqueça das amarguras do passado. O facho dourado em sua fronte, símbolo da imortal coroa de magos reconquistada, apagou todos os seus equívocos e sofrimentos. Este lhe iluminará o futuro límpido e depois... caminharemos juntos.

Os olhos de Udea brilharam de amor e reconhecimento profundo.

— Você está certo, Ebramar! Espero trilhar, sem mais sustos, o caminho da perfeição, sob a sua tutela e liderança. Quero lhe agradecer, meu amigo, por tudo que fez por mim.

Você nunca me abandonou e, em momentos mais difíceis, vinha da Terra longínqua o emanar tépido de seu amor para consolar-me, apoiar e diminuir os sofrimentos do expurgado!

Ebramar sorriu e balançou a cabeça.

— Você não pode enaltecer o que foi para mim um prazer. E agora, repito, expulse essas lembranças! Teremos tempo de sobra para conversar. Bem, o repasto acabou. Venha, eu quero que conheça alguns amigos meus!

Eles aproximaram-se de um pequeno grupo que conversava junto da janela e Ebramar apresentou-lhe Nara e outros discípulos seus [(1)].

— Eis aqui dois valorosos obreiros da ciência: Supramati e Dakhir. Tive muita satisfação em orientá-los no caminho do desenvolvimento. E este é Narayana, meu "filho pródigo", que por fim retornou ao lar paterno. É verdade, ele me causou enormes aborrecimentos, mas também me trouxe muitas alegrias. Eu lhe apresento o mais alegre e humano dos magos, e tenho certeza de que nós ainda o veremos conquistando e fundando algum grande reino, com um nome legendário que permanecerá na memória popular infinitamente.

Todos desataram a rir e, após conversarem jovialmente, cada um foi cuidar de sua acomodação.

Para se ter uma idéia das circunstâncias que motivaram os fatos anteriormente narrados, e explicar a presença no novo planeta dos membros da irmandade dos imortais, faz-se necessária uma certa explanação.

---

(1) Vejam as obras precedentes da série de romances ocultistas – místicos: "O Elixir da Longa Vida", "Os Magos", "A Ira Divina" e "A Morte do Planeta".

Apesar da disciplina rígida e trabalho árduo exigidos dos membros da irmandade secreta, os adeptos continuam sendo homens comuns e, nenhum deles, apesar dos conhecimentos adquiridos, consegue dominar por completo as fraquezas que se espreitam no recôndito de suas almas. Tais seres ficam sujeitos, por vezes, às paixões desenfreadas, em conseqüência das quais cometem atos tão indignos a um adepto que a sua expulsão da comunidade se torna inevitável.

Não obstante, a simples exclusão deles apresenta um perigo, pois possuem grandes poderes, cujo abuso pode trazer muito males; além disso, por terem sido iniciados em grandes mistérios da ciência, eles podem influir no próprio curso dos acontecimentos, ao difundirem prematuramente seus conhecimentos entre uma turba bastante desenvolvida intelectualmente para aplicá-los, entretanto ainda muito ignorante para abster-se de não usá-los para o mal. Mas, como proceder para ficar livre destes sujeitos perigosos? Tirar a vida daqueles que estão saturados com a matéria primeva não é uma tarefa fácil. Por isso, aos transgressores oferecem-se duas opções: ou uma morte voluntária, muito dolorosa, por meio da decomposição do corpo vivo, ou a ida, na qualidade de iluminadores, para um outro planeta, local da futura permanência dos legisladores, onde o nível de progresso é bem incipiente. Ali eles podem trabalhar com um prazo marcado pelos mestres, ou até que estes se dirijam para lá.

A expiação é dura, mas ela purifica o desterrado, repara seus antigos erros e, simultaneamente, serve-lhe de ascensão.

Os sentenciados que optam pela expiação através de trabalhos duros são deixados pelo Conselho Superior em estado letárgico, e os iluminados, então, levam-nos para um planeta distante: campo do futuro trabalho dos grandes hierofantes dos mundos extintos.

Os expurgados equipam-se com o mais indispensável: instrumentos mágicos, aprovisionamento para quaisquer eventualidades e uma biblioteca especialmente composta não só de obras cientificas, mas também das que possam contribuir para um relaxamento mental. A pedido dos amigos, os desterrados podem levar adicionalmente alguns objetos de luxo e, por fim, tudo o que for indispensável para a realização dos ofícios religiosos, a fim de atrair fluidos puros, necessários para a obtenção do equilíbrio das correntes atmosféricas e para o controle das forças caóticas.

Capítulo II

A partir daquele mesmo dia, no novo planeta iniciou-se uma atividade febril. Enquanto alguns discípulos dos grandes magos se esforçavam para concluir rapidamente a instalação dos laboratórios de seus mestres, ajustar a aparelhagem de pesquisa, entre outras tarefas, outros supervisionavam o desempacotamento e a arrumação dos valiosíssimos manuscritos, contendo a história e as obras científicas do planeta extinto. Todos aqueles tesouros do passado eram guardados em salas subterrâneas, especialmente preparadas pelos adeptos expurgados.

Os terráqueos estavam soturnos. Segregados de seus lares, costumes e bens terrenos, pareciam uma manada tonta, apertando-se assustados uns aos outros; o aspecto inspirava pena. Seus protetores perceberam a tempo a baixa moral dos espíritos fracos, e logo tomaram providências enérgicas para tirá-los do torpor e do desespero. Cientes de que o melhor remédio em tais casos é o trabalho, os magos dividiram-nos inicialmente em grupos e mandaram que cada um cuidasse de sua própria instalação, em grutas especialmente preparadas, ou que ajudassem os adeptos em tarefas menos complexas.

Os terráqueos mais ativos e desenvolvidos intelectualmente logo se adaptaram e chegaram à conclusão de que a situação não estava tão ruim como parecia no começo. O lugar era um verdadeiro paraíso terrestre pela impressionante beleza, riqueza indescritível da fauna exuberante, e clima agradável. Assim, os terráqueos mais enérgicos conseguiram com a sua animação influenciar os outros, menos ativos e menos desenvolvidos mentalmente; logo, todo aquele pequeno exército iniciou febrilmente a construção de residências temporárias e a ordenação do enorme inventário, trazido pela frota espacial.

Nem bem passaram três semanas e os primeiros trabalhos já estavam concluídos. Os laboratórios dos magos superiores funcionavam em perfeita ordem; seus discípulos labutavam passando ordens dos mestres aos magos de nível imediatamente inferior.

Marcou-se, então, uma reunião para discutir e analisar algumas medidas especiais e secretas, que iriam definir o destino e a formação de futuras raças.

— Irmãos! O nosso compromisso maior é com as pessoas que trouxemos, as quais formarão o núcleo de novas raças e civilizações – declarou um dos hierofantes que presidia a reunião. – Por enquanto, elas apenas estão armadas de fé, pela qual foram salvas, mas isso é pouco em função do trabalho a ser feito. Não será tarefa fácil estabelecer um relacionamento com os povos selvagens, iluminá-los para incutir-lhes as primeiras noções de artes e ofícios, desenvolver a mente vulgar e fixar novos princípios de freio de seus costumes cruéis e selvagens. Mesmo os terráqueos, em face dos sofrimentos pelos quais passou a sua civilização, que alcançou o apogeu, mas consignou ao túmulo as rígidas, porém justas leis de seus antepassados –, têm muito que aprender sobre a justiça e a bondade autênticas.

Para formarmos instrutores das raças embrionárias, a partir de seus próprios representantes, precisamos de escolas e dc tempo. Este último não nos falta. Começaremos com a construção da cidade que irá abrigar as escolas de iniciação e, para tanto, evidentemente, lançaremos mão dos poderes misteriosos de que dispomos, que nos ajudarão, em curtíssimo prazo, a concluir esta tarefa prioritária.

Após a discussão e a escolha do local definitivo para a construção da cidade divina, foram distribuídas, com base nas habilidades de cada um, as suas respectivas tarefas, e a reunião foi encerrada. O restrito grupo de nossos amigos convergiu para o terraço. Narayana convidou todos, inclusive Udea, para se dirigirem ao terraço, anexo à sala ocupada por ele; com Udea, ele encetou uma amizade sincera. Durante toda a viagem ao novo planeta, Narayana tinha permanecido taciturno, fora-lhe por demais doloroso deixar a Terra; mas, naquele dia, voltou ao alegre mago o seu habitual bom humor.

Uma mesa repleta de pratos magnificamente preparados, a partir de frutas e legumes, esperava pelas visitas no terraço. Estas não se fizeram de rogadas e renderam a devida honra ao repasto. Ebramar perguntou sorrindo se não era o próprio Narayana responsável por aqueles manjares, obras de um grande *chef de cuisine*.

— Deus me livre sujar as mãos com isso! – brincou Narayana, cheio de satisfação. – Eu trouxe um cozinheiro e um serviçal comigo e... como podem ver, o resultado até que não é dos piores.

Diante da surpresa de Supramati e de outras visitas – exceto de Ebramar, que ria por trás da barba – este acrescentou com bonomia que Narayana não perdera suas aptidões administrativas. Narayana, então, ajuntou em tom jovial:

— Ouçam, amigos, como isso aconteceu! No último dia, quando a nossa velhota Terra gemia até não poder mais, eu estava prestes a embarcar na minha aeronave para ir ao local de encontro combinado. Confesso que o meu humor estava tão negro quanto o ambiente em volta. De repente, dois homens, ensandecidos de pavor, jogaram-se aos meus pés, agarraram-me as vestes e imploraram que eu os salvasse, jurando-me gratidão eterna. Eu já ia dar um safanão naqueles chatos, quando, surpreso, reconheci neles os servos do ricaço Salomão, por mim apelidado de "novo Lucullus"(2). Um deles, eu até conhecia: era um cozinheiro sem par. Logo atinei que, para onde íamos, um empregado assim seria indispensável. Só de imaginar que teria de comer algum ragu de raízes, talvez preparado por um macaco ou um monstro qualquer, eu ficava arrepiado; a idéia de cozinhar, eu mesmo, não me animava. Da mesma forma, ter por serviçal um sujeito com um ou três olhos... brrr... Um serviçal assim ou viu coisas demais ou de menos... o que também não me agradava. Assim, o aparecimento dele veio a calhar; quanto à carga... os coitados não pesavam muito.

— Vocês acreditam em Deus? – inquiri em tom bravo.

— Como não crer em castigo de Deus diante dos terríveis efeitos de sua ira? – espantaram-se eles, em pranto.

— E em Jesus Cristo, nosso Senhor, vocês acreditam? – continuei indagando.

Eles se persignaram e, continuando a se agarrar feito carrapatos, juraram pela cruz que a única esperança deles era a misericórdia do Salvador.

---

(2) Lucius Licinius Lucullus (c. de 117 – c. 56 a.C.), general e político romano. Partidário de Sulla, foi seu questor no período da 1ª Guerra de Mitridates. Tornou-se célebre por seus banquetes fartos e requintados. N.T.

Então, tirei rapidamente do bolso o frasco com a essência primeva e fiz com que ambos dessem um gole, acomodando-os previamente na aeronave.

— Como eles são rapazes espertos, logo se familiarizaram com o que existe por aqui e o cozinheiro me apresentou uma relação de produtos comestíveis, alguns dos quais vocês acabam de provar. Quanto ao serviçal, ele é muito solícito e extremamente religioso. Estou muito feliz, amigos, em poder oferecer-lhes algo comestível! E agora, caro Udea, expresso aqui meus agradecimentos a você e seus amigos por terem arranjado um belo abrigo para os desafortunados navegadores espaciais.

Num ímpeto, ele estampou alguns beijos em Udea, sentado a seu lado, para o gáudio dos presentes e de seu novo amigo, que há muito tempo não ria tanto. Até os outros magos, compenetrados e sérios em virtude dos acontecimentos vividos, se descontraíram e riram a valer.

Ao se levantarem da mesa, Ebramar colocou a mão no ombro de Narayana e disse-lhe afetuosamente:

— Meu "filho pródigo", você é realmente o mais "terrestre" dos magos! Apesar do tempo e da experiência dos anos vividos, apesar do seu grau de conhecimento e perfeição, você conservou a juvenil alegria de viver. Conserve esta dádiva celeste e passe-a a todos que o cercam, pois que a alegria serve de apoio no trabalho e torna menos árdua qualquer tarefa.

Os olhos negros de Narayana brilharam de satisfação e agradecimento.

— Obrigado, meu querido mestre, tentarei ser sempre assim, mesmo depois de ganhar o meu sétimo facho, o que não será logo. Agora tenho pela frente uma agradável tarefa, que me ocupará por muito tempo: a construção do palácio. Faço votos de que este seja um dos mais bonitos da cidade.

— Não me parece difícil o seu desejo de erguer um castelo encantado – observou Udea. – Todos os metais aqui no planeta ainda se encontram em estado semilíquido ou, na pior das hipóteses, bem maleáveis. Temos por perto cristais de tonalidades incríveis, que podem, de um modo geral, satisfazer todos os gostos e exigências, e o seu faro artístico decerto lhe será útil.

— Obrigado, Udea. Mais tarde você me mostrará a fonte desses recursos. E você, Ebramar, quando é que iniciará a construção de sua casa? Um empreendimento inadiável e tão prazeroso!

— Não nego que a construção do próprio lar é uma experiência muito gratificante, no entanto acredito que outras obras são mais urgentes – objetou o mago balançando a cabeça. – Não se esqueça de que estamos aqui não para diversão, mas para cumprirmos uma grandiosa missão: benfeitorizar o planeta. Dos que trouxemos conosco, formaremos reis, sacerdotes, colaboradores de futuros governos, artistas, trabalhadores comuns e especializados. Não será fácil formar essa força de trabalho, de modo que cada um cumpra, escrupulosamente, o seu papel de iluminador das tribos bárbaras e selvagens à nossa volta. Assim, considero como prioridade maior a construção de escolas e templos de iniciação, e, só depois, dar início à constituição das nações.

Narayana coçou atrás da orelha.

— Você é a própria personificação do desprendimento, Ebramar! Por um acaso não ficou hoje decidido que iríamos primeiro iniciar a construção da cidade? Onde é que então vamos morar?

— Acalme-se, alma impaciente! Você sempre se esquece de que a pressa é a inimiga da perfeição. Tudo será feito a seu tempo, pois temos condições de simplificar os trabalhos ao mínimo. Ou será que você se esqueceu de que dispomos de poderes e ferramentas que cortam o granito, como cera, transformam em cinzas qualquer obstáculo, içam pesos equivalentes aos das pirâmides, como um fardo de palha? Com estes poderes transportaremos blocos, e com eles ergueremos as paredes dos palácios e escolas; talharemos os templos subterrâneos nas montanhas, ornando-os com majestosas esculturas, escavaremos grutas e galerias. E, nos longínquos séculos vindouros, homens-pigmeus vislumbrarão desconcertados estas cidades subterrâneas e obras ciclópicas, perguntando-se intrigados "que mãos humanas, que gerações de gigantes puderam, em tempos imemoráveis, cavar, esculpir, recortar dos maciços rochosos tais maravilhas artísticas de proporções extra-humanas"?

A nossa pobrezinha Terra morta também possuía monumentos arquitetônicos semelhantes; mas os homens da ciência, em sua ignorância absurda, não sabiam a que época relacioná-los. Sim, os monumentos foram erguidos por gigantes, mas gigantes do conhecimento nos primórdios da civilização!

— Caro mestre, como sempre você está certo! – ajuntou Narayana. – Assim, o mais majestoso, o mais belo e o mais luxuoso dos reinos por nós fundados, será o seu, Ebramar.

Ebramar sorriu e olhou afetuosamente para Narayana.

— Agradeço-lhe pela sua exaltação impetuosa, ainda que não tenha a mínima vontade de reinar; servirei à nossa causa comum na qualidade de sacerdote, mestre e iluminador, no grande templo da nossa futura cidade: a "Cidade dos Deuses", como esta será lembrada na memória popular, lá, onde desceram os visitantes celestes e que deram origem às gerações divinas que governaram os povos do "século de ouro". Lá, como rezarão as crenças populares, vagamente guardadas na memória, era o paraíso terrestre, onde florescia a árvore do conhecimento do bem e do mal.

Nos dias que se seguiram, o trabalho continuou sem cessar. Uma parte dos adeptos ocupou-se em dividir os terráqueos em equipes de trabalhadores, segundo as suas habilidades e conhecimentos, para a construção da cidade dos magos. Ao mesmo tempo, os adeptos de grau superior montaram o projeto da cidade alta e o da subterrânea, onde ficariam os templos dos "sacramentos" misteriosos e onde seriam guardados os documentos e os tesouros antigos, junto com os monumentos da Terra morta. As magas, por sua vez, também distribuíram as mulheres em brigadas e lhes estabeleceram tarefas para a futura implantação de colônias e escolas.

Todas as obras eram restritas à região montanhosa, onde desceram os refugiados do planeta extinto; entre os habitantes das florestas e vales, a agitação prosseguia. A notícia da vinda dos deuses continuava a correr solta e os que não participaram daquele extraordinário acontecimento se informavam, sôfregos, junto às testemunhas afortunadas.

Todos relanceavam olhares curiosos em direção às montanhas, atrás das quais desaparecera a frota aérea; ninguém, entretanto, ousou aproximar-se do local, por medo supersticioso. Por vezes, os curiosos conseguiam vislumbrar sobre os picos certos sinais estranhos em meio a feixes ígneos, ou, de tempos em tempos, por ali aparecia um cavaleiro insólito montando um dragão alado, que logo sumia ao longe. Então, segredava-se: "Olhe, um dos deuses saiu para dar o seu passeio diário"!

Um novo sentido de vida descortinava-se aos povos selvagens e apáticos; suas mentes pesadas e obtusas não estavam em condições de compreender o motivo da chegada dos adventícios. Quem eram eles e de onde vieram?

Sem obterem uma resposta para as suas indagações, alguns dos mais vivazes iam procurar os homens de três olhos. Estes pouco tinham a acrescentar e limitavam-se a repetir que os deuses chegaram para trazer novos conhecimentos e prodigalizar benefícios aos povos que habitavam as florestas e os vales.

Os homens de três olhos eram representantes do gênero quase extinto dos gigantes primitivos. Durante a lenta evolução da raça humana, o seu aspecto físico modificou-se: a gigantesca estatura diminuiu, o terceiro olho começou a enfraquecer e, por fim, desapareceu por completo, deixando como único vestígio de sua existência a glândula pineal, a qual até a ciência formal admite ser o resquício do olho desaparecido(3).

Entretanto, a natureza apaga tudo o que tenha sido gerado de forma lenta e gradual. Indivíduos isolados da espécie dos gigantes de três olhos ainda existiam entre os povos em regeneração; no entanto, a própria raridade deles cercou-os de auréola mística, sendo eles considerados como seres superiores(4).

Entrementes, um acontecimento inesperado, jamais antes vivido, abalou a população, afastando para o segundo plano os demais interesses. Numa das tribos que habitavam as árvores ocas, uma criança teve uma enfermidade na garganta, vindo a falecer, no dia seguinte, em dores horríveis; a mãe e alguns membros da família morreram em seguida da mesma doença, e o contágio espalhou-se com rapidez incrível, apanhando tribos e tribos, e fazendo numerosas vítimas.

Um pânico ensandecido apoderou-se daqueles seres simples e primitivos, que desconheciam qualquer método de acabar com a epidemia, cuja própria ignorância propiciava o aumento do contágio. Em desespero, nada lhes restava, senão irem pedir auxílio e conselhos aos gigantes de três olhos, ou –

---

(3) Nas lagartas verdes, por exemplo, a glândula pineal assemelha-se à de alguns animais invertebrados, pois a parede encontrada próximo à superfície forma uma espécie de cristalino.

(4) Como prova da continuidade das espécies humanas, constituem-se os aborígenes australianos de crânio achatado, rebentos degenerados da terceira raça. Entretanto, esses pobres e infelizes selvagens descendem dos outrora poderosos e florescentes povos que possuíam cultura, cujos raros vestígios chegaram até nós. Incluem-se aqui, também, as construções ciclópicas do Peru e da África central, ou as estátuas colossais da ilha de Páscoa – fragmento emerso do continente submerso.

como eles os denominavam – "homens das cavernas". Um deles teve a seguinte idéia:

— Façamos como daquela vez, quando nos anunciaram a vinda dos deuses. Lembram que os gigantes nos ajudaram? Vamos chamá-los para que eles espantem a morte que os ronda.

À noite, uma enorme multidão reuniu-se junto da pedra cúbica, com cone basáltico no cimo. Como da primeira vez, eles acenderam galhos resinosos, dançaram e puseram-se de joelhos; mas, como aquela visão de então não reaparecera, Ipaksa (o homem de três olhos) ordenou que todos gritassem, o mais alto que podiam, para que os deuses ouvissem os seus clamores. Urros e gritos inumanos fizeram-se ouvir por todo o vale, feito um furacão esbravejante; subitamente – ó felicidade! – sobre as montanhas, envoltas em escuridão noturna, fulgiu um clarão, como que de relâmpago. Significava que os deuses os ouviram!

Receios e esperanças agitavam a multidão dispersada; mas, mal o sol apontara no horizonte, sobre as casas do povoado – se é que assim podiam ser chamados aqueles buracos nas árvores – começou a descer um dragão alado, montado por uma mulher em vestes brancas.

Um véu prateado envolvia-a feito névoa; duas chamas aurifulgentes adornavam-lhe o diadema de ouro, a cingir-lhe os cabelos bastos. Trazia na mão uma caixeta de forma estranha e adornos maravilhosos. Uma aura azulada rodeava-lhe a cabeça, e das mãos e vestes irisava-se uma luz fosfórica. Feito uma visão radiosa, foi ela visitando as moradias atingidas pela doença; as pessoas, atemorizadas, escondiam-se ou até fugiam dela; mas, vendo como a donzela clarífica se curvava meiga e humilde sobre os enfermos, tirava da caixeta frascos coloridos e brilhantes, untando em alguns a garganta e, em outros, o peito, enquanto aos moribundos gotejava um líquido na boca ou impunha as mãos sobre a cabeça, todos se acalmaram.

Assim, com sofreado interesse, ela visitou todas as moradias e, em todas elas, os resultados da medicação eram miraculosos: a rouquidão sumia, a respiração tornava-se desimpedida e as forças restabeleciam-se. Quando ela saiu da última casa e o dragão alado levou embora a benfeitora desconhecida, os aborígenes prostraram-se de joelhos na terra e, então, talvez pela primeira vez em suas almas primitivas, agitou-se um sentimento de adoração. A partir daquele dia, a epidemia começou a ceder rápido e, algum tempo depois, simplesmente deixou de existir; algumas chuvas torrenciais limparam o ar.

Aos poucos, vieram notícias dizendo que a deusa benfeitora esteve em todas as regiões atingidas pelo contágio, e que ninguém, a quem ela tocara, morreu da doença. Nos povoados, correram boatos dos mais estranhos. Os curados pela deusa afirmavam serem suas mãozinhas como as de um bebê, parecidas com as pétalas de flores perfumadas; e que, por entre os seus dedos, derramava-se um calor vivífico; ainda, que ela andava sem tocar os pés no chão e que em seus frascos havia fogo.

Entre os terráqueos rapidamente adaptados ao novo planeta e que se esforçavam para serem úteis à comunidade, encontrava-se um jovem cientista, o astrônomo Andrei Kalitin, convertido por Dakhir em sua estada na Rússia e levado para o planeta novo.

Acostumado a trabalhos mentais sérios, ele soube reconhecer a incrível sorte que o salvaguardara da terrível catástrofe que aniquilou o mundo terrestre, por isso a gratidão ao seu salvador não tinha limites. Assim como os outros, ele havia despertado ao chegar ao local de destino e, no início, o fato de estar num mundo estranho deixava-o oprimido; mas, passadas as primeiras impressões, ele manifestou a Dakhir, com lágrimas nos olhos, sua gratidão, implorando que este permanecesse seu protetor e mestre e o aceitasse na qualidade de discípulo, desde que ele mesmo se mostrasse aplicado no trabalho e merecesse aquela distinção.

— Agora compreendo quão ignorante fui, mas varri da minha mente tudo o que havia concebido antes. Anseio trabalhar sob sua orientação, e serei um aluno obediente e aplicado – acrescentou ele.

— Assim está decidido, meu jovem amigo! – disse Dakhir, sorrindo afetuosamente e apertando-lhe a mão. A partir de hoje você é meu discípulo. Não considero, entretanto, os seus conhecimentos anteriores como inúteis; apenas faremos uma reavaliação para separar o falso e o mal compreendido.

Neste mesmo dia Dakhir instalou o seu novo discípulo perto de sua casa e, mesmo assoberbado de trabalho, pois era o responsável pela análise e classificação dos documentos reunidos pelos ex-expurgados, sempre encontrou uma horinha para estudar com ele. Dakhir apontava os equívocos de Kalitin ou dava uma interpretação mais correta das questões científicas. Às vezes, ele o levava em suas viagens de trabalho, proporcionando-lhe oportunidade para conhecer melhor o seu novo lar.

A construção do primeiro templo fora confiada a Narayana; Supramati, em cuja alma despertou a paixão do antigo escultor, aceitou prontamente a tarefa de guarnecê-lo de ornamentos. Em vista do desejo dos magos superiores de se concluir o mais rápido possível aquele primeiro santuário, os trabalhos contavam com o auxílio de um poder misterioso, que só os magos de nível superior sabiam controlar.

Certa vez, tendo um assunto para tratar com Supramati, Dakhir convidou Kalitin para acompanhá-lo à cidade em construção.

O caminho para o santuário cruzava as galerias engenhosamente ocultas atrás de adereços artísticos; uma luz suave e azulada iluminava as passagens ao enorme salão, de altura estonteante, onde trabalhavam os dois magos.

Vestido numa blusa de linho, Narayana trabalhava no fundo do recinto; Supramati – próximo da entrada. Entretidos, eles não notaram a chegada de Dakhir com seu discípulo, que pararam em silêncio. Dakhir, que não queria atrapalhar os amigos, esperando que eles lhe notassem a presença, pôs-se a examinar o ambiente, onde já estivera por inúmeras vezes.

Kalitin ficou observando boquiaberto os magos, sem entender o que estavam fazendo. Na mão estendida para cima, Supramati empunhava um bastão metálico, brilhante feito aço polido, que ele movimentava ora para baixo ora para cima, ora esticando-o ora encurtando-o; da ponta do bastão vertiam-se fagulhas que se projetavam para o alto e desapareciam no ar; cada movimento do bastão era acompanhado por uma leve vibração sonora de modulações incríveis. Um outro fenômeno intrigava ainda mais Kalitin: sem que houvesse o menor contato com o paredão rochoso, dele ia-se recortando uma figura humana de dimensões colossais. Parecia que o artista apenas retocava a sua obra a distância, ora acentuando a profundidade ou a expressão do rosto, ora dando um acabamento nos detalhes do traje ou dos cabelos.

O trabalho de Narayana parecia ainda mais surpreendente. Nada se via em suas mãos; somente, de tempos em tempos, por entre os seus dedos cintilava uma luz metálica, derramando-se em correntes faiscantes. Ao mesmo tempo, por uma força invisível, do paredão no fundo da gruta desprendiam-se enormes blocos de granito e, ao invés de caírem no chão, derretiam-se no ar sem deixar vestígios.

Kalitin ficou abismado de ver aquilo e soltou um grito surdo. Os dois adeptos interromperam o trabalho.

— Desculpem se o meu discípulo os atrapalhou; é que ele está literalmente estupefato – explicou Dakhir, abraçando os amigos.

— Sim, realmente, para alguém que não seja iniciado, o nosso trabalho é capaz de causar tal exclamação de assombro – observou Narayana, rindo.

Ao notar o ávido interesse com que Kalitin olhava para a sua mão, Narayana estendeu-a a ele e mostrou sobre a palma um estranho objeto. Era um anel com ponteiros oscilantes, embutido numa espécie de aro, cujos detalhes, porém, Kalitin não conseguia definir em meio à sua agitação. Os pensamentos rodopiavam em turbilhões e ele parecia nada ouvir em volta; uma sonora risada de Narayana e um leve toque da mão de Dakhir fizeram-no retornar à realidade. Sem jeito, ele desculpou-se, sem conseguir, entretanto, eximir-se de um pedido: que lhe explicassem o funcionamento do aparelho.

— À noite, na hora da nossa palestra, eu lhe explicarei tudo que você está vendo aqui; por enquanto, tenha paciência, pois esta é a principal virtude dos que buscam o conhecimento – disse Dakhir, despedindo-se dos amigos e saindo da gruta.

Jamais Kalitin ficara aguardando a chegada de uma noite com tanta ansiedade. Ele era bastante estudioso para entender que os adeptos se utilizavam das poderosas forças da natureza, mas, o que eram aquelas forças? – ele não conseguia discernir, tentando inutilmente compará-las a uma que conhecesse.

Entrando no gabinete de Dakhir, ele observou satisfeito que em cima da mesa do mago estavam dois instrumentos idênticos aos de Narayana e Supramati.

Dakhir iniciou a palestra explicando a composição da atmosfera e completou:

— A força estranha que o deixou tão curioso não é nada mais do que a força vibratória do éter; seu manejo encerra o sentido arcano de todas as forças físicas. Conforme já lhe disse, o som é a mais terrífica das forças ocultas. O som agrega e desagrega; o som, tal qual o aroma, na realidade é uma substância incrivelmente tênue, tirado dos corpos com o auxílio de um empuxo ou batida. Os sons, produzidos num determinado volume e combinação, de forma que possam gerar certos acordes etéreos, penetram em tudo que podem. O mesmo princípio explica o poder da música, que tanto pode irritar, como levar a um estado de êxtase, ou acalmar, isto é: ela age sobre o estado espiritual, podendo fornecer a devida força às fórmulas mágicas. As fórmulas, assim como a melodia, constituem-se de vibrações especiais, de acordo com os objetivos pretendidos.

Para que você tenha uma pequena idéia da tenuidade da corrente etérea, basta lhe dizer que a sua densidade, comparada com a da atmosfera, é tal qual a do hidrogênio em comparação com a da platina, ou a de um gás e o mais pesado dos metais.

Todos os corpos, animais, plantas e minerais foram formados basicamente desse éter diluído; significa que toda a diversidade das espécies, nas quais se manifestam as forças da matéria, possuem uma origem comum e se encontram em dependência mútua, podendo transformar-se de uma em outra. Aqueles que se utilizam da vibração etérea conseguem manipular qualquer matéria.

— Permita-me, mestre, fazer mais uma pergunta – disse Kalitin, meio indeciso. – Pelo que eu entendi, a força vibratória, empregada por nossos amigos, possui a capacidade de decompor e agregar os átomos da matéria; no entanto, eu presenciei algo ainda mais fenomenal. Parecia que não era uma corrente de alguma força, mas a mão de um artista esculpindo a estátua diante dos meus olhos, o que não consigo entender.

— No entanto, isso é muito simples, como uma ação de qualquer outra força natural. O minério, assim como as demais matérias, é constituído de partículas isoladas que se encontram em contínuo movimento, as quais se submetem às forças atuantes. O calor, por exemplo, exerce um efeito dos mais rápidos e visíveis, mas a corrente de éter, controlada pela vontade consciente, é ainda mais poderosa e sutil. O movimento interno da massa rochosa ou metálica permite que ela se submeta à força mental do hábil artífice, a manipulá-la. Quando esta mentalização é aliada à poderosa força da corrente etérea, a matéria submete-se à sua vontade, como que a uma simples força material visível. Resumindo: a matéria é animada temporariamente pelo espírito que nela penetra, subjugando-a à sua vontade.

— Agradeço-lhe a explicação. Ainda não consigo entender o mecanismo pelo qual os blocos são destacados do paredão. Acabei de ver um bloco imenso separar-se da rocha e desaparecer imediatamente, sem deixar vestígios.

— A força da corrente etérea, ao recortar da rocha um bloco necessário ao artífice, decompõe-lhe os átomos, dissolvendo as moléculas.

— Mas então, por Deus, em que eles são transformados por essa força miraculosa?

— Em éter, um protoplasma comum a tudo – respondeu Dakhir, sorrindo. – Devo dizer que as aplicações da força vibratória do éter são infinitamente variadas. Ela tanto pode fulminar como um raio, como curar diversos tipos de moléstias, beneficiar um organismo físico, restabelecendo-lhe as forças exauridas, ou ainda, com a mesma facilidade, devolver a vida a uma pessoa morta, desde que o seu corpo astral ainda não se tenha separado definitivamente, pois a vibração acústica combina elementos numa espécie de ozônio, impossível de ser produzido por química comum, que possui, entretanto, propriedades vivificadoras extraordinárias. Agora eu lhe mostrarei alguns instrumentos com os quais temos trabalhado. É óbvio que possuímos muitos outros, mas deles falaremos mais tarde. Pegue o bastão! Não tenha medo, ele não está ativado!

Kalitin pegou com reverência supersticiosa o bastão metálico e examinou-o. Parecia oco por dentro, possuía um cabo com muitas travas, botões de controle e molas, e estava provido de um mecanismo de movimento telescópico.

Dakhir explicou que, manuseando os botões, era possível ajustar a potência ou a direção da força, e, dependendo de como era usado, o instrumento servia de extrator. Em seguida, Kalitin passou a examinar um outro aparelho. Como já se mencionou antes, este era uma espécie de aro oco, acoplado a um gancho; em seu interior havia dezoito ressonadores. Em cima do aro, localizavam-se, em tamanho decrescente, diversas agulhetas ou hastes vibratórias, dispostas em círculo sobre três ressonadores externos, ligados entre si por filamentos metálicos.

No centro havia um outro aro oco, uma espécie de tambor, com duas fileiras de tubinhos circulares, bem visíveis a olho nu, e dispostos como tubulação num órgão. Bem no centro do segundo aro havia um disco giratório, e, na parte inferior do aparelho, estava fixada uma pequena esfera, oca por dentro, de onde saíam os condutores de força.

— Quando o aparelho está ativado, o disco gira a uma velocidade espantosa; a potência deste motor é praticamente ilimitada. Agora vou ativá-lo e, para tanto, basta apertar com a unha este botão. Assim! – fez Dakhir. – Agora vou mostrar-lhe como ele funciona. Está vendo ali aquele pequeno animal morto, na cadeira junto da porta? Traga-o para mais perto, nós vamos decompô-lo em elementos ínfimos e invisíveis.

Kalitin tornou a examinar, à distância, o animal por ele colocado no meio da sala. Subitamente, um feixe ígneo faiscou de dentro do aparelho e atingiu o bichinho, que foi literalmente projetado para cima, sumindo sem deixar qualquer vestígio, como se não tivesse existido.

Dakhir colocou três filamentos sobre a lâmina do microscópio e, quando Kalitin observou curioso o objeto aumentado em milhares de vezes, o mago acrescentou:

— Você se lembra daquele aparelho com o auxílio do qual se podia enxergar o estado de decomposição da nossa desditosa Terra moribunda? Pois é, ele também estava carregado com a força vibratória etérea.

Quisesse eu enrolar com o filamento energizado qualquer coisa, ainda que pesando toneladas, esta poderia ser suspensa no ar sem qualquer dificuldade, e ser transportada, por exemplo, para a outra ponta do jardim. Mais ainda... as naves espaciais que nos trouxeram para cá também eram equipadas com estes aparelhos. Devidamente polarizadas, elas podem carregar pesos enormes, alcançar grandes altitudes e velocidades incríveis, em qualquer direção.

— Meu Deus! Quanta coisa interessante! Tenho a impressão de que vocês jamais me revelarão a forma de controlar esta força – queixou-se Kalitin.

— Tem razão, filho! Não basta muito trabalho e estudo, você terá de disciplinar ainda a sua alma e dar provas de total controle sobre si.

— Oh, sobreviverei a tanto tempo?! – suspirou Kalitin.

Um sorriso maroto estampou-se no rosto de Dakhir.

— Quanto a isso, não se preocupe, você terá tempo de sobra! Quero fazer-lhe uma confissão. Em nosso primeiro encontro, eu lhe dei um líquido para tomar. Você o tomou achando que era veneno e aguardou a morte, mas depois sobreviveu. Aquilo era a essência primeva, o elixir da longa vida, e quem a tomasse na nossa malfadada Terra teria uma longa vida planetária. Aqui, em nosso novo lar, tornamo-nos, assim como os que trouxemos conosco, novamente mortais, ainda que com as condições de sobrevivermos todos por mais alguns milênios. A razão disso é simples: devido à árdua missão que temos pela frente, uma existência curta não teria sentido. Os adeptos que estamos educando serão os nossos sucessores e futuros guardiões de nossos mistérios. Desta forma, como vê, você dispõe de muito tempo; nada, nenhum inimigo de mortais comuns, quer seja a velhice ou o fraquejar das forças, poderá impedir a realização deste grandioso e bem-aventurado destino.

Lívido feito cadáver e tremendo como vara verde, ouvia-o Kalitin. Sua mente recusava-se a compreender aquela nova e espantosa revelação; só depois de uma longa conversa com o seu protetor, voltou a Kalitin a relativa serenidade.

Sua melancolia, porém, perdurou ainda por alguns dias. Uma existência tão longa pela frente o assustava; aos poucos, no entanto, seu espírito forte dominou esta fraqueza e ele decidiu firmemente se tornar digno daquele extraordinário destino urdido pelo Pai Celeste. Atendendo às determinações de Dakhir, ele comprometeu-se a não revelar nada a quem quer que fosse sobre o que viera a conhecer.

Após ter readquirido o equilíbrio espiritual, a força etérea, cujas propriedades intrigavam Kalitin, voltou a ser objeto de suas reflexões. Certa noite, conversando com Dakhir, ele voltou a tocar no tema.

— Diga-me, mestre, ao que tudo indica esta maravilhosa força sempre foi guardada sob o véu do segredo pelos magos. Na Terra jamais se suspeitou de sua existência, caso contrário eu teria ouvido falar dela e do que ela era capaz. Imagino que tipo de avanços ela poderia proporcionar à indústria, ciências e artes!

— Você está certo! Sua idéia era conhecida, pelo menos em parte. Sabe você o suficiente sobre o passado do nosso antigo lar, a Terra? Então deve ter ouvido sobre um continente chamado de Atlântida, sugado pelo oceano.

— Claro que ouvi, inclusive estudei a matéria.

— Pois bem! Os atlantes conheciam a força etérea e dela se utilizavam. Temos um atlante entre nós, seu nome é Tlavat. Ele era de uma escola de hierofantes egípcios; posso apresentá-lo depois a você. Mas voltemos ao assunto! Os atlantes chamavam essa força etérea de *Mach-ma*, e o seu terrível poder astral contribuiu em muito para a extinção do próprio continente.

Nos livros ocultos hindus fala-se também de uma força vibratória; assim, em *Ashtar-Vidya*, consta que uma máquina carregada com essa força, colocada numa "nave voadora" e orientada contra um exército, podia transformá-lo, com todos os seus elefantes, num monte de cinzas, feito um feixe de palha.

Num outro antigo livro hindu, *Vishnu Purana*, a mesma força etérea é mencionada de uma forma alegórica e incompreensível para os profanos: o "olhar de Kapila", um sábio que transformou em cinzas os seiscentos mil filhos do rei Sagar, apenas com um olhar.

— Entendo que os conhecimentos dos atlantes pereceram junto com o seu continente; no entanto, houve sobreviventes da catástrofe. Como se poderia perder para sempre um segredo tão importante?

Dakhir meneou a cabeça.

— A experiência mostrou que a posse desse segredo poderia trazer catástrofes inenarráveis e tornou-se necessária uma cautela maior. O uso desta perigosa força, envolta em tríplice véu de mistério, foi guardado em forma de símbolos indecifráveis e só era confiado aos iniciados superiores. Entretanto, por mais estranho que possa parecer, na segunda metade do século XIX ela foi descoberta por um homem, que encontrou também um método, através de aparelhos engenhosos, de utilizar algumas de suas propriedades, mas isso não levou a nada.

— Quem era esse homem e quais foram as causas do fracasso que levaram ao esquecimento essa descoberta fenomenal? – perguntou Kalitin excitado. – O século XIX entrou para a história como uma época de elevada cultura e de grandes descobertas científicas, que prepararam o terreno para o grande progresso da humanidade – sustentou Kalitin.

— Você me formulou muitas perguntas, que tentarei responder na medida do possível. O nome dele era John Worrel Kelly; sua vida, cheia de sacrifícios, constitui-se de uma sucessão de episódios dos mais trágicos de um gênio. Tudo que a inveja, o rancor mesquinho, a calúnia, o desdém e o escárnio podem urdir, tudo foi interposto no caminho de Kelly. Era um traço característico da época em que ele viveu: não houve nenhum "cientista" capaz de lhe entender a obra colossal e, no seio daquela sociedade, jamais se encontrou algum industrial, literato ou representante do clero, bastante iluminado e altruísta, capaz de ajudar materialmente o pobre inventor, que se viu no rastro de um dos maiores mistérios da natureza. Tentaram envenená-lo, ele era perseguido, chamado de trapaceiro e charlatão; os vendilhões, ávidos em obter vantagens com suas descobertas, mas frustrados em suas intenções, ameaçavam-no com a cadeia. Por fim, levado ao desespero, ele destruiu a maior parte de seus aparelhos e a sua descoberta foi por água abaixo.

— Mas isso é revoltante! – indignou-se Kalitin.

No olhar do mago estampou-se uma expressão enigmática.

— A questão não é tão simples como parece. Ainda não se pode afirmar que a descoberta de Kelly pudesse trazer algum benefício à humanidade ao se tornar um patrimônio das massas. Época ruim era aquela, o século XIX, que você qualifica como altamente culta! Sem dúvida a ciência experimentou êxitos notáveis, houve muitas descobertas, incluindo a de Kelly, mas o período foi marcado pelo florescimento dos piores vícios humanos: o egoísmo selvagem, a busca renhida e impiedosa pelos prazeres da vida e a rejeição da Divindade, o que fez o mundo mergulhar num profundo materialismo, cuja conseqüência foi a paralisia de todos os sentimentos sublimes. Foi justamente no século XIX que nasceu o paradoxo, o pior de todos que a humanidade poderia ter conhecido: a tese pseudo-humanitária que justificava os crimes mais hediondos, acobertando-os sob o véu da loucura, neurose, degenerescência e assim por diante. Praticava-se uma verdadeira incitação à crueldade, quer seja através de vivissecções, homicídios políticos, armas abjetas de extermínio, tais como balas explosivas etc. Foi a partir do século XIX que o ateísmo ganhou impulso, iniciou-se o declínio da moral, e o cinismo desmedido, que levou à desagregação da sociedade, gerou epidemias fluídicas de loucura, suicídios, homicídios estúpidos, evocando do caos as forças lúgubres, as quais levaram o planeta à destruição antecipada. Imagine então a descoberta de Kelly à disposição daqueles "indivíduos": anarquistas, psicopatas violentos, e assim por diante, os "Caim" do gênero humano. Pudessem eles dispor da força etérea, teriam aniquilado, em sua fantasia ávida de sangue, milhões de pessoas, pulverizando o continente em átomos e perpetuando inúmeras hecatombes. Isso não poderia ser permitido. Os Servidores Divinos, que vigiam os destinos do mundo, não podiam deixar que a humanidade maliciosa e pervertida tivesse à sua disposição uma força que, em suas mãos sujas, seria capaz de se tornar realmente diabólica. A descoberta de Kelly deu-se muitos milênios antes do seu tempo e por isso foi fadada ao esquecimento, devido, principalmente, ao desconhecimento de que é no próprio homem que reside justamente o princípio controlador da força etérea vibratória. Kelly nem sequer imaginava ser uma daquelas pessoas raras, detentoras de habilidades psíquicas especiais; e não era capaz de transmitir a outros o que eram atributos de sua própria natureza. Como prova disso, sabe-se que os instrumentos de Kelly não funcionavam quando operados por outros. Só isso já era um entrave para que a sua descoberta vingasse. Os iluminados sabem que por trás dos fenômenos visíveis da natureza estão os entes racionais, chamados por humanos de "forças" ou "leis", que operam essas últimas, as quais, por sua vez, submetem-se aos entes de nível superior, tidos para os iluminados como a força e a lei.

Esta conversa impressionou Kalitin ainda mais que a anterior. Sua mente começou a ter uma nova visão do Universo, de suas leis, do Ser Divino e Inescrutável, do Qual tudo emanava. Toda vez que diante de sua mente se descortinava um horizonte novo, sua fé mais se acendia, e então ele orava fervoroso e singelo, agradecendo ao Ser Superior, o Pai misericordioso de todo o existente, pelas graças que Ele lhe concedia.

Por conta de diversos recursos e expedientes especiais disponíveis para a realização dos trabalhos, a construção do templo subterrâneo chegava ao fim e os magos preparavam-se para sagrá-lo com o primeiro ofício. Para a solenidade, reuniram-se no local os iniciados de todos os graus. Os terráqueos foram levados para uma sala contígua, já que não conseguiriam suportar a atmosfera do santuário, saturado de fortes aromas.

Uma luz pálida e suavemente azulada derramava-se pelo interior do templo; os contornos irisantes dos sinais cabalísticos e hieroglíficos salpicavam as paredes, como uma retícula fosfórica.

O templo findava-se em semicírculo; sete degraus levavam para uma plataforma, ainda vazia, que se destinava ao altar.

No fundo escuro da rocha, ardia um círculo de chamas multicolores; no centro dele, um disco de dois metros de diâmetro dardejava feixes cintilantes. Em torno daquela espécie de estrela, estava gravado em hieróglifos ígneos o misterioso e terrífico título do Inefável e Inescrutável Ser, em derredor do qual se alicerça e gira o Universo.

Concentrados e austeros, postaram-se os iniciados em semicírculo diante do nicho: de um lado os magos, de outro as magas – todos em vestes alvas de linho. Primeiramente, eles elevaram, genuflexos, uma fervorosa e silenciosa oração; em seguida, ouviu-se um majestoso cântico que soou num crescendo.

A bela melodia, ora brusca, ora suave, foi-se avolumando até que a sua imponência parecia sacudir toda a montanha, até a sua base. Rajadas de vento varreram o templo; ouviu-se, então, um estrondo surdo, como se o trovejar rolasse pelas salas e galerias subterrâneas; raios ígneos riscaram o ar em ziguezagues.

Subitamente, aos silvos e estrondos, uma massa ígnea projetou-se das abóbadas e atingiu a plataforma elevada no fundo do templo.

Quando a chama se extinguiu, por trás da fumaça em dissipação, descortinou-se um bloco de pedra, o mesmo que havia servido de altar junto à ultima fonte da substância primeva na Terra. Transferido pelos magos, o valiosíssimo símbolo – reminiscência sagrada do mundo destruído – novamente serviria de altar do primeiro santuário, edificado pelos refugiados da Terra no novo mundo.

Três dos hierofantes mais velhos, adereçados por coroas lucilantes de magos, depositaram sobre aquele altar místico um grande cálice de cristal com crucifixo no alto. Dentro do cálice borbulhava flamejante a matéria primeva, colhida de uma das nove fontes do novo mundo.

Da pira escavada na rocha, diante do cálice, uma chama que jamais se apagaria reverberou todas as cores do arco-íris.

Findo o primeiro ofício, os iniciados fizeram um juramento: cumprir fielmente a tarefa confiada, doar todas as forças e o amor à nova terra, sua última morada.

No fim da cerimônia, foi cantado um hino de ação de graças, a multidão dispersou-se lentamente e os sinais fosfóricos apagaram-se, com exceção(5) do círculo com o nome do Inefável.

---

(5) Um lapso do autor, pois, inicialmente, cita-se a pira eterna. N.T.

Capítulo III

A construção da cidade dos magos prosseguia rapidamente. Os adeptos, assim como os terráqueos, trabalhavam com afinco.

Todos esses construtores eram de primeira linha, tanto mais que à sua disposição havia recursos incríveis, pois grande parte dos metais e dos outros materiais ainda se encontrava em estado maleável, o que simplificava significativamente a sua utilização em esculturas. E a cidade de conto de fadas, a sede do legendário "paraíso terrestre" verificou-se ser de fato um milagre de beleza harmônica e arte refinada!

No meio de vastos jardins coloridos por uma infinidade de flores e avivados por chafarizes, erguiam-se os palácios dos magos – verdadeiras obras de arte, tanto interna como externamente.

Os nossos velhos amigos instalaram-se perto um do outro; seus palácios eram algo extraordinário.

A residência de Ebramar ficava no centro e, ao redor, ligando-se por longas colunatas cobertas, num retângulo perfeito, localizavam-se os palácios de Supramati, Dakhir, Narayana e Udea; todos eram de cores diferentes.

O palácio de Ebramar e as galerias a ele contíguas, imitando quatro fachos, eram da brancura da neve; o palácio de Supramati parecia executado em ouro; o de Dakhir – vermelho-rubi; o de Narayana – azul-celeste, como safira, e o de Udea – verde-esmeralda.

Porém aquelas edificações não se destinavam tão-só para atenderem às humildes necessidades dos magos; elas iriam fornecer abrigo a um grande número de discípulos e familiares, tutelados pelos grandes adeptos. Tão logo a cidade fosse oficialmente inaugurada, promover-se-ia a organização de núcleos de famílias, o início de aulas nas escolas de iniciação e em estabelecimentos de ensino de ofícios, agricultura e arte de governar as hordas incultas de aborígenes.

Os terráqueos não viam a hora de se iniciarem as grandes festividades da inauguração da cidade; a liberação dos casamentos era motivo de grande ansiedade para muitos. Nem todos aceitavam a castidade imposta durante os anos de construção. O belo sexo, isolado do convívio com os homens, ficava sob vigilância especial das *iniciadas*, passando por uma educação preparatória para o papel de esposas e donas-de-casa, em condições bem distintas das que estavam acostumadas na Terra.

De um modo geral, a educação daquela massa diversificada de terráqueos era difícil e complexa, visto ser composta de pessoas de diferentes categorias, tanto em termos étnicos, como em termos de caráter, posição social e evolução intelectual. Eram crentes em Deus e suficientemente bem-intencionadas, mas, a despeito dessas virtudes, eram gente de sua época, eivada de ideais errôneos e cultura viciada, por demais refinada e pervertida. Independentemente disso, a essência primeva ministrada produziu uma estranha e miraculosa cura em seus organismos; seus corpos sem viço, desnutridos, com nervos abalados, adquiriram vigor e a vida palpitava impetuosa, ou seja: eles tornaram-se artífices ativos, aptos para construírem as futuras civilizações e serem ancestrais das raças mais civilizadas.

Numa bela tarde, depois do almoço, os nossos velhos amigos estavam reunidos num dos terraços do palácio de Ebramar, especialmente construído pelos expurgados para os refugiados da Terra. Falou-se de diversas catástrofes e cataclismos, que seriam utilizados no futuro como forma de aproximação com a população local. Mais tarde, esta seria socorrida e, assim, se colocaria a primeira pedra no alicerce para o conhecimento de Deus e a realização de cultos religiosos, ainda que incipientes.

Aos poucos o tema da conversa tomou outro rumo. Abordou-se o assunto das futuras festividades e, sobretudo, o do matrimônio dos magos (somente os iniciados de grau superior permaneciam solteiros). As cerimônias se realizariam no templo subterrâneo, onde se achava a misteriosa pedra cúbica, após o que os adeptos com as esposas se instalariam em suas novas casas. A bênção do ato de união dos adeptos de graus inferiores tinha sido marcada para os dias seguintes.

Udea não estava participando da última parte da conversa. Com olhar triste e pensativo, recostou-se no corrimão e, pela expressão de seu rosto pálido e belo e de seus olhos sonhadores, parecia estar longe com os pensamentos.

Narayana que o observava, bateu-lhe fortemente com a mão no ombro e este, estremecendo, empertigou-se e ficou tão desconcertado, que todos os presentes riram.

— Em que está pensando, ermitão incorrigível? O tema não lhe agrada? Existe algo melhor no mundo que as mulheres? Isso vale tanto para um mago como para um mortal comum. Vejam vocês, ele fica contando os dedos e não dá a mínima para a conversa! Acorde, meu amigo, e viva a vida!! O que lhe falta? As provações terminaram, o passado foi riscado, diante de nós se descortina um futuro sem nuvens, e em sua fronte brilha o primeiro facho da coroa de mago. É evidente que tudo isso é bonito, mas um lar com todo o conforto, uma linda dona-de-casa que o ame, mime e cuide para que você esteja bem alimentado, tudo isso é importante e é fácil de se conseguir. Não se esqueça disso!

O discurso do incorrigível Narayana motivou uma nova explosão de risos, desta vez acompanhada por Udea, que logo percebeu que tendo Narayana por amigo ele não corria perigo de esquecer o sentido real da vida.

Quando os risos cessaram, Ebramar disse em tom jovial:

— Apesar da sugestão pouco comum, devo admitir, meu amigo, que Narayana está certo; será sensato de sua parte arrumar uma companheira de vida. Você fica remoendo o passado, seus tempos difíceis de trabalho, desterrado neste planeta. Você tem que sacudir a poeira; o amor reconforta e é o melhor bálsamo para uma alma enferma.

— Basta me ordenar... – suspirou Udea.

— Como posso ordenar coisas desse tipo?

— Por que não? Você é meu melhor amigo, um protetor incansável, que me conseguiu trazer para cá, a este planeta perdido. Você me apoiou, minorou meus sofrimentos, consolou o banido em piores momentos de seu desterro. Quem poderia aconselhar-me melhor? Assim, torno a repetir: se você acha que isso se faz necessário, eleja uma maga que queira ser minha esposa.

— Isso não será difícil! Aposto que muitas suspiram em segredo por um partido assim como Udea. Difícil vai ser escolher – intrometeu-se Narayana.

— Se você conhece tão bem os anseios íntimos de nossas moças, então o ajude nesta questão delicada – observou

Ebramar zombeteiro. – Com a sua permissão, Udea, posso apenas sugerir alguém que considero a mais digna; mas é você que dará a última palavra para eleger a companheira que lhe tratará as feridas do passado.

— Sabe, mestre, se você tivesse uma filha, eu teria suspeitado de que você está querendo arrumar um casamento vantajoso com o nosso misterioso irmão de pouca conversa – gracejou Narayana, rindo e fitando maroto os olhos de Ebramar.

— É mesmo uma pena Ebramar não ter uma filha; eu a teria desposado certo de que tudo que tem origem em nosso inigualável amigo traz muita sorte – redargüiu Udea.

— Tem razão! Foi por isso que eu logo gostei de você, ao perceber seu apreço por Ebramar – exclamou num ímpeto Narayana, e em seus grandes olhos negros brilhou o arrebatamento que lhe era característico. – Vejam só! Todos que estão aqui reunidos são seus filhos espirituais, uma criação, por assim dizer –, de um mestre que não tem paralelos. Sua afeição, erudição, paciência incansável, fizeram o que somos agora. Devemos, então, como uma família, cerrar fileiras em torno dele, unidos em amor e gratidão.

Com os olhos marejados, Narayana pegou a mão de Ebramar e a beijou. Este a arrancou rapidamente.

— Pare com isso, seu pândego, e chega de cantarolar-me louvação imerecida! Como podemos atribuir méritos a um pai que se esforça por seus filhos? Este tipo de amor, um disfarce de egoísmo e vaidade, não mereceria qualquer elogio. Mas eu já entendi, Narayana, aonde você quer chegar com esse seu discurso sutil. Você está curioso de conhecer a história de Udea, as circunstâncias que motivaram as duras provações por ele suportadas com tanto brilho.

— Você lê meu coração como um livro aberto, oh, o melhor e o mais perspicaz dos pais espirituais! – riu Narayana. – A minha curiosidade não é leviana; ela é o fruto da sincera afeição e da certeza de que ele necessita abrir-se com seus irmãos e amigos. E para completar, meu amigo, eu juro, apesar da minha curiosidade, abster-me de ouvir qualquer coisa que lhe possa causar algum sofrimento, pois sei o quanto são dolorosas as lembranças, mesmo para o coração perfeito de um mago – ajuntou Narayana, apertando a mão de Udea.

Udea levantou-se e seus olhos escuros lançaram um olhar afetuoso para Narayana.

— Você tem razão, irmão, não tenho motivos para ocultar o passado! Meu delito justifica a punição severa do banimento e, assim, a quem mais senão a vocês eu posso confiar a história da minha decadência e expiação?

Glória ao Inefável, cuja sabedoria e misericórdia fizeram de um criminoso um ser útil, permitindo-lhe evoluir e beneficiar-se das dádivas do Pai celeste.

É verdade, os sacrifícios foram enormes, mas só assim é possível fazer afluir as riquezas espirituais, ocultas nos recônditos do ser humano, desenvolver-lhe o intelecto míope e ignaro, provê-lo de força de vontade consciente e armá-lo de poderes sobre os elementos da natureza. É justamente na fornalha das provações, na batalha alternada de derrotas e vitórias, que se forma um ser novo que começa a intuir o seu Criador, e venerar-lhe a imensurável sabedoria e a tentar cumprir judiciosamente a Sua vontade. Antes de passar à narrativa de minhas vicissitudes, gostaria de dizer que a maior desgraça da humanidade, a pior provação para os homens, e que desencadeia neles os mais nocivos instintos, impele-os para o precipício e retarda-lhes por muito tempo o avanço para a perfeição é a injustiça.

— Concordo com você. Entretanto, a primeira noção da justiça, inata ao homem, não se baseia em seu compromisso de justiça em relação a outros, mas o que ele acha uma prerrogativa passível de ser exigida de outros em relação à sua pessoa – sustentou suspirando Ebramar.

— Isso é uma conseqüência de sua fraqueza e imperfeição. Todo ser, criado por Deus, carrega na alma uma noção clara do princípio imutável da Justiça Divina, e, se este princípio é desrespeitado, a vítima da injustiça se rebela e em seu coração começa a espumar a bílis da hostilidade, crueldade, desejo de vingança ou retaliação. Do âmago túrbido do homem afluem suas piores paixões, que o transformam em demônio. É diferente para os seres evoluídos em esferas superiores, conscientes da lei do Karma, que pode desabar-lhes em situações semelhantes: eles resistem em silêncio; mas o que dizer daqueles que estão nos degraus inferiores da ascensão? Um ser humano simplório alimenta uma fé inabalável em seus direitos, sugerida pela voz incorruptível do instinto; o degradamento moral inicia-se a partir do momento da conscientização de que a lei da justiça não impede que o mais forte oprima o mais fraco. A raiz de todas as revoluções e desatinos é a injustiça. Ela é a origem da decadência dos povos, que leva inevitavelmente ao desencadeamento das leis, idênticas às que regem o Universo.

Basta violar as leis químicas ou cósmicas e logo surge a desagregação, o que é um desequilíbrio, uma desestruturação dos elementos, ou seja: a ordem só é viável mediante um esforço obstinado. Os elementos devem ficar em harmonia, o equilíbrio só é atingido se cada átomo executa a sua função predeterminada. A injustiça, pois, é um princípio dissonante, que quebra a harmonia, arruina nações inteiras e povoa o mundo com seres demoníacos.

Desculpem, irmãos, por esta digressão, fruto de lembranças amargas. Foi justamente a injustiça a razão dos meus delitos e sofrimentos – justificou-se Udea, mal contendo a emoção.

Eu nasci como herdeiro de um poderoso rei, chamado Pulástia. A natureza fora generosa comigo, mas eu tinha um gênio explosivo, era arrogante ao extremo, rebelde e por demais ambicioso. Adorava minha mãe, uma mulher humilde e bela; a ela eu devo todos os germens do bem semeados em minha alma. Ela não era feliz no casamento. Irascível, pervertido e rude, beirando a crueldade, o rei não dava o devido valor à minha mãe, uma pessoa de moral irrepreensível, beleza encantadora e dona de uma inteligência rara. Eu era seu filho único e, naturalmente, ela me amava com todas as forças da alma.

Com o pai, ao contrário, eu não tinha um relacionamento amistoso. Ele não me amava e fazia questão de demonstrar isso. Qualquer travessura era punida cruelmente; por vezes, em seus momentos de mau humor, eu simplesmente acabava sendo um bode expiatório. Tais injustiças e muitas outras coisas mais tarde deram lugar em minha alma a um sentimento maldoso, quase hostil, em relação a ele.

Meu pai tinha um filho bastardo, mais jovem, fruto de uma relação com a criada do séquito da minha mãe. Que feitiços utilizara Suami, assim ele era chamado, para conquistar o coração do meu pai, eu não sei dizer, já que ele era horroroso, soturno, falso e de má índole. A mim ele odiava, invejando-me a posição de sucessor do trono, e sempre conseguia engendrar uma série de vilanias, cujas conseqüências eram duros castigos a mim aplicados. Além disso, se por um lado Suami me invejava a posição de príncipe sucessor, meu pai odiava a popularidade que eu tinha entre o povo, devido aos atos filantrópicos junto aos meus futuros súditos menos afortunados, quando eu buscava minorar os males causados pelas injustiças e ilegalidades do rei, para quem não havia outra lei senão sua vontade ou caprichos. Imbuído de valores de justiça, transmitidos por minha mãe desde a tenra idade, eu tentava ser o mais justo possível, pois achava que isso era a principal virtude de um rei.

O ambiente pesado na corte, criado pela hostilidade surda do meu pai e pelo ódio disfarçado de Suami, agravavam a minha irritação. Para ficar longe dos dissabores, dediquei-me apaixonadamente à caça e ao estudo de ciências ocultas, ministradas no nosso templo. Só mais tarde compreendi que aquilo não passou de reles abecedário da notável ciência; entretanto, as frações do conhecimento obtidas fizeram despertar em mim um enorme interesse pela matéria e eu buscava avidamente alcançar os misteriosos poderes, cuja força pressentia vagamente. Quando completei vinte anos, os conselheiros começaram a insistir junto ao rei para que eu me casasse; meu pai, a contragosto, mandou que se iniciassem os entendimentos com a casa vizinha.

Naquela ocasião, eu estava me distraindo ao caçar nas montanhas de uma das nossas longínquas províncias. Corajoso e ágil, desconhecia o medo e gostava de me aventurar em empreendimentos perigosos. Naquele dia a sorte não me sorria. Minha arma não atingiu mortalmente o animal caçado, este se lançou ferido em minha perseguição, mordeu-me o ombro e dilacerou com as garras o meu braço. Perdi muito sangue e desmaiei. Quando acordei, estava muito fraco; saí pela floresta e acabei perdendo-me ao entardecer. Foi realmente um milagre não ter sido devorado por predadores; a iminência do perigo deu-me forças para prosseguir. Já começava a clarear, quando vi uma grande casa habitada, cercada no vale pelas montanhas. Arrastei-me até ela com as derradeiras forças.

Naquele abrigo perdido entre as montanhas, vivia uma pequena comunidade de mulheres dedicadas à veneração de uma deusa, e cujo culto lembrava o de Vesta. Todas elas haviam feito votos de castidade, mantinham o fogo sagrado para a deusa e dedicavam o tempo restante às orações e ciências ocultas. Numa gruta, nas vizinhanças, habitava um velho sábio responsável pelos estudos das virgens. Fui bem recebido e tratado; ninguém sequer me perguntou quem eu era. O velho sábio revelou-se um médico magnífico e os meus ferimentos logo sararam. A maior parte das mulheres da comunidade era de idade avançada, salvo algumas jovens muito bonitas. Por uma delas, de nome Vaikhari, uma moça de beleza estonteante, eu me apaixonei perdidamente e, apesar de seu retraimento, resolvi desposá-la, logo. Ao retornar apressadamente para casa, anunciei ao meu pai a decisão de me casar com Vaikhari, descartando com veemência outra pretendente.

No início, ele ridicularizou-me; mas, depois de ouvir uma extasiada descrição da beleza da moça, ponderou e anunciou a sua decisão de viajar comigo até a comunidade para pedir a Vaikhari que aceitou ser a minha esposa. Eu estava muito feliz, e assim partimos para lá em companhia de numeroso séquito, protegidos por um forte destacamento de exército.

Ficamos acampados nas vizinhanças da comunidade; um dos conselheiros de meu pai foi enviado com o pedido de casamento. Mais tarde, o próprio velho médico-sacerdote veio até o rei para dizer-lhe que a jovem sacerdotisa havia feito votos de servir à divindade e deveria permanecer junto ao templo. Entretanto, o meu pai não era homem de submeter-se às decisões alheias: exigiu prontamente uma resposta pessoal de Vaikhari. Ela veio abatida e apreensiva, implorando ao rei para que não a obrigasse a quebrar o juramento dado à deusa; mas ele retrucou que a recusa poderia significar a destruição do templo com todas as suas edificações, e também a decapitação de seus habitantes.

Vaikhari correu assustada ao templo para implorar à deusa liberá-la do juramento e salvar as irmãs. Diziam, mais tarde, que no momento em que a sacerdotisa trazia uma oferenda no altar da deusa e fazia a defumação, elevando as preces à divindade, das labaredas surgiu uma pomba branca, que pousou no ombro da virgem e depois levantou vôo; ao mesmo tempo, o anel de ferro, que era carregado no dedo como um sinal de iniciação, abriu-se e caiu no chão, como se em anuência da liberação da deusa.

Vaikhari seguiu-nos depois até a cidade; eu estava felicíssimo, sem desconfiar que tanto a minha morte, como a de minha mãe, já estavam seladas no coração desumano do meu pai, que se apaixonara loucamente por minha noiva.

Minha bondosa mãe aceitou Vaikhari como se a uma filha querida. Os preparativos para o meu casamento iam em ritmo acelerado, quando, na véspera da cerimônia, recebi um grande golpe: minha mãe fora encontrada morta na cama. Foi picada por uma cobra que se espreitara, segundo disseram, dentro das flores trazidas para enfeitar os seus aposentos. Fiquei desesperado. O casamento foi adiado para depois do luto, ou seja, por três meses. Tempos difíceis foram esses, mas eu me apeguei ainda mais a Vaikhari, que compartilhava da minha dor, consolava-me e, aparentemente, começava a sentir amor por mim. Meu pai estava sombrio, pensativo, pouco falava comigo e distraía-se caçando sozinho, por vezes me convidando para acompanhá-lo. Suami, entretanto, não me largava, nem à minha noiva. Eu sabia que ele nos espionava e sua insistência deixava-me furioso.

Aproximava-se o fim do luto, e eu tive de acompanhar o meu pai numa caçada; ele estava mais taciturno que de costume e optava por caminhos mais isolados, por trilhas mais íngremes e perigosas.

Eu o seguia em silêncio, quando divisei uma cabra selvagem, parada no despenhadeiro. Apontei o animal para o meu pai e fui até a beira da trilha, esticando o arco, mas no mesmo instante senti um forte golpe nas costas, cambaleei, perdi o equilíbrio e caí... depois não me lembro de mais nada...

Ao recuperar os sentidos, vi que estava num desfiladeiro cercado de escarpas; a terra em volta era coberta por denso musgo, o que, provavelmente, tinha amortecido a força da minha queda. Minhas roupas estavam rasgadas pelas pedras, o corpo coberto por hematomas, as costas doíam terrivelmente.

É difícil lhes descrever o meu estado de espírito no momento em que me conscientizei de que o meu próprio pai tentara me matar. Naquele minuto, pensei que seu ato calculava garantir a sucessão de Suami e em meu coração germinou um terrível ódio em relação a ambos. Estava vivo, no entanto, e o instinto de preservação fez com que eu procurasse me salvar. Senti que o punhal ainda estava cravado em minhas costas, mas não quis tirá-lo para não exaurir as minhas forças com mais perda de sangue. Rastejando em volta de um pequeno descampado, descobri uma trilha que subia em ziguezagues. Não tentarei descrever com que esforço e sacrifício eu subia por ela; por vezes fraquejava, mas depois tornava a subir. Por fim, consegui atingir uma área maior e com grande alegria vislumbrei uma nascente, jorrando das rochas. Estava sofrendo de sede e assim a saciei com água gelada e cristalina; entretanto as forças me abandonaram e perdi novamente os sentidos.

Ao abrir os olhos, vi-me numa caverna fracamente iluminada por uma tocha presa à parede. Estava deitado num leito de musgo e folhas, forrado com lençol de lã; um velho, de joelhos ao meu lado, friccionava-me as têmporas com uma essência aromática vivificante. Sentia-me relativamente bem. O meu ferimento estava com curativo, não doía muito, mas todo o corpo ardia e parecia que a cabeça ia explodir. Só depois é que descobri que a minha vida ficara por um fio durante algumas semanas. Quando o perigo enfim passou, minha fraqueza era tal e as forças estavam tão exauridas que não conseguia mover sequer um dedo. A recuperação foi deseperadamente lenta.

O bom velhinho, de nome Pavaka, continuava a cuidar de mim como um pai dedicado. Freqüentemente, e por longo tempo, eu o observava curioso, pois apesar dos cabelos e barba grisalhos, seu rosto brônzeo não tinha rugas e os olhos ardiam como se ele estivesse no esplendor da juventude.

Preocupava-me, é claro, com a minha própria sina. Imaginava a surpresa que causaria o meu aparecimento, pois, com toda a certeza, consideravam-me morto. Pretendia alcançar uma cidade próxima da capital, reunir os moradores e contar toda a verdade. Contava com o atendimento do povo ao meu chamado, destronaria o meu pai e faria a justiça. Além da sede de vingança, devorava-me a vontade de reencontrar Vaikhari. Contudo, as forças e a saúde não retornavam, eu tossia sangue e sentia ao mesmo tempo uma terrível dor aguda nas costas e no peito.

Certo dia, ao dar com o auxílio de Pavaka um pequeno passeio, retornando à caverna totalmente enfraquecido, perguntei ao meu salvador quando é que finalmente eu me recuperaria, visto não ver a hora de ir embora.

Pavaka balançou a cabeça, deu-me de beber algo bem refrescante e disse:

— Meu amigo, você é um homem e eu acredito que lhe devo dizer toda a verdade. Você jamais se recuperará, pois seus órgãos internos ficaram afetados e, se o seu mal evoluir como está evoluindo, você não tem mais que dois ou três meses de vida.

Ao notar o choque que me causara a revelação e que me fez afluir o sangue aos lábios, ele acrescentou, apertando-me a mão:

— Não se desespere! Existe um meio de curá-lo, devolver-lhe a anterior saúde, proporcionando uma vida bem longa, entretanto isso só poderá ser obtido através de muitos sacrifícios.

— Que sacrifícios? Farei tudo, desde que me cure.

— Primeiramente, você deverá renunciar tudo neste mundo.

— Não poderei fazê-lo, venerado Pavaka. Sou um sucessor de um grande reino e um noivo apaixonado, cuja eleita, provavelmente, me chora como a um morto. Renunciar a ela é mais difícil que à própria vida.

Pavaka fitou-me com um olhar triste e piedoso.

— Quanto a isso, meu filho, perca as suas esperanças! Já faz algumas semanas que Vaikhari foi desposada por Pulástia e...

Não ouvi o fim da frase. Parecia que havia sido atingido por um martelo na cabeça; simultaneamente, senti como se um sabre ígneo cravasse o meu peito e me vi despencando para um precipício... até que perdi os sentidos.

Só passadas duas semanas, abri os olhos, fraco e alquebrado, mas totalmente consciente, recordando de tudo o que havia passado. Um furacão tempestuava minha alma; Pavaka, entretanto, não permitiu que eu desse expansão à minha ira, ministrando-me calmantes que me faziam dormir quase ininterruptamente e, assim, as minhas forças começaram a voltar.

Certa vez, sentindo-me um pouco mais vigoroso que de costume, peguei a mão do velho e disse:

— Tenho-lhe um grande pedido, Pavaka. Você é um homem sábio; dê-me um remédio que me forneça forças só por algumas semanas. Não é sobreviver que eu quero. Desejo me vingar do monstro que me arruinou a vida, privou-me de tudo que me era caro; ele assassinou a minha mãe, disso estou convencido, e apropriou-se de minha noiva.

Eu quis lhe contar toda a história, mas vi que Pavaka já sabia de tudo; às minhas palavras ele reagiu desfavoravelmente, balançando a cabeça.

— Concordo que seu pai é um monstro; a vingança, no entanto, é uma tolice inútil, acredite! Não tenho condições de atender ao seu pedido; posso ou lhe devolver a saúde e dar-lhe uma vida longa, ou deixar que morra aqui. Mas pense bem antes de optar por uma coisa! Suponha que aceite o seu pedido e você consiga chegar até a capital, destronar e matar o seu pai. O que você ganharia com isso? Um breve reinado de alguns meses, envenenado pelos remorsos e sofrimentos da morte, sem contar com o fato da impossibilidade de possuir a mulher amada? Se, ao contrário, você dominar espontaneamente a sua fútil cobiça, renunciar ao poder fugaz e à mulher separada de você por um abismo, consolidará uma vida de centenas de anos, uma juventude e beleza imorredouras, e, além disso, diante de você se escancararão as portas do templo do conhecimento. Vejo pela sua aura que você possui uma mente poderosa e enérgica, sinal de que poderá vir a alcançar conhecimentos que o armarão de poderes praticamente ilimitados. Qual é o sentido de governar uma turba rude e ingrata, se você poderá comandar os elementos da natureza, governar sobre os exércitos de criaturas servis, que executarão todas as suas ordens?

Pavaka retirou-se, dizendo-me que refletisse sobre o assunto e tomasse uma decisão sozinho; mas o meu temperamento enérgico contribuiu para vencer a indecisão rapidamente. Pela primeira vez após ficar ferido, avaliei friamente a minha situação. O meu estado físico era prova de que o corpo terreno começava a se decompor, e a morte, devo confessar, me assustava bastante. Entretanto, a oferta de um futuro enigmático era atraente. O que eu poderia lastimar no mundo, se Vaikhari estava irremediavelmente perdida? Quando Pavaka retornou, eu lhe anunciei a minha intenção de renunciar aos bens terrenos, para me tornar um adepto e me dedicar integralmente à ciência.

Não dei muita atenção naquela hora para um sorriso enigmático que se esboçou no semblante do velho. Ele respondeu apenas que o meu desejo seria atendido; logo que eu fizesse o juramento, ele me daria o remédio da cura.

Depois de ajudar a levantar-me, ele abriu no fundo da caverna uma porta que se movia em gonzos invisíveis, oculta atrás de uma rocha, e levou-me para uma gruta espaçosa de cuja existência eu não suspeitava. Uma luz tenramente azulada iluminava o recinto; no fundo, à altura de alguns degraus esculpidos na rocha, encontrava-se uma mesa coberta por toalha, urdida com fios de ouro.

Naquela espécie de altar, havia dois castiçais de vela de sete braços, no centro dos quais se via um cálice coroado por uma cruz de ouro e uma caixa metálica, rutilando pedras preciosas. Nas duas trípodes laterais, defumavam-se essências. Junto à entrada havia um tanque, para onde desaguava uma fonte mineral.

Pavaka ordenou que eu me despisse e depois mergulhasse na água, o que fiz com muito esforço. Depois ele me esfregou no corpo uma essência aromática e vestiu-me numa túnica comprida e alva.

Senti-me extremamente revigorado, ainda que estivesse muito fraco. Pavaka apoiou-me e levou-me até o altar; junto ao primeiro degrau, ajoelhei-me. Em seguida, abrindo o escrínio metálico, ele tirou um frasco, um cálice de cristal parcialmente cheio, e uma colher de ouro. Ele verteu do frasco algumas gotas no cálice; o líquido pareceu efervescer, e um vapor vermelho elevou-se mesclando raios ígneos. Então Pavaka ordenou que eu fizesse o juramento, e eu o fiz, repetindo com dificuldade suas palavras, pois ainda estava fraco; depois ele ordenou que eu tomasse do cálice.

Agitando-me em ondas de calor, perdi os sentidos, e um sonho, ou letargia, durou bastante tempo, pois, como se verificou mais tarde, durante aquele lapso de tempo eu tinha feito uma longa viagem; ao despertar, vi-me num dos longínquos palácios do Himalaia, onde os adeptos passam por sua primeira iniciação.

Pavaka disse-me a verdade. De minha doença desenganada não sobrou um vestígio; eu estava forte e sadio como nunca e imediatamente iniciei os estudos. Trabalhei com ímpeto incansável; os mestres surpreendiam-se com meus êxitos. Suportei valorosamente as provas que aumentaram os meus conhecimentos, disciplinaram-me a força de vontade e fizeram-me dominar as fraquezas. Entusiasmei-me com os mistérios alcançados e inebriei-me com os poderes adquiridos. O tempo, entretanto, foi passando imperceptivelmente.

Após a conclusão de trabalhos difíceis no âmbito da ciência, que cumpri brilhantemente, fui agraciado com o primeiro facho da coroa de mago; mais tarde, após um pequeno descanso, meus mestres anunciaram a chegada da hora do início da provação que correspondia ao meu grau, a qual consistia na minha ida, como um profeta, para um país afastado, a fim de pregar os princípios do bem e elevar a moralidade de seus habitantes, mergulhados em vícios.

O mago-mor fez-me as perguntas de praxe: se eu me sentia suficientemente forte para suportar os sacrifícios e as humilhações, retribuindo o mal com o bem, as ofensas e ingratidões com o amor; e, eventualmente, selar com o próprio sangue a verdade da doutrina pregada, sob nenhuma hipótese revelar a minha origem e os meus poderes. Sem titubear, respondi que aceitava a prova e que esperava cumpri-la condignamente.

Quem dera! Eu não me dava conta da presunção de minha resposta; era cego em relação às minhas fraquezas, imaginando-me invulnerável do alto da posição ocupada.

Udea silenciou por uns instantes e passou a mão pela testa pálida; em seus lábios congelou-se um sorriso amargo de nojo.

— Fui leviano – prosseguiu ele, empertigando-se. – Apesar de meus conhecimentos, eu desconhecia quão complexo e difícil era governar, utilizando a autoridade das forças do bem, diante da caterva humana, teimosa e rebelde. Cercado pelo ambiente calmo e harmônico de estudos, esqueci-me completamente das forças de resistência, ódio e vício que habitam o coração humano; esqueci-me de que era mais fácil domesticar um bando de animais selvagens do que uma multidão de bípedes degenerados, ávidos por prazeres, cruéis e vaidosos de serem "gente", achando terem dado um grande passo que os distinguia dos animais; conquanto preservados todos os seus instintos animalescos, eles tão-somente se livraram das rédeas que a natureza criou para os seres inferiores. Com sua presunção, hipocrisia, ingratidão, ambição e crueldade fria, o ser humano sobrepuja-se a todos os animais. Cego de presunção, eu não dava conta do perigo que me espreitava; devido à minha vaidade, eu me considerava capaz de domar os outros e a mim.

Os mestres pareciam estar desapontados comigo. Ebramar, entretanto, olhou-me entristecido e sussurrou:

"– Irmão, peça um adiamento, fortifique-se com orações e prepare-se para a sua sublime missão. Não subestime o perigo que o ronda! A inevitabilidade do contato de um iluminado com a turba, com a conseqüente absorção de suas emanações contagiosas, requer uma batalha difícil. Dê um tempo antes de se relacionar com as pessoas, se não estiver certo da vitória."

Oh! Tivesse eu seguido o sábio conselho! Mas, não! Achando que ele fosse fruto de um zelo excessivo, eu não quis esperar mais, almejando galgar rapidamente a escada hierárquica, e parti...

Certa noite, um dos magos superiores levou-me a um país longínquo, local de meu trabalho, e instalou-me numa gruta:

"– Você vai morar aqui isolado; a algumas horas, indo a pé, encontra-se uma cidade com grande número de enfermos e obsessos. Sua missão é tratá-los, de forma a atrair a atenção geral e aproveitar a situção para iniciar a pregação."

Ao amanhecer eu me pus a caminho. O ambiente em volta pareceu-me familiar, mas não dei atenção a isso, absorto em pensamentos, e logo alcancei o vale, onde, mergulhada em jardins, espalhava-se uma enorme cidade. Mal andei algumas ruas, fiquei perplexo.

Diante de mim erguia-se o grande templo, que tão bem conhecia, e era o principal santuário da minha pátria. Tantas vezes eu galgara aqueles degraus, acompanhando meu pai a alguma cerimônia religiosa. Era ali que eu deveria ter reinado, no entanto me enviaram para dogmatizar o meu próprio povo. Aturdido e em meio à emoção, meus olhos marejaram; tudo em mim tremia, milhares de lembranças afluíram.

Mas não tive muito tempo para entregar-me às recordações. De uma casa por perto, saíram em desabalada carreira um homem e uma mulher, todos em farrapos, com cabelos desgrenhados, espumando pela boca, rostos desfigurados pela convulsão; eles uivavam feito loucos e eram asquerosos de tão medonhos. Atrás deles, corria em perseguição um grupo de pessoas, tentando agarrá-los. Aquela visão me lembrou instantaneamente da minha missão e das instruções dos mestres.

Deixando as recordações de lado, ergui a mão e ambos os obsessos estacaram em seus lugares. Aproximei-me deles, fiz alguns passes, pronunciei adjurações que expulsavam os demônios dos infelizes, e consegui libertá-los.

Formou-se então uma multidão em volta, e vendo que aos ex-possuídos voltou a razão, algumas pessoas se aproximaram de mim e contaram, trêmulas de temor supersticioso, que a cidade estava acometida por uma violenta demência geral. O terrível mal a ninguém perdoava: velhos ou jovens – todos. Qualquer um que ficasse acometido da crise de delírio tentava estrangular o primeiro que aparecesse; eles perpetuavam nas vias públicas toda a sorte de indecências e, algum tempo depois, morriam em sofrimentos terríveis. O lado pior é que a moléstia era contagiosa e, freqüentemente, os que acudiam ou agarravam os insanos, tornavam-se vítimas do mesmo mal. Para diminuir a incidência daquela epidemia, o rei mandou prender todos aqueles que apresentavam os indícios daquela loucura e enviá-los a um acampamento fora da cidade, cercado de guardas.

Ordenei que me levassem até aquele local e, confesso, tive muito trabalho para expulsar os exércitos de larvas e de outros espíritos demoníacos; mas, passadas algumas horas, consegui dominar a situação.

Após aquela vitória sobre as trevas, fiz uma preleção explicando que a causa daquele mal eram os delitos e a depravação do povo. Por fim, anunciei que eu podia ser encontrado na gruta do vale desértico, onde havia uma nascente, e que para lá deveriam ser levados todos os enfermos.

Retornei à minha habitação com péssimo estado de espírito. Feito uma avalanche afluíram a mim as lembranças; o passado tomou vida como se tudo tivesse acontecido na véspera, apoderando-se de mim. Fiz de tudo para cumprir as minhas incumbências. Curei os doentes desenganados e preguei para multidões cada vez maiores, evitando, entretanto, ir à cidade com medo da impressão que esta produzia em mim.

Assim, os dias foram passando em trabalho estafante, enquanto as noites eram um verdadeiro martírio, visto que o passado se assomava cada vez mais. Já sabia, na época, que cerca de três séculos haviam passado desde o dia do meu desaparecimento, mas que ali governava ainda o nosso clã. Soube também que Vaikhari havia falecido ao dar à luz uma filha, a qual mais tarde se casou com o rei vizinho; Pulástia falecera bem velho, deixando o trono para Suami. Quanto a mim, achavam que eu tinha perecido ao cair no abismo.

O jovem rei atual chamava-se Pulástia, assim como meu pai. Segundo diziam, era também cruel e explosivo. Ele se preparava para casar-se com uma princesa de beleza impressionante, uma parenta sua.

Ao tomar conhecimento da visita oficial da noiva à capital, eu quis ver os dois prometidos, que ocupavam o lugar a mim outrora pertencente por direito.

Toda a cidade estava engalanada como se para uma festa. A despeito da minha popularidade, naquele dia a atenção do povo estava voltada para outras coisas; assim, a única distinção que me foi conferida resumia-se na possibilidade de eu ficar na primeira fileira, bem perto do palácio real.

Logo surgiu o cortejo. O rosto do rei pareceu-me familiar; no entanto, a visão da noiva, coberta de jóias e sentada na carruagem, produziu sobre mim um efeito devastador, tanto é que deixei escapar um grito surdo. Ela era um retrato vivo de Vaikhari!

Meu grito foi ouvido pelo rei, que voltou surpreso a cabeça em minha direção e fitou-me com desdém. Os nossos olhares se cruzaram e, nesse instante, eu reconheci os seus olhos. Para o olhar iluminado de um mago, o mistério do passado se havia descortinado: diante de mim estava o meu antigo pai reencarnado...

Um minuto depois, o cortejo desapareceu no interior do palácio; eu me apressei em misturar-me com a multidão e voltei para a gruta.

A noite que sobreveio a esse dia foi um pesadelo. Em algumas poucas horas, a serena harmonia do mago ruiu; das profundezas ignotas do meu ser afluíam rajadas impetuosas das paixões que eu julgava dominadas e esquecidas. Com rapidez assombrosa, avolumava-se em mim o antigo homem, tragando e afundando o adepto; em meu coração germinou a vontade irresistível de ocupar o trono dos antepassados, governar o povo que me amava. Da mesma forma, reacendeu-se a minha paixão a Vaikhari. Os séculos passados não contavam; eu vivia o presente em mim ressuscitado, na alma tempestuava um verdadeiro furacão só de imaginar que aquele que matara a minha mãe, e se apossara da minha noiva, iria novamente saciar sua paixão, possuindo a encarnação viva de Vaikhari. Como se eu não pudesse ser feliz! Eu era mais belo e poderoso que o meu rival, cujas únicas vantagens se resumiam em título e riqueza. Fui dominado pela vontade incontrolável de trocar os meus trajes rudes de couro pelas indumentárias púrpuras e pelas jóias imperiais, para conquistar o coração da bela noiva.

Entorpecido por sentimentos impuros, eu não percebia ao meu redor os pululantes servidores de Sarmiel; conquanto, também, não deixasse de prestar atenção às suas sugestões:

"– A consumação de sua vontade é um direito inalienável! O encontro com o assassino que olvidou seu dever paternal é uma obra da lei do Karma, que fulminará o criminoso com a mão de sua própria vítima! Quem o impedirá, mais tarde, de se tornar um monarca para prodigalizar ainda mais o bem, semear a fé na Divindade, curar e lapidar o seu povo? Imagine a vantagem fascinante de ser um rei e não um mendigo errante entre essa ralé!"

Em minha imaginação avolumavam-se as vantagens da glória e amor.

Suando em profusão, com o coração palpitando de paixões tempestuosas, eu ainda opunha alguma resistência à tentação; não intimei os mestres e os protetores, com medo de que eles me proibissem de usar os meus poderes. E nada interrompeu a minha loucura; eu continuava o dono completo de meus atos e poderes ocultos. Os últimos escrúpulos se dissiparam rapidamente, e, quando os primeiros raios do sol iluminaram o céu, o meu plano já estava arquitetado. As forças invisíveis que perpetrariam as minhas intenções já estavam acionadas. Eu não tinha mais condições de lutar contra as emanações malévolas das paixões que despontaram na minha alma, eu era um feiticeiro terrífico, um grande sábio; faltava-me a essência espiritual de um verdadeiro profeta, que sacrifica a vida pela verdade por ele proclamada.

Ao amanhecer, Pulástia adoeceu. Todo o seu corpo sc contorcia em dores e cobriu-se de abcessos e feridas; visto que os remédios normais não ajudavam, eu fui chamado. Minha fama chegara até o palácio e eu era alvo da curiosidade da princesa; além disso, a sua irmã mais nova sofria de epilepsia desde criança, e também queria me ver.

Para a ida ao palácio, vesti-me numa comprida túnica branca, cingida por uma simples faixa prateada, e na cabeça coloquei um turbante de musselina. Sabia que estava bonito e, pelos olhos da princesa, senti que havia escravizado seu coração.

Tratei as moléstias da irmã da rainha e de Pulástia; adverti severamente este último por seus delitos e injustiças, do conhecimento de todos. Anunciei que aqueles atos eram justamente as causas de sua doença e que para curar-se definitivamente, ele deveria remir a sua culpa com penitências e isolar-se por trinta dias no templo, fora da cidade.

Furioso mas assustado, Pulástia obedeceu; enquanto que eu, mal disfarçando a alegria maledicente, observei-o abandonar o palácio, para onde ele jamais retornaria.

O caminho ao trono estava livre. Sem hesitar, pus-me a granjear a simpatia do povo, ao qual acorri para resgatar a moralidade e convertê-lo a Deus. Para tanto, perpetuei a ocorrência de uma série de catástrofes.

Iniciei com uma epidemia, logo erradicada; aplaquei um furacão, aparecendo diante da multidão apavorada envolto em chamas e relâmpagos. Por fim, evoquei um terrível dilúvio, cujas águas inundaram a capital e a sua periferia; foi quando Pulástia se afogou. Durante este último cataclismo, apareci por cima das ondas revoltas cercado de auréola flamejante, comandando exércitos dos espíritos elementais(6) e pronunciando fórmulas contra as águas, que logo retornaram aos seus leitos, obedecendo à minha vontade.

O povo considerava-me um deus-benfeitor e ofereceu-me a coroa, e, por esposa, a noiva do rei falecido. Aceitei. O casamento com a coroação deu-se com pomposidade inaudita. A jovem esposa adorava-me, o povo venerava-me, e eu, inebriado com amor e poder, estava orgulhoso e feliz.

Graças aos meus conhecimentos mágicos, uma fabulosa fertilidade impulsionou o país, provocando a inveja e a hostilidade dos vizinhos. Em vez de usar os meus conhecimentos para acalmar e beneficiar os povos vizinhos, decidi puni-los pela insolência e inveja demonstradas. Oh, como fui longe no caminho do mal!

Iniciou-se uma guerra devastadora. Um dos reis, que me era hostil, foi capturado e por mim sentenciado à morte; seu país foi anexado ao meu reino. No entanto, com um outro adversário tive menos sorte, e o meu exército sofreu tantas perdas que uma derrota total se tornou inevitável. Participei pessoalmente dos combates e lutei furiosamente. Inebriado de sangue e fúria, resolvi evocar meus poderes mágicos para me auxiliar, e comecei a reanimar os soldados, curar os feridos, e materializar os mortos com as larvas e os espíritos demoníacos. E esses insólitos exércitos trouxeram-me a vitória. Feito um furacão devastador, percorri com o meu exército todo o país conquistado, que anunciei anexado ao meu, e, junto com um enorme espólio, levei o rei aprisionado.

---

(6) Segundo a nota de rodapé do livro "A Ira Divina", o autor explica que "elementais" (de élément) são os espíritos das forças da natureza, enquanto "elementares" são os espíritos primários. N.T.

Após aquela vitória, conquistada graças ao auxílio do mal, tomei gosto pela magia negra; some-se ainda o temor da retaliação dos mestres pelo desvio de seus preceitos. Sarmiel, que vigiava a minha decadência, soube se aproveitar da minha insanidade, subvencionando-me no aprendizado do mal, através de seus servos. Por fim tive um encontro com ele, sendo feito um acordo, por força do qual o príncipe das trevas se obrigava a assistir-me em todos os empreendimentos e a ceder-me os lúgubres exércitos de seus servidores; enquanto que eu, da minha parte, assumi a obrigação de não pôr em prática as "tolas" instruções dos magos, visando impedir o recrutamento das almas para abastecer os exércitos do mal.

Debalde a minha esposa implorava para indultar o rei capturado e desistir de uma nova guerra; eu não quis ouvi-la. Fiquei insolente devido à impunidade e estava inebriado com meu poder oculto, com as honrarias a mim dispensadas, com a consciência soberba de ter aumentado o território do meu reino e, finalmente, com a gratidão do povo, proclamando-me um gênio pelos grandes feitos, praticamente sem perdas humanas.

Nasceu-me o segundo filho e decidi marcar este feliz acontecimento, e, paralelamente, o término glorioso da última guerra, com uma grande festa no palácio e outras comemorações populares. No dia daquelas festas, reuniram-se todas as personalidades importantes: cortesãos, civis e militares; nas praças e pátios palacianos servia-se comida e distribuíam-se presentes.

Durante o banquete, o céu subitamente se cobriu de nuvens negras, as trovoadas abafaram a música. As visitas já haviam bebido muito, eu também exagerei um pouco no vinho forte. A tempestade, que atrapalhava o nosso divertimento, deixou-me possesso; eu me levantei com a intenção de fazer uma esconjuração contra a tempestade e mostrar diante de todos o meu poder sobre os elementos. Neste instante um raio bateu incendiando o salão. Senti no peito uma dor forte, as chamas me envolveram, um vento agitado arrebatou-me para cima, rodopiando-me feito uma folha seca. Por fim, senti como se um golpe de martelo me tivesse atingido a cabeça e perdi os sentidos...

Capítulo IV

Ao recuperar os sentidos, eu me vi num local semi-escuro; de tão fraco, não conseguia nem me mover, tampouco pensar. Aos poucos, a cabeça começou a trabalhar, os olhos acostumaram-se ao ambiente e entendi que estava deitado num leito de musgo, dentro de um pequeno subterrâneo, e coberto por uma manta de lã. Não havia janelas nem porta; somente do teto filtrava-se uma débil luz esverdeada. De um lado da parede, encontrava-se um tanque de pedras, onde jorrava um fio de nascente; no outro lado, via-se um banco e uma mesa de pedra, sobre a qual jazia uma caneca de barro e uma xícara e, ao lado, um pedaço de pão.

Estava dentro de um calabouço, mas onde? Por que razão? Entretanto, os pensamentos desordenados não forneciam uma resposta e eu adormeci de exaustão.

O despertar foi horrível. A memória voltou e, então, compreendi que os mestres deram um basta aos meus delitos e abusos, fulminando-me com raio e encerrando-me no calabouço.

Por mais patife que eu tenha sido, era um membro da irmandade e deveria ser julgado. Um suor gelado cobriu-me a testa.

Não sei dizer quanto tempo durou aquele louco desespero, mas os maléficos miasmas que emanavam da alma densificaram-se e encheram o recinto de cheiro fétido; meu corpo cobriu-se de úlceras e feridas. Os sofrimentos corporais eram tão medonhos que sobrepujavam os do espírito.

Finalmente, após algum tempo rolando em terríveis dores em meu covil, chegou em meu auxílio, pela primeira vez, Ebramar; e sua voz afável sussurrou-me no ouvido: "reze, Udea, arrependa-se, purifique-se com humildade, caso contrário você não poderá comparecer diante de seus juízes. Qualquer tipo de penitência é melhor do que esta inatividade que lhe gera pensamentos desconexos e excita as paixões."

A corrente de luz, por ele bafejada, deixou-me surpreendentemente melhor; só de saber que eu tinha ainda um amigo que não me abandonara, e cuja afeição fazia com que me procurasse na masmorra, provocou uma reviravolta em minha alma.

Com olhar afogueado e coração palpitante, contemplei uma corrente de luz que se concentrava num crucifixo radioso, consagrando o reservatório de pedra. O símbolo sacramental da eternidade e expiação iluminou o calabouço com uma luz suavemente azulada; de seus raios emanavam aromas e calor vivificantes. Restava-me ainda uma noção do poder invicto desse símbolo, conhecido por iluminados como o *Selo do Sublime* e, subitamente, despontou-se uma vontade irresistível de buscar abrigo sob a sombra da cruz para restabelecer a minha antiga pureza; arrastei-me até o reservatório. Em meio ao nervosismo febricitante, as lágrimas, por fim, jorraram dos meus olhos; batendo com a testa no piso, murmurei uma prece.

A partir desse dia eu fazia orações ininterruptas. Todos os dias, eu me banhava no reservatório e, todas as vezes, do meu corpo desprendia-se uma substância grudenta e fétida. Aos poucos, as dores foram passando e o peso no corpo aliviava; era cada vez mais fácil eu me concentrar nas preces. As investidas de arrependimento por me haver permitido entregar-me ao deslumbre pernicioso das paixões tornaram-se mais freqüentes.

Certo dia, quando eu prodigalizava lamentos e orações, suplicando perdão ao Criador misericordioso, ouvi o tilintar longínquo de sinos; meu coração congelou-se. Imediatamente compreendi que era a hora do meu julgamento. Um minuto depois, senti-me suspenso no ar, alçando suavemente em direção às abóbadas. Ali, onde eu havia observado uma luz esverdeada, verificou-se haver uma abertura, suficiente para que eu passasse através dela. Vencido o percurso, vi-me num corredor comprido e abobadado; nos fundos, encontrava-se uma porta, à qual me dirigi como se puxado por uma força invisível, e a abertura se fechou.

A porta abriu-se silenciosamente e, diante de mim, divisou-se a galeria de um de nossos templos; os sinos tilintavam monotonamente como se num funeral. Eu estava ao lado de dois adeptos conhecidos; abatidos, com lágrimas nos olhos, eles me tiraram as vestes esfarrapadas, vestiram-me em uma túnica negra, cingida por faixa branca, puseram-me na mão uma vela vermelha acesa e, através de um corredor comprido e escuro, conduziram-me até a porta, retirando-se em seguida.

Com o coração pesado e angústia na alma, fiquei parado no umbral. Estava exatamente naquele salão do templo, conhecido como tribunal. Nos fundos, em semicírculo, presidiam os meus mestres, os magos-mores e os hierofantes. Sendo eu um mago, condecorado com o primeiro facho, só poderia ser julgado por magos de grau superior, assim, a parte restante do templo estava vazia. Os olhares de todos eram cheios de tristeza; acometido por um sentimento de vergonha e desespero, os meus joelhos tremeram, a vela caiu e, tapando o rosto com as mãos, comecei a chorar lágrimas amargas.

Nunca tão claramente, como naquele minuto, reconheci o meu erro e a profundidade da minha queda.

"– Levante-se, desafortunado! Nossos corações sangram ao ver sua fronte cabisbaixa, reduzida a cinzas, já adornada com o clarão de conhecimento – disse um dos magos-mores. – Para a infelicidade de todos, Udea, não podemos deixá-lo conviver conosco. Seus crimes, sendo você um mago, são terríveis; além disso, você detém conhecimentos por demais poderosos para poder misturar-se à multidão, e seus abusos de poder, infelizmente, provaram isso.

"– Não tenho mais conhecimentos... Sou mais ignorante e cego que um reles mortal – balbuciei resignado.

"– Teremos de privá-lo da capacidade de praticar o mal até que não se defina a sua sorte. A hora chegou; não queremos, contudo, que o seu imenso trabalho resulte em nada. Apesar de seus equívocos e decadência, nós o estimamos e gostaríamos de que você trilhasse o caminho do arrependimento e da purificação, submetendo-se voluntariamente à nossa decisão. Seres humanos comuns vêem na sentença dos juízes apenas uma vingança pela desobediência às leis instituídas, sendo que, em verdade, ela é uma forma de reparação.

"– Eu me submeto à sentença! – asseverei.

"– Então ouça o que nós decidimos. Você irá para um mundo totalmente diferente, onde nos encontraremos depois da destruição deste planeta. Naquela terra haverá muito trabalho e o nível da humanidade que lá habita encontra-se próximo ao do animal. O saber, que lhe fornece os poderes, só poderá ser empregado para o bem, pois lhe será impossível seduzir uma humanidade inferior, incapaz de entendê-lo. Seu compromisso, entretanto, será o de iluminar aquele povo; cumprindo esta missão de trabalho árduo você expiará o passado e será reabilitado.

"Não escondemos o fato de que a sua provação será muito dura e o trabalho colossal; assim, oferecemo-lhe uma outra opção.

"Você perdeu, irremediavelmente, o direito e a possibilidade de ficar neste mundo, devido à sua imortalidade e à detenção de terríveis conhecimentos. Assim, se o expurgo lhe parecer por demais severo e difícil, você poderá morrer de morte lenta e dolorosa. Neste caso, você irá tomar uma poção que lhe decomporá o corpo, célula por célula, absorvendo lentamente a matéria primeva, deixando exposto o corpo astral. Findo esse processo destrutivo, passará ao espaço para renascer, mas já como um mortal; depois, aos poucos, através de inúmeras reencarnações, poderá reconquistar uma parte de seus atuais conhecimentos. Agora, a escolha é sua!"

Atemorizava-me a idéia de abandonar a Terra por um mundo longínquo e ignoto; além do mais, eu não entendia em toda a sua plenitude o sentido real da sentença, ordenando trabalhos forçados – e dos mais árduos. A outra opção, que me ameaçava com a perda dos conhecimentos adquiridos e o banimento da irmandade, à qual eu tinha orgulho de pertencer, parecia a mais sombria que se poderia imaginar. Assim, aceitei, sem titubear, expiar a culpa e recuperar a confiança de todos através de trabalho árduo.

Os magos comemoraram a minha decisão e demonstraram bastante afabilidade, sugerida, talvez, por piedade a alguém que fosse condenado à morte. Deram-me algum tempo para descansar e recuperar as forças; eu aproveitei a companhia de Ebramar, que, com solidariedade e influência, revigorou-me o estado de espírito, confortou-me e animou-me.

Por fim chegou o dia da partida e eu fui receber a bênção solene para a minha jornada de trabalho. Quando me ajoelhei diante do mago-mor, ele abençoou-me, ungindo minha fronte com óleo, e borrifou-me com água benta; subitamente, dos olhos do grande hierofante dardejou um raio cintilante que alvejou a minha testa.

Uma sensação indescritível dominou-me então. Meu cérebro parecia alijar-se de algo frio e pesado; compreendi, nesse momento, que estava recuperando os meus conhecimentos e estes, sabia-o, eram ainda mais claros e poderosos que antes. Senti uma enorme felicidade e o porvir da expiação deixou de ser angustiante. Num arroubo de fé, jurei trabalhar incansavelmente e ser um instrumento submisso da vontade do Criador.

Despedi-me dos irmãos-magos e dos adeptos; o grande hierofante deu-me no cálice um líquido tépido e eu o tomei. Ebramar ajudou-me a deitar no leito e adormeci, embalado por sons poderosos. Parecia que as ondas harmônicas me ninavam no espaço; logo depois perdi os sentidos...

Acordei numa pequena gruta; uma luz pálida azulada derramava-se pelo ambiente, como vapor. Sentia uma forte pressão na cabeça, as pernas e os braços adormeceram e eu não tinha a mínima noção de onde estava. Soerguendo-me, examinei tudo em volta e, só depois, voltou-me a memória e o coração bateu mais forte. Curioso e desorientado, examinei melhor a minha nova morada com seus pertences ali deixados – restos miseráveis do passado brilhante.

No fundo da gruta, divisei um altar com castiçal de sete braços, um cálice encimado por crucifixo de ouro, uma cruz mágica aurifúlgida – presente do hierofante na solenidade da iniciação – e um livro, com encadernação metálica. Numa das paredes, em cima das prateleiras, viam-se pergaminhos, manuscritos e livros, ou seja: uma verdadeira biblioteca que tornava possível – como descobri depois – a continuação de meus estudos.

No centro, focalizei uma grande mesa de pedra e um tamborete do mesmo material; sobre a mesa havia uma lâmpada, de tipo ainda desconhecido. Havia também duas grandes caixas com utensílios e pertences necessários para toalete, assim como algumas miudezas supérfluas, com que Ebramar me provera bondosamente. No baú, junto à mesa, encontrava-se tudo o que poderia ser útil para ações mágicas, ou seja: trípodes, instrumentos, ervas, incensos e diversas poções.

A gruta contígua contava com um reservatório fundo, que recebia águas cristalinas de uma mina na rocha, e, ao lado, um banco de pedra e cama de musgo, encoberta por grosso cobertor. Dois grandes baús guardavam os trajes: de couro e lã escuros – para o trabalho; de linho – para as cerimônias religiosas. Ali mesmo eu encontrei uma capa com capuz e sandálias de couro e palha trançada. Sobre uma mesinha, junto da cama, estava a minha harpa de cristal e um grande pergaminho com selo do hierofante-mor. Depois de desenrolá-lo, li uma mensagem com, aproximadamente, o seguinte teor:

"Você se encontra, meu filho, num lugar selvagem e desolado, ainda que repleto de riquezas naturais, cuja exploração está ao alcance de seus poderes e conhecimentos. Utilize-os e você gerará a fartura desejada. Os conhecimentos o farão senhor dos elementos; na biblioteca, à sua disposição, você achará todo o necessário para lhe aumentar as forças e ampliar o saber.

"Estude, mas não tenha pressa, pois a pressa é sinônimo da imperfeição. Trabalhando, você não notará o tempo passar e não conhecerá o tédio: um flagelo dos preguiçosos e raiz de todos os crimes. Quem trabalha, devora o tempo. Você sabe que para o pensamento não existem distâncias; assim, o seu chamado para um conselho ou apoio alcançará os nossos corações e ouvidos". A seguir vinham instruções quanto ao diário, que eu deveria manter para registrar o meu trabalho e os passos de desenvolvimento do planeta.

Malgrado as palavras de consolo do grande hierofante, eu me sentia desanimado e alquebrado. Depois de me abluir, saí para conhecer a localidade em volta.

Mal tinha dado alguns passos, congelei horrorizado. Meu abrigo não passava de uma gruta escavada artificialmente, ou obra da própria natureza, dentro de um enorme rochedo escuro e nu, que se assomava solitariamente no meio da planície.

Ao longe, até onde alcançava a vista, estendia-se uma região pantanosa, da qual subiam nuvens vaporosas; em alguns lugares, gêiseres projetavam seixos para bem alto.

O ar era pesado e denso, saturado de evaporações sulfúreas; uma cortina de neblina cinza cobria o céu, deixando passar apenas a pálida luz do dia que derramava sobre o horizonte uma névoa lilás.

Eu já tinha passado por um teste de fertilização de um local desértico e estéril, mas que, comparado àquilo que teria de fazer, tinha sido uma brincadeira de criança. Meu coração comprimiu-se dolorosamente...

Naquele deserto pantanoso, onde não se via sequer um musgo, eu estava sozinho com a missão de enfrentar uma natureza asquerosa em meio à semi-escuridão irritante, respirando um ar que quase me fazia perder os sentidos.

Voltei à gruta correndo e deixei-me cair no chão.

A cabeça girava, o coração disparou, a respiração tornou-se ofegante. Imaginei estar morrendo, mas lembrei da minha imortalidade e fiquei ainda mais desolado. A tarefa que me confiaram parecia além de minhas forças; viver ali seria pura agonia interminável, visto que morrer era impossível.

Foi difícil! Foi o pior momento de minha vida. Subitamente, num sussurro lenitivo, ouvi a voz afável de Ebramar:

"– Anime-se, Udea! Reze, e encontrará forças para tudo!"

Estremeci e soergui-me. Então eu não estava sozinho; havia um ser que se preocupava com o banido. E o amigo fiel estava correto: antes de dar início ao gigantesco trabalho, era necessário purificar-me e fortalecer-me em prece.

Sacudi o meu torpor, vesti o traje branco e comecei a orar e a entoar os hinos mágicos sob o som da harpa de cristal. Arrebatado pelo êxtase da oração, senti os sons do instrumento tornarem-se mais poderosos; o ar tremia e oscilava e a minha gruta encheu-se de luz; no cálice, derramou-se do alto uma essência púrpura, emanando vapor. Tomei da essência e o líquido misterioso espalhou-se em corrente ígnea por todo o meu ser, proporcionando-me uma força miraculosa. Jamais me sentira tão vigoroso, jamais meu cérebro trabalhara com tanta facilidade e jamais se apresentaram tão nítidos os meus conhecimentos.

Saí novamente da gruta, mas desta vez o quadro lúgubre da natureza não me sugeria nem medo nem aversão: eu só vislumbrava um campo de trabalho.

Sem perder tempo, comecei a trabalhar. Evoquei, primeiramente, os colossos fluídicos da natureza: as forças racionais de fogo e ar, água e terra; e estes obreiros, subjugados à minha vontade e sabedoria, uniram-se a mim, feito quatro raios límpidos, e tornaram-se meus ajudantes e servidores.

Não raro tornava a esbravejar ao derredor o caos dos elementos enfurecidos, mas, ciente do meu poderio sobre os exércitos dos trabalhadores astrais, meu medo desaparecia e a excitação chegava a tal ponto que eu não sentia um mínimo de cansaço.

No dia em que os meus primeiros esforços foram coroados de êxito, quando as evaporações nocivas se dispersaram, aparecendo um cantinho de céu azulado e o astro-rei tudo iluminava com seus raios vivificantes, caí de joelhos; do meu coração, então, jorrou uma ardorosa prece de agradecimento ao Ser Inefável, Criador de todas aquelas maravilhas.

É natural e compreensível a tendência dos povos primitivos para endeusar o sol; eles pressentem que é dele que emana a fonte da vida.

Foi com este poderoso colaborador que prossegui na minha obra. Sob efeito de seus raios flâmeos, a terra respirou; os pântanos desapareceram; materializaram-se céleres as marcas impressas da aura terrestre, que continham as substâncias constitutivas de formas visíveis, e o solo cobriu-se de vegetação exuberante.

Admirando a incrível paisagem, fruto do meu trabalho e conhecimento, eu transbordava de satisfação pelo dever cumprido. Mas eu estava só, sempre só... Por vezes, a minha alma angustiada pela saudade da terra natal ansiava por ouvir vozes humanas e pelo repouso premente da minha mente estafada. Em tais momentos, sempre contei com a amizade de Ebramar e um esquecimento abençoado cerrava os meus olhos. Então eu avistava o meu amigo; sua mão cálida e translúcida baixava sobre a minha fronte; seus olhos fitavam-me afetuosos e eu sentia o meu ser impregnar-se de calor vivífico, diferente ao que é proporcionado pela energia da natureza. Eu sentia a corrente de amor que se espargia em meu ser. Não é por acaso que o amor gera a felicidade, pois ele se constitui de uma peculiar substância, cuja força afeta inclusive os iluminados.

Certa vez, durante uma aparição semelhante, Ebramar me disse:

"– Ponha a capa, Udea, e pegue o seu bordão e a harpa; depois siga sempre em frente até encontrar o que você tanto quer."

Ele sorriu, apertou-me forte a mão e... eu abri os olhos.

Após fazer uma oração ardorosa, peguei os objetos mencionados e saí da gruta – local de meus suplícios e muito trabalho. O caminho parecia interminável; cruzei inicialmente as terras que eram os meus haveres espirituais, atravessei plagas desconhecidas com vegetação luxuriante e animais gigantescos e insólitos. As feras, contudo, fugiam assustadas, ao sentirem um odor estranho, próprio aos iniciados.

Por fim alcancei um rio largo. O acesso para o outro lado passava por um declive; a margem oposta – uma ribanceira rochosa – se elevava em terraços emoldurados por floresta escura.

Os gritos dos pássaros e o bater ruidoso das asas chamaram-me a atenção. Divisei, então, uma enorme fênix branca; na cauda comprida e nas asas, a plumagem alva mesclava-se com penas azul-turquesa; sua cabeça, denotando inteligência, era adornada por um topete dourado.

Vibrei de alegria ao reconhecer a ave mística – o mensageiro alado dos magos. A ave desembestou ao longo da margem; fui seguindo-a até deparar com uma árvore gigantesca atravessando deitada o rio e formando uma ponte, que me levou para a margem oposta.

Meu guia alado aguardou-me e saiu correndo em direção da floresta, por vezes voltando sua cabecinha, como para se certificar de que eu o seguia. Ao adentrar a floresta, notei gratificado que estávamos trilhando um caminho transitável, que serpenteava por entre os troncos dos gigantes seculares; seus enormes galhos entrelaçavam-se formando uma enorme copa, através da qual se conseguia filtrar uma meia-luz esverdeada.

Depois de uma hora de caminhada, saímos numa ampla clareira; de súbito, não consegui conter um grito de exclamação. Diante de mim erigia-se uma portentosa esfinge; não fosse ela avermelhada, mas da brancura da neve, diria que era idêntica à da Terra. Em cima da *klafta*(7) que lhe encimava a cabeça, rutilava uma luz esmeraldina; aos pés, em posição aberta, localizava-se um bloco chato e alto de rocha com sinais cabalísticos e incrustações. Do interior filtrava-se uma luz brilhante. Neste ínterim, o meu esplendoroso guia alado soltou um grito alegre, agitou as asas e desapareceu voando, enquanto fiquei parado na indecisão.

(7) Adorno de cabeça dos antigos egípcios. N.T.

Repentinamente no umbral da entrada, surgiu um homem de estatura alta, de longo traje branco, com uma insígnia a brilhar-lhe no peito; sua cabeça também estava adornada com *klafta*. É difícil exprimir aquela sensação de felicidade de que fui tomado ao vê-lo. Sem conseguir pronunciar sequer uma sílaba, pois um espasmo embargou-me a garganta, eu me joguei aos pés do desconhecido. Este apressou-se em reerguer-me com o braço vigoroso, e disse-me com voz profunda e harmônica:

"– Udea, meu filho, não me reconhece?"

Sem parar de tremer, fitei-o e então nele reconheci um dos grandes hierofantes, Narada, por quem eu tinha um grande apreço devido à sabedoria e bondade inesgotável.

"– Mestre!" – exclamei, beijando-lhe a mão. "– Como veio parar aqui?"

"– Venha, vamos conversar!" – disse ele, levando-me pelo corredor iluminado por esferas fosfóricas.

Entramos num pequeno quarto guarnecido com muitos objetos de conforto, que eu já não via fazia muito tempo. Ele me fez sentar e disse:

"– Você me perguntou como eu vim parar aqui? Esqueceu-se, por acaso, que muitos de nossos irmãos, ao alcançarem os conhecimentos superiores, têm-se retirado voluntariamente para este local, para orientar e apoiar os que vieram para cá desterrados a fim de expiarem sua culpa? Alguns deles, por diversos motivos, tiveram de retornar à Terra; assim, eu fui um daqueles que quiseram substituí-los aqui."

A alegria de reencontrar finalmente um ser humano e, ainda mais, um mestre, com o qual eu poderia conversar, deixou-me tão emocionado que meus olhos marejaram. Narada pôs-me a mão na cabeça e disse em tom partícipe:

"– Acalme-se, meu filho! Estou vendo que a pior parte de sua expiação terminou; agora você poderá descansar e, mais tarde, eu lhe mostrarei muita coisa interessante que já embeleza o nosso novo lar."

Eu levantei a cabeça; o olhar do mago reanimou-me e acalmou-me – tal era a compreensão das fraquezas humanas manifestada naqueles olhos impenetráveis, aliada à condescendência do amor infinito.

"– Mestre, aqui há muitos irmãos expurgados, tal como eu?" – indaguei, já mais calmo.

"– Sim, cerca de uma centena. Estão espalhados por todo o enorme continente; mais tarde eu os apresentarei a você para trabalharem em conjunto, mas antes disso você precisa descansar. Vamos, quero lhe mostrar as nossas instalações provisórias!"

Narada ocupava três cômodos. Num deles ficava a biblioteca, o segundo tinha um laboratório bem equipado com diversos instrumentos, e o terceiro era o seu dormitório, que servia também de local de trabalho. O quarto ao lado me era destinado, e logo eu adormecia um sono forte e sadio numa cama confortável.

Os dias que se seguiram foram indescritivelmente agradáveis; eu descansava fisicamente, enquanto os encontros com o mestre eram uma inspiração para a alma.

Abordamos, por diversas vezes em nossas conversas, o assunto sobre a Terra e o mestre proporcionou-me a grata satisfação de ver Ebramar e trocar algumas palavras com ele. Certa vez, examinando no laboratório alguns instrumentos inéditos e perguntando sobre o seu funcionamento, lembrei-me de ter ouvido antes que os mestres se comunicavam com outros planetas; aproveitei então o momento para saber de Narada se ele tinha contato com a nossa velha Terra. Narada esboçou um sorriso e disse:

"– Você não consegue se acostumar a considerar este local de desterro como o seu novo lar. É um equívoco seu, pois tanto este mundo, como aquele, é uma pérola da coroa do Criador, onde Ele prodigalizou as Suas dádivas. Sim, comunico-me com os irmãos e, já que isto lhe proporciona satisfação, mostrarei o aparelho normalmente utilizado, mas, para tanto, teremos de esperar o anoitecer."

Com a chegada da noite, Narada me levou a um dos prédios vizinhos. Era uma torre muito alta de pedra e, por uma escada em caracol, fomos para o alto.

Lá, sobre uma espécie de base, localizava-se um instrumento em forma de telescópio – posteriormente inventado na Terra. Na extremidade do longo tubo, havia um disco móvel, internamente coberto por uma substância gelatinosa, variegada por linhas finas e fosforescentes.

"– Com este aparelho podemos ver o que está acontecendo na nossa velha Terra. Os notáveis iluminados, entretanto, de todos os mundos do nosso sistema, empregam aparelhagem mais sofisticada."

"– E qual dos planetas apresenta o maior interesse; qual é o mais evoluído? O nível da Terra deixa a desejar, conquanto o mundo em que estamos seja povoado por selvagens!" – observei.

"– Não fale assim! Por que tanto desdém em relação a este pobre mundo? Você sabe, por experiência, que lá, de onde você veio, nem tudo é só virtude e harmonia; o público que ali habita é bastante devasso. O mais evoluído dos planetas do nosso sistema é o Sol[(8)]; é proibido para as raças inferiores e lá não existe a morte.

"O que eu quero dizer é que os seres que habitam o Sol alcançaram tal estado de perfeição que conseguem passar aos sistemas superiores sem a morte física. Um sol sempre se apresenta como o último nível de cada sistema e, por mais estra-

---

(8) O autor enquadra o Sol no rol dos planetas de nosso sistema.

nho que possa parecer para uma pessoa não-versada, o Sol é habitado, ainda que nenhum instrumento criado pelo homem fosse capaz de mostrar o que há atrás da cortina ígnea do astro-rei.

"Mas voltemos ao nosso assunto de comunicação com Ebramar. Sente-se na cadeira e aproxime o olho a esta abertura!"

Eu me acomodei enquanto Narada apertava um botão; subitamente, o disco começou a girar com uma velocidade impressionante. No começo não consegui distinguir nada além de riscos ígneos. Após algum tempo, a freqüência da rotação diminuiu e uma enorme massa escura parecia se aproximar. Logo surgiram os contornos de um grande continente: os objetos tornavam-se cada vez mais nítidos e eu já conseguia distinguir, em todos os detalhes, as montanhas, os vales etc. A impressão vivida era a de que eu estava sentado junto da janela e por mim passavam os quadros panorâmicos locais. De repente, meu coração palpitou intensamente, o lugar era-me familiar: apareceu o palácio de Ebramar, cercado de jardins e, na alameda que levava ao terraço, vislumbrei o próprio mago com um pergaminho na mão. Ele parecia também olhar para mim, saudar-me e sorrir. Ao rever o amigo e os lugares, onde passei tantos dias felizes, fiquei tão emocionado que me tonteou a cabeça. Eu me endireitei e as imagens do aparelho cessaram.

Narada colocou a mão sobre a minha cabeça e, um minuto depois, eu já tinha me acalmado.

"– Você está empregando a vibração etérea para focalizar os objetos?" – indaguei.

"– Sim. Você sabe o quanto esta substância é sensível; aprendendo as leis de seu controle, é possível obter resultados surpreendentes. O pensamento não é nada mais que uma forma mais aperfeiçoada da mesma substância miraculosa e sensível. Onde fica o limite do poder do pensamento? Qual é o lugar que ele não consegue atingir? Que distância, que espaço ele não percorre mais rápido do que a luz, desconhecendo qualquer obstáculo? E se ele estiver bem trabalhado, poderá deixar a marca de sua visitação. Vamos fazer uma pequena experiência nesse sentido. Desçamos ao laboratório!"

Já dentro do laboratório, Narada pegou um disco, cuja superfície era coberta por uma camada de substância cinza e gelatinosa; na borda, a ele fixava-se uma pequena espiral, fina como o fio de cabelo, cuja ponta terminava por uma minúscula agulha, que se incandesceu até ficar branca quando o mestre tocou com a mão a parte inferior da espiral.

"– E agora concentre-se bem para enxergar o meu pensamento, que voará, feito um mensageiro, até Ebramar, para que ele imprima algumas palavras neste disco."

Ele se concentrou; em sua fronte parecia formar-se uma esfera translúcida, refletindo a imagem do próprio Narada, e da esfera fulgiu um raio ígneo que desapareceu no espaço, deixando atrás um rastro fosfórico. Um segundo depois, apareceu um segundo foco límpido e, diante dele, feito uma sombra, pairava a imagem da cabeça de Ebramar; um feixe de luz atingiu o disco oscilante, e a agulha desenhou em letras fosfóricas: "A seu pedido, cordiais saudações a você e a Udea"!

Inclinando-me sobre o disco, ouvi perfeitamente a voz de Ebramar, sussurrando as mesmas palavras, e fui bafejado pelo aroma de seu perfume favorito.

Certa manhã, Narada disse-me:

"– Agora que você está descansado, seu corpo e alma revigoraram-se, chegou a hora de reiniciar os trabalhos. Amanhã sairemos juntos: uma missão especial aguarda-o entre os seus novos irmãos."

No dia seguinte, conforme foi planejado, os amigos reuniram-se na casa de Ebramar; Udea, então, continuou a sua narrativa, interrompida na véspera.

— Antes do amanhecer, Narada veio me buscar e disse que deveríamos, sem demora, partir numa viagem, da qual falara no dia anterior. O local pelo qual caminhávamos tornava-se cada vez mais montanhoso; entramos numa fenda rochosa que, para a minha surpresa, se alargou após algumas passadas e, no fundo daquela espécie de corredor, havia uma escada circular estreita que nos conduziu até um canal subterrâneo, iluminado por uma suave luz azul-clara. Junto à margem encontramos um barco amarrado; embarcamos, eu assumi os remos, Narada sentou-se ao leme e partimos.

"– Preciso lhe contar sobre a colônia, para onde estamos indo" – disse Narada. "– Sua população não é numerosa e suficientemente evoluída para receber os primeiros fundamentos da iluminação pelo mentores que serão trazidos por grandes iniciados do planeta morto. Eu o deixarei na qualidade de chefe desses aborígenes; com eles, você deverá revelar toda a sua capacidade administrativa, provê-los de benefícios por meio de seus conhecimentos médicos e científicos, fazer-se respeitado e temido.

Posteriormente, seu trabalho e os progressos alcançados serão avaliados; tenho plena certeza, entretanto, de que os seus futuros descendentes não desmerecerão o pai. Pela evolução de seu aspecto físico e da capacidade mental, você terá a oportunidade de acompanhar os êxitos obtidos, visto serem eles mortais, enquanto que para você o tempo não existe. Isto significa que você não precisa se apressar."

Devo confessar que quando Narada disse aquilo, comecei a suar frio. Unir-me fisicamente com aqueles semibárbaros, buscando o aprimoramento da raça, pareceu-me o cúmulo de invencionice em relação à minha pessoa e, no mínimo, uma punição por demais dura. Narada leu os meus pensamentos indignados e advertiu-me, em tom desaprovador e severo:

"– Tenha cuidado, Udea, com os germes do orgulho, rebeldia e egoísmo, que lhe envenenam a alma! Coíba esses torpes despojos do passado! O sacrifício dos que trabalharam aqui antes foi bem pior. Também eram seres evoluídos, iniciados, habituados à beleza refinada, mas, a despeito de tudo, conseguiram estabelecer relacionamento com os selvagens, buscando lançar base para o aperfeiçoamento da raça, aproximando-a do que vemos atualmente. Os povoamentos semelhantes ao que você encontrará estão espalhados por todo o imenso continente."

Não respondi nada; usando força de vontade, sufoquei a irritação interior; logo depois atracamos. Por uma escada escavada na rocha cruzamos uma série de grutas, ligadas como que num só ambiente, alumiado por esferas de eletricidade concentrada. Na primeira e mais ampla das grutas, fluía de um paredão uma nascente, vertendo um filete de água num grande tanque; alguns bancos de pedra viam-se aqui e ali. A gruta contígua servia de santuário e gabinete de trabalho; estava devidamente aparelhada de aprestos para os ofícios religiosos, estudos e ações mágicas. A terceira gruta, finalmente, verificou-se ser um dormitório, provido de um conforto ao qual já me havia desacostumado fazia muito tempo. Do lado da cama, encontrava-se uma cadeira estofada e, em cima da mesa, divisei o cálice que me pertencera na época de minha fugaz grandiosidade. Junto à parede, estavam dois armários e alguns baús metálicos, cujo conteúdo Narada pediu para eu inventariar imediatamente. Num dos armários, achei roupa para mim, no outro, aprovisionamentos alimentares: vinho, mel, concentrados em pó etc. O conteúdo dos baús intrigou-me no início. Um deles estava literalmente entupido de adornos tão grotescos que bati com desdém a tampa; no outro, havia muitos tecidos multicolores, e, no terceiro, diversos objetos, que eu não quis examinar muito.

"– Todas as manhãs" – disse-me Narada – "na primeira gruta encontrará comida mais substanciosa. Trate de se alimentar bem, pois o contato com os seres inferiores irá absorver-lhe muita força astral. Não se mate de fome: coma o quanto quiser! Mais tarde, vou lhe enviar um ajudante e, caso precise, você poderá me contatar por meio deste aparelho, que permite comunicação com quem estiver no meu laboratório. Agora, vamos! Quero mostrar-lhe os seus colonos."

Retornamos à primeira gruta, onde ele me mostrou uma abertura na rocha, que se verificou uma verdadeira janela – estreita, a bem da verdade – mas pela qual se podia enxergar uma campina, ladeada por colina arborizada e lago. Aquele panorama se estendia literalmente aos meus pés; na campina, via-se uma multidão de homens, mulheres e crianças, rodeados por um bando de animais dos mais diversos. Sentados em pequenos grupos à sombra das árvores, todos nus, eles comiam vorazmente algo que eu não podia distinguir. Surpreso, observei que a aparência deles não era medonha; talvez demasiadamente altos e atarracados, mas seus semblantes nada tinham de animalesco, e muitos até denotavam inteligência. Pela minha expressão de surpresa, Narada explicou:

"– Este é o resultado de milhões de anos de trabalho feito por inúmeros iluminadores que vieram antes de você. O continente em que estamos é o quarto neste planeta, também é a quarta raça de humanos que aqui estamos aperfeiçoando; mas no planeta existem, é claro, as reminiscências de outras raças, fadadas à extinção com o tempo. Cada uma delas teve, alternadamente, mentores especiais, de acordo com o grau de evolução. Desde os gigantes semi-fluídicos – como a primeira forma do clichê astral solidificado –, que foram velados e transfigurados pelos espíritos iluminadores; passando por humanidade invertebrada rastejante, que se multiplicava como vegetais – por germinação – e, mais tarde, se tornou bissexuada, já uma raça mais aprimorada no plano físico e mental. O gênero humano, como vê, andou um longo caminho. A população atual já está preparada para receber a civilização, que lhe trará os grandes mentores, e acolher os primeiros reis da dinastia divina. A você e a outros antepõe-se a missão de preparar-lhes o caminho, lançando promotores de futuro desenvolvimento, tais quais as artes, as ciências e as leis, divinas e humanas."

Dados diversos conselhos e instruções, Narada retirou-se, prometendo mandar-me um ajudante, tão logo eu sentisse necessidade.

Novamente fiquei a sós, mas já não precisava acostumar-me à solidão; iniciei, então, antes de mais nada, o estudo do local e, mais tarde, do povo a mim confiado.

Ao analisar a primeira questão, descobri que estava prestes a acontecer uma erupção vulcânica na localidade; a população do vale corria inevitável perigo com a inundação do lago. Uma pesquisa nas circunvizinhanças apontou que do outro lado da montanha havia vales mais altos e, conseqüentemente, mais seguros; estes poderiam ser alcançados por trilhas que comecei a desobstruir energicamente para que o acesso ficasse mais confortável.

Minhas observações sobre a população apontaram que os nativos viviam em condições totalmente selváticas: não se constituíam em famílias, nem sabiam conseguir o fogo, aproveitando-se da ignificação produzida por eventuais raios, cujas chamas mantinham, apesar de temê-las.

Feitos os preparativos e tendo me aconselhado com Narada, julguei chegada a hora de aparecer diante de meus pupilos, cuja língua pobre e vulgar eu já havia dominado.

Certa noite, desci até o acampamento, onde dormia parte da tribo, espalhada sob o céu aberto. Buscando dar maior encantamento à minha pessoa, evoquei alguns trovões e envolvi-me em luz radiosa. Alguns dos aborígenes, de sono mais leve, acordaram e viram, estupefatos de pavor, um homem de branco circundado de clarões radiosos. Fiz um discurso emocionante, dizendo ter sido enviado por deuses, pais de seus antepassados.

"– Tornarei a voltar para salvá-los de um perigo iminente e, mais tarde, virei para ensiná-los como abrandar a ira dos deuses. Não ousem desobedecer-me!" – ameacei, e desapareci.

No dia seguinte, os moradores só comentavam a aparição do mensageiro dos deuses, seus antepassados; um jovem discípulo de Narada veio ajudar-me na empreitada de socorrer a população.

Seria por demais extenso descrever cada etapa de ações preventivas que culminariam com o sucesso da minha iniciativa. Os abalos subterrâneos, um dilúvio localizado e algumas intempéries terríveis logo se confirmariam. Fiz-me aparecer com meu companheiro, e os que já me haviam visto reconheceram-me e submeteram-se às minhas determinações. Mal os últimos habitantes abandonaram com o restante de animais o vale sentenciado à morte, desencadeou-se um terremoto devastador; o solo afundou, ruíram as encostas que cercavam o vale, e este se transformou num enorme lago.

A minha autoridade solidificou-se, eu tinha prestígio suficiente para iniciar as ações de iluminação.

Depois de instalar os moradores nas grutas, reuni os mais velhos e expliquei-lhes que para aplacar a ira dos deuses ancestrais, que regiam as tempestades, as vidas e a saúde dos homens e animais, era necessário evocá-los, orar e trabalhar muito. Os deuses, trabalhadores incansáveis, não suportavam o ócio, sobretudo de seus descendentes. Era mister também erigir um altar em homenagem desses deuses protetores e agradecer-lhes pela salvação.

Ordenei que trouxessem blocos de rochas, que empilhadas de acordo com as minhas instruções formaram um grande altar, sobre o qual foram depositados ramos resinosos e flores. Depois de acesos, o povo caiu genuflexo e, aos gritos desconexos e selvagens, verteu a sua gratidão à força invisível que governava os destinos de todos.

A partir daquele dia, ajudado por Nami – era assim que se chamava o meu auxiliar – começamos a ensiná-los a conseguir o fogo, ordenhar o gado, colher o mel e fazer o pão a partir de sementes trituradas entre duas pedras. Usando grama e folhas de cana-de-açúcar, ensinamos as mulheres a trançar esteiras, cestos e tangas para lhes cobrirem os quadris. Depois que a população assimilou as primeiras técnicas de trabalho, passei para a etapa seguinte.

Numa das grandes grutas, construí um pedestal, sobre o qual ergui uma estátua, explicando que essa era uma representação de deus, que de dia aparece aos mortais em forma de Sol, difundindo a vida e o calor, e, à noite, vela por aqueles que, ao morrerem, descem ao reino das trevas.

Achei, então, que chegara a hora de instituir as cerimônias que pudessem sacudir profundamente a mente daqueles selvagens; elas se conservariam em suas almas virgens e puras, mais sensíveis para receberem qualquer impressão. Para isto, escolhi alguns jovens, vesti-os em tangas de pano, e disse que, atendendo às ordens divinas, eles tinham sido eleitos para serviços especiais. Usando as trombetas que lhes forneci, eles deveriam, na aurora e no crepúsculo, conclamar o povo com os instrumentos e acompanhá-los em seus cânticos. Nesses encontros, eu realizava ofícios, defumando diante da estátua ervas aromáticas e entoando orações, pertinentes para a ocasião.

O povo se reunia em multidões, cantava genuflexo, trazia em oferenda flores e frutos, fascinado com a estátua decorada com um colar de jóias, cuja cabeça era coberta por uma coroa metálica. Os seis jovens que velavam aquele primeiro santuário, orgulhosos da função, cumpriam zelosamente as suas obrigações.

Na época, surgiu uma nova oportunidade de solidificar a minha popularidade e aumentar a fé dos meus colonos.

O dilúvio fez expulsar de covis uma quantidade enorme de animais monstruosos – sobreviventes de espécies quase extintas – que se abrigavam nas redondezas. Eles fugiram do cataclismo e refugiaram-se em locais altos. As feras causavam enorme devastação entre o gado; não raro devoravam seres humanos, e a população não sabia como se defender daqueles terríveis predadores. Atendendo às queixas e pedidos de auxílio, ordenei, inicialmente, que todos fizessem uma oração conjunta para pedir ajuda ao Grande Deus e aos deuses-ancestrais.

Acompanhado por alguns nativos mais corajosos, fui até o vale, onde se refugiava a maior parte daquelas feras e, com auxílio da força vibratória etérea, transformei-os em cinzas.

Um pavor supersticioso tomou conta da população; o meu prestígio, na qualidade de ser superior e mensageiro dos deuses, assegurava-me, de fato, uma autoridade ilimitada. Isso foi duplamente útil, pois entre o povo – ainda que selvagem, mas já relativamente evoluído – começaram a surgir rebeldes, desgostosos com as minhas transformações e com a obrigatoriedade de trabalhar. O medo que eu infundia, entretanto, moderava os ímpetos dos descontentes.

Depois de instituído o primeiro ofício religioso, fazia-se necessário marcar solenemente os três grandes acontecimentos da vida de um ser humano, ou seja: o nascimento, o casamento e a morte; e fazer com que seus rituais fossem sagrados e atraentes, sempre produzindo um profundo pendor. Assim, esses eventos deveriam ser alegres e acompanhados por diversos festejos, capazes de promover, em torno do ritual religioso, uma espécie de círculo mágico. Ainda que a fé possa fraquejar, a suntuosidade inebriante dos rituais asseguraria a sua continuidade, muito importante e até indispensável, do ponto de vista do ocultismo, e poderosa devido à força mágica dos movimentos, datas etc. Era mister instituir, o mais solidamente possível, aqueles costumes e rituais, transmissíveis de geração em geração, de pai para filho; eles promoveriam a manifestação das forças misteriosas do bem, e atariam os humanos pelo menos através da expressão de forma externa, ainda que eles não conseguissem intuir o seu sentido arcano.

Antes de introduzir o ritual de casamento, foi necessário que meus "súditos" fossem designados pelos nomes – prática que inexistia –; depois, apurei o linguajar rudimentar e preparei-os para a constituição de famílias. Assim, eu iniciei o projeto.

Após reunir certo dia o povo do vale, anunciei que o Grande Deus havia ordenado, por meu intermédio, que cada homem da tribo escolhesse uma esposa, à qual ficaria unido por um ritual, presenciado pela divindade, senhora da vida e da morte, da saúde de homens e animais, das tempestades e dos dilúvios. Acrescentei ainda que somente os que se uniam daquela forma, e os seus filhos, ingressariam após a morte na morada dos deuses, onde desfrutariam eternamente de todas as benesses, paz e alegrias.

Tal anúncio causou uma enorme agitação; ninguém ousou, entretanto, fazer alguma objeção e, sob minha vigilância e a de Nami, foram iniciados os devidos preparativos para a formação de famílias.

Cada casal, por determinação divina, seria obrigado a ocupar um cômodo separado; para tanto, grutas foram adaptadas, e cabanas foram erguidas. Eu com meu companheiro distribuímos os utensílios mais necessários: louça de barro, de madeira, tecidos, e assim por diante.

Tais preparativos serviram de propósito para ministrar os fundamentos técnicos de ofícios, pois era da competência deles a produção de manufaturados – uma dádiva divina. Paralelamente, a fala primitiva foi enriquecida com grande número de palavras novas. Por fim, a partir dos adolescentes de ambos os sexos, muito novos para o casamento, formamos corais, que se apresentariam cantando e defumando com incensos, para marcar o primeiro sacramento dos nubentes com a maior solenidade possível.

Por fim chegou o grande dia. Os noivos e as noivas em suas tangas coloridas, colares e diademas na cabeça, dirigiram-se em fila dupla à gruta; todos os moradores estavam em vestes novas, adornados por badulaques rudimentares e bugigangas que nós distribuímos.

Diante da estátua, defumavam com incensos; eu mesmo celebrei a cerimônia. Dei aos nubentes um vinho forte do cálice de ouro – jamais antes provado – e, diante de cada casal, pronunciei as esconjurações que prenunciavam a ira divina ao cônjuge que se atrevesse a ligar-se a outra pessoa que não fosse aquela que lhe era outorgada diante do semblante de Deus, o senhor celeste.

O impacto do ritual sobre os meus súditos selvagens foi enorme: sob o efeito do sopro místico, cuja força eles intuíam, seus corpos vigorosos tremelicavam de temor supersticioso.

Mais tarde, instituí as cerimônias religiosas para marcar o nascimento e a morte.

Algum tempo depois, eu e o meu colaborador abandonamos a nossa gruta interditada para todos os habitantes, e nos mudamos para o vale, onde construímos duas casinhas para morar, que, apesar da aparência pobre e rudimentar, eram verdadeiros palácios para os nativos. Elegi para esposa uma moça jovem, bastante bonita e esperta. Ela não me inspirava amor, é claro, e sua limitação intelectual impedia que fosse uma verdadeira companheira de minha vida; contudo, era humilde, temerosa e obediente e, assim, a nossa vida foi suportável. Nami também se casou. Ambos tivemos muitos filhos, que mais tarde casaram. O nosso clã destacava-se significativamente de outras populações pela beleza, flexibilidade de corpo e desenvolvimento intelectual.

No transcorrer de longos anos, dediquei-me ao aprimoramento espiritual e intelectual de meus colonos; ensinei-lhes a tratar a terra, a cultivar a vinha, a venerar Deus; para a realização dos ofícios junto ao templo e a manutenção do fogo eterno, formei uma comunidade de virgens, que se submetiam ao regime especial, espiritualizando o corpo. Tanto os meus filhos, como os de Nami, mais evoluídos intelectualmente, formaram-se sacerdotes e médicos; aos primeiros, transmiti os ensinamentos de realização de ritos religiosos e revelei algumas fórmulas mágicas; os segundos, iniciei na arte de preparação de diversos tipos de remédios, no diagnóstico de doenças mais comuns, inclusive o tratamento da febre, tuberculose, dor de dente, úlcera, ferimentos, hemorragias, com suas fórmulas de simpatia etc. Todos esses "conhecimentos" deveriam permanecer ocultos, e serem revelados somente sob o juramento de silêncio aos mais dignos da geração descendente. Por mais pobres e rudimentares que fossem aqueles conhecimentos, proporcionavam ao representante da divindade a devida fascinação.

Cuidei, também, da defesa contra os animais selvagens e os vizinhos inquietos. Sob a minha orientação, foram fabricadas as primeiras armas, quando, então, eu treinei como manejá-las e, ao mesmo tempo, recrutei grupos de guerreiros.

Já era bisavô, quando recebi a comunicação de que os meus mestres viriam vistoriar a minha obra. Aguardei-os sem receio algum, ciente de não ficar vexado pelo trabalho realizado.

O aspecto físico e intelectual do povo melhorou drasticamente; a ordem imperava; as atividades fervilhavam; a beleza e a graciosidade das formas daquele punhado de seres humanos eram bem próximas às da espécie que seria trazida por iniciados do planeta extinto, possibilitando a miscigenação. Os mestres ficaram contentes e permitiram que eu abandonasse o povoamento, o que foi motivo de grande alegria, pois eu estava muito estafado.

E então, juntei o povo e anunciei que os deuses estavam me chamando de volta e que chegara a hora da minha morte, que seria incógnita para que ninguém procurasse os meus restos. Na qualidade de meu preposto, designei um dos meus netos – um jovem instruído, enérgico e muito inteligente. Fiz com que o povo jurasse fidelidade ao novo senhor e que este, ao morrer, escolheria um novo sucessor.

Numa cerimônia pomposa, eu lhe transferi o elmo, o escudo e a espada – símbolos que para sempre deveriam ficar com o líder do povo, obrigado a se lhe submeter. Dadas as últimas instruções ao meu sucessor e depois de me despedir do povo, amargurado com a minha retirada, pois eu era benquisto, retirei-me para a montanha e desapareci; algum tempo depois, Nami fez o mesmo.

Vocês, por certo, compartilhariam de minha emoção quando parti em direção à Esfinge, como que aliviado de um grande peso. Muito e muito tempo se passou desde o dia em que saí de barco pelo canal subterrâneo. E como passou rápido! Quem trabalha não sente isso! Narada recebeu-me alegre, cumprimentou-me pela provação bem suportada e perguntou se eu não teria algum desejo com o qual ele poderia me recompensar.

Só então me apercebi do esgotamento físico e mental, causado pelo longo século de trabalho inumano.

"– Bem! Não me é proporcionada a dádiva da morte" – disse eu "–, mas, se for possível, doe-me um repouso completo, um sono sem sonhos, para que a minha alma descanse sem pensar e sem se preocupar com nada. Anseio tanto por repouso, estou tão cansado, que um estado de pleno esquecimento seria uma imensa graça."

"– Entendo, meu filho, e seu desejo de repouso espiritual e carnal é legítimo. Vá à sua cela, eu lhe levarei sua recompensa!" – ordenou Narada.

Um jovem discípulo do mago foi até o meu quarto, sugeriu-me que me banhasse, vestiu-me depois numa longa túnica de linho, e levou-me a um salão, que recendia um aroma maravilhoso. Num nicho da parede, aguardava-me um leito confortável e macio; deitei-me, e o discípulo cobriu-me com uma manta.

Nesse instante, chegou Narada, trazendo um cálice de líquido tépido; tomei-o deliciado. Ele me colocou a mão na testa e, imediatamente, ouvi uma música maravilhosa. A melodia calma embalava-me suavemente e parecia que eu estava flutuando no ar, balançando-me nas nuvens do espaço azul celeste, saturado de aromas estonteantes. Finalmente, perdi os sentidos...

Não conseguiria dizer por quanto tempo fiquei dormindo, mas acho que meu sono foi longo. Ao despertar, senti-me bem revigorado de alma e corpo.

Foi então que Narada me apresentou outros expurgados; e, entre outras atividades, iniciamos a construção deste palácio.

O mais difícil ficou para trás; eu com os meus colegas já não nos sentíamos tão sozinhos e, também, o trabalho já não era tão duro. Mas nada mais há para dizer, pois nada aconteceu de especial; finalmente, a vinda de vocês dissipou a última sombra do passado e devolveu tudo que havíamos perdido.

Udea silenciou, olhando pensativamente para longe; os outros também estavam mergulhados em seus pensamentos. O silêncio foi quebrado por Ebramar, que se levantou, apertou a mão do amigo e disse em tom participativo:

— A sua narrativa aliviou-lhe a alma, os irmãos compartilharam mentalmente de sua obra e alegraram-se com sua vitória. Levante a cabeça agora, Udea, esqueça o passado e olhe corajosamente para o futuro: ele lhe prepara muitas alegrias límpidas e trabalho dignificante, tão necessário em nossa vida estranha.

— Você tem razão, fiel amigo! Seja meu orientador nesta nova fase de minha existência. Prometo-lhe obediência e boa vontade, na medida das minhas forças – retrucou alegre Udea.

Após uma conversa animada, os amigos separaram-se.

Capítulo V

No pináculo do alto rochedo, a assenhorear-se sobre as montanhas e os vales em torno da cidade dos magos, estava sentado um homem, contemplando sombrio e pensativo o maravilhoso e imponente panorama inundado em ouro e púrpura pelo sol nascente.

Era um homem jovem, alta estatura, magro e bem talhado; seu rosto expressivo e notadamente belo respirava inteligência e determinação. Os densos cabelos pretos tirante a azuis emolduravam com madeixas estranhas a testa larga do pensador; nos grandes olhos escuros e aveludados ardia, naquele ínterim, uma expressão que traía o tempestuar das paixões em sua alma.

Seu olhar pregou-se nos longínquos vales e florestas, e suas mãos se contraíram em ira. Ele estava tomado por uma vontade irresistível e louca de se embrenhar naqueles ermos ignotos, seu novo mundo, repleto, sem dúvida, de mistérios envolventes e maravilhas nunca vistas; o acesso até lá, entretanto, era proibido.

O sonhador solitário suspirou pesadamente, levantou-se e passeou o olhar pela cidade dos magos, cercada por altos muros em toda sua imensa extensão.

A vegetação viçosa abraçava os numerosos palácios, as altas torres astronômicas e as edificações colossais dos templos e escolas. O olhar do jovem deslizou indiferente por aquele quadro mágico e deteve-se sobre a morada temporária dos magos, construída pelos expurgados.

Daquela altitude, enxergava-se bem o imenso prédio e os olhos aguçados do observador procuraram e, por fim, encontraram o palácio de Dakhir, cuja ala era prateada; numa das alamedas do jardim, ele distinguiu duas minúsculas figuras femininas em branco, que se dirigiam para o prédio. Seu rosto afogueou-se e, assim que as figuras alvas sumiram por entre a sombra das árvores, ele começou a descer a trilha estreita. Seu semblante carregou-se, as sobrancelhas cerraram-se, seu peito respirava violento, devido, aparentemente, a uma forte emoção.

O jovem era chamado por Abrasack, encontrava-se sob a proteção de Narayana, e era o seu discípulo favorito. E agora diremos algumas palavras sobre o seu passado e o acontecimento que lhe proporcionou a amizade com aquela excêntrica, mas genial personalidade, que preservou em si tanto de "humano", apesar do peso dos séculos e das vicissitudes de sua extraordinária existência.

Aproximadamente na época em que na Terra moribunda se desencadeavam as catástrofes descritas em "A Ira Divina"(9), numa de suas aventuras pelo mundo, Narayana encontrava-se casualmente num dos países que passava por uma revolução.

Lá, desde os tempos remotos, havia se instalado um governo republicano, e, conforme característica da época, a liberdade de costumes era total. Não obstante, alguns anos antes, o

---

(9) "A Ira Divina" – romance ocultista do mesmo autor.

regime de governo foi derrubado por um jovem, descendente da dinastia que governara anteriormente, e que, muito engenhosamente e usando de energia, conseguiu reunir partidários e saiu-se vitorioso contra um sistema fraco e devasso, restabelecendo a monarquia e usurpando a coroa.

Graças à inteligência perspicaz, argúcia e vontade férrea, o jovem rei conseguiu manter-se no poder por muitos anos; seus inimigos, entretanto, deram-se conta e, uma vez que eram a maioria, finalmente triunfaram. Com todo o seu rancor apurado, tão comum às almas torpes e baixas, os vitoriosos sentenciaram o monarca destronado ao enforcamento com todas as condecorações reais.

Sob o local da execução, passava naquele momento a aeronave de Narayana; o estranho cortejo chamou-lhe a atenção, conquanto a postura soberba do sentenciado e a sua coragem inabalável ante a vexatória e pungente morte produzissem no mago um sentimento de simpatia.

Ao familiarizar-se rapidamente com as circunstâncias do acontecimento, ele indignou-se contra a crueldade e o escárnio da desprezível turba. Instantaneamente, nele amadurecera a decisão de salvar o infeliz, e, mal a procissão alcançou a grande praça, onde se elevava a forca, o plano de salvamento era posto em execução.

O tempo naquele dia estava nevoento, ameaçando chuva; mas eis que tudo escureceu por completo, relâmpagos faiscaram e precipitou-se uma chuva de granizo. Jamais houve uma tempestade tão forte.

Intimorato, o juiz começou a ler a sentença; mas, subitamente, foi derrubado por um enorme granizo que lhe atingira a cabeça; o povo entrou em pânico. Aproveitando o alvoroço, Narayana meteu-se por entre a multidão e conseguiu chegar até o condenado, impassivamente postado, e apertando-lhe fortemente a mão, sussurrou no ouvido:

— Tire esses farrapos ridículos e siga-me rápido! Vou salvá-lo.

Com destemor e grande presença de espírito, que fascinaram Narayana, o jovem rei desfez-se do manto e dos andrajos e, agilmente, feito uma serpente, partiu em desabalada carreira, esgueirando-se por entre a multidão, atrás de seu salvador, até pararem junto da aeronave.

Narayana levou o jovem monarca ao palácio do Himalaia. A gratidão desmedida do jovem, sua obediência e aplicação dispuseram-no ainda mais ao pândego protetor. E quanto mais ele conversava com Abrasack, mais se fascinava com suas raras habilidades, sua facilidade de aprender as coisas, sua energia e força de vontade, para a qual parecia não haver qualquer obstáculo. Assim, quando Abrasack implorou a Narayana para que este o tomasse como discípulo, o mago aquiesceu sem hesitar. Ele estava tão fascinado com o seu discípulo que até se irritou quando, certa vez, Supramati lhe fez a seguinte observação:

— Caso você tenha estudado a personalidade de Abrasack, deve ter percebido que ele não é digno de ser um adepto e receber os conhecimentos arcanos. Ouça o meu conselho: revele-lhe os mistérios de forma parcimoniosa.

— Não entendo o porquê dessa antipatia em relação a esse jovem extraordinário! Tanto você, como Dakhir e até Ebramar, parecem não confiarem nele. O que vocês têm a temer, sumidades do saber que são? Que importância terá o pouco que eu lhe possa transmitir? – retrucou Narayana, aborrecido. Pelo seu temperamento impetuoso, mesclado de coragem, fraquezas e ímpetos grandiosos, Narayana valorizava e fascinava-se com os mesmos atributos nos outros.

— Com o que você lhe disseminou de conhecimentos, já é suficiente que ele exorbite; chegará o dia em que você se arrependerá de seu excesso de confiança. Bem! Faça como quiser – concluiu Supramati com sua habitual impassividade.

Mas Narayana era turrão, e Abrasack soube granjear-lhe a confiança. O espírito vivaz do discípulo, sua vontade férrea, a rapidez com que assimilava as questões mais complexas, encantavam o mestre; e com a precipitação a ele característica, Narayana sagrou-o em muitos mistérios perigosos.

Certa dia, Narayana não se conteve e vangloriou-se diante de Ebramar dos êxitos do discípulo, de seu cabedal de conhecimentos, jamais exorbitados.

O mago lançou-lhe um olhar enigmático.

— É verdade! Sua mente eleva-se, conquanto o coração se estagne. Ele assimila bem a mecânica da grande máquina criadora, mas não lhe intui a sabedoria divina. Cuidado, Narayana, você está criando um mago artificial, cheio de orgulho e cobiça. Como Prometeu, ele é capaz de roubar o fogo sagrado e incendiar o mundo; ele não é humilde de espírito, como deveria ser um verdadeiro mago, e jamais se dirige às forças celestes. Ele – é verdade – a tudo se sacrifica para alcançar o seu objetivo; receio, porém, que a sua meta não é a de ascender à luz.

Com a chegada da catástrofe final, Dakhir aconselhou a Narayana que deixasse Abrasack na Terra, mas o mago se indignou contra tal crueza.

— Estou convicto de que um dia vocês ainda precisarão de sua cabeça; um homem sábio e ativo vale mais do que o bando de idiotas que vocês estão levando – assegurou ele, irado.

Mais tarde, vendo o desespero de Abrasack, quando o sol deixou de aparecer e o fim era iminente, Narayana não se conteve da tentação de ministrar-lhe o elixir da longa vida. Abrasack ficou feliz e orgulhoso de não mais ser um mortal, e de saber que até no mundo novo lhe seriam assegurados longos séculos de vida.

No início, depois de chegar ao novo planeta, diversos trabalhos de caráter científico e afazeres de arrumação de casa ocuparam a sua mente; mas, aos poucos, seu entusiasmo por ciências amainou-se, e seu espírito rebelde encheu-se de outros intentos.

Despertaram-lhe, inicialmente, a presunção e a curiosidade: a despeito de seu cabedal de conhecimentos e do poder sobre os elementos, jamais tivera uma oportunidade de testá-los. E a cidade divina, com toda a harmonia serena e disciplina severa, tornou-se-lhe tediosa; a proibição de sair dali parecia-lhe um arbítrio insidioso, enquanto seu trabalho na cidade, sem um estímulo de perigo e um objetivo prático, era absurdo e aborrecido.

Mais uma circunstância inflamou seus pensamentos insanos. Quando encontrou, na nova terra, a filha de Dakhir – Urjane –, uma paixão impetuosa e ardente tomou conta de seu ser. Feito uma aparição sedutora, pairava em sua imaginação, de dia e de noite, a imagem da moça, que lhe enfeitiçara o coração. Alva e translúcida, parecia ela ser urdida de ar e luz; em seus olhos azuis refletia-se a pureza celestial...

Na alma insubmissa de Abrasack, instalou-se um desejo louco de possuir Urjane, ainda que ele soubesse que seu amor não seria retribuído. A filha do mago de três fachos destinava-se, com toda certeza, para algum iniciado de grau superior, talvez Udea, quem sabe, ou para um dos filhos de Supramati. A frieza de Dakhir para com ele já por si só era uma prova da inviabilidade de tal amor. Possuir a jovem à força, arrancá-la daquele meio, seria uma loucura pura. Entretanto, Abrasack não era daqueles que se detinham diante dos obstáculos; ao contrário, estes exacerbavam ainda mais a sua teimosia.

Durante os seus raros encontros, quando eles tinham a oportunidade de trocar algumas palavras, Urjane demonstrava-lhe total indiferença – mal o notava; mas este fato apenas lhe insuflava ainda mais sua paixão obstinada.

Sua intenção de apossar-se de Urjane, a qualquer custo, foi crescendo, mas antes de perpetuar o rapto era necessário arrumar um refúgio para sua presa, e um exército para se defender. O planejamento de todas as ações exigia sua saída da cidade dos magos; assim, ele resolveu fugir.

Enquanto o ambicioso projeto ia instigando a sua mente, observou que ao seu redor foram se juntando seres espectrais diferentes – reflexo de seus desejos desconexos que fervilhavam feito lava incandescente. Eram companheiros fiéis, sequazes perigosos, que compartiam de seus intentos ousados – suas próprias crias nos momentos de excitação extrema, quando o pensamento desenfreado gera fomentadores de rebeldia e desestruturação.

Não é por acaso que as sumidades de sabedoria, mensageiros divinos, sempre infundiam e prescreviam a disciplina e vigilância sobre os pensamentos; o cérebro – uma máquina enigmática e dinâmica – não apenas gera pensamentos torpes ou inócuos, como produz, por vezes, formas vivas, equipadas com forças perigosas.

Seria muito estranho – e com toda razão – se os pensamentos delituosos, manifestação viva de formas astrais, pudessem passar despercebidos dos grandes magos. Sem dúvida, isso seria impossível, e os grandes iniciados estavam bem a par dos planos de Abrasack; aliás, sua pretendida fuga, com as ousadas ações, motivou uma reunião dos hierofantes, com a participação de Supramati e Dakhir.

Dakhir, o primeiro a descobrir as intenções do rebelde, e que lhe vigiava os passos, expôs os planos de Abrasack e o principal motivo que o induziu a perpetrar a aventura: sua paixão a Urjane. Ato contínuo, inquiriu ao hirofante-mor se não seria da vontade do Conselho Superior obstar o rapto de sua filha, ou se aos acontecimentos seria dado um outro rumo.

— Já discuti com irmãos os acontecimentos futuros, e decidimos não colocar nenhum obstáculo à fuga do homem fadado a alavancar os povos para o nível mais alto da evolução. Uma ação gera reação, o choque que provocará esse homem é inevitável e útil para os povos, tiritando em ócio.

É uma pena, meu filho, que a sua pura e radiosa criança tenha gerado uma paixão tão impura nesse jovem; mas a sua concepção da vida é altaneira, e você compreende toda a extensão da grandiosidade e a predestinação das provações de sua filha. No que diz respeito a Narayana, que com a sua teimosia e falta de cuidado atraiu ao nosso convívio um jovem perigoso, armando-o para desafiar-nos, é ele mesmo que terá de enfrentar o insurgente, e que isso lhe sirva de lição. Cuidaremos para que ele não desconfie da ingratidão de seu favorito, até que isso nos seja conveniente.

De fato, absorto em outros pensamentos, Narayana, pouco se dedicando a Abrasack, de nada desconfiava. Já há algum tempo, ele vinha trabalhando febrilmente sobre a decoração e mobília de seu novo palácio – uma obra artística fastuosa. Nada lhe parecia suficientemente belo para aquela que ele gostaria que habitasse a morada; o coração inconstante de Narayana rendeu-se a um profundo e ardente amor.

Ele conhecia a jovem amada praticamente desde o dia de seu nascimento; diante de seus olhos crescia e desabrochava aquela flor encantada, chamada Urjane, e nem ele mesmo notara quando os laços de amizade deram lugar ao amor. E que amizade antiga! Ninguém era tão capaz de divertir a menina, surpreendê-la com presentes mais inesperados, ou entretê-la com contos, como o tio Narayana. Dakhir e Edith notaram, já de algum tempo, a mudança de afeições, porém não dificultavam a aproximação. Edith expressara um certo receio, mas o esposo tranqüilizou-a. Dakhir gostava de Narayana; e, desde que este recebeu seu primeiro facho de mago, no coração de

Narayana processou-se uma grande mudança para o melhor. Por certo, ele subjugara suas fraquezas terrenas e estava evoluindo, conquanto seus melhores atributos de caráter se realçariam ainda mais.

A conversa em que se abordara a união dos magos ensejou a Narayana descobrir o real sentimento para com Urjane, ainda que a idéia de desposá-la fosse motivo de uma luta interior. Pela primeira vez na vida, ele se sentiu um velho em relação àquela criança; rememorando seu passado rebelde, ele receava que Dakhir – e não sem fundamentos – viesse a tratá-lo com desconfiança e não o quisesse por genro. Até mesmo sob o facho de um mago espreita-se o temperamento caprichoso e intratável de velho homem, surdo aos argumentos da razão, fossem quais fossem. Aconteceu, porém, entre ele e Urjane, uma inesperada explicação decisiva.

Durante um passeio pela cidade divina, quando ele lhe mostrava o seu palácio, e eles palreavam animadamente no jardim, Narayana, em resposta ao comentário de Urjane sobre a beleza do palácio, disse:

— Sim, não está mal por agora! Mas o verdadeiro palácio encantado será erguido na minha futura capital. Você sabe que um dos reinos em que governarão as primeiras dinastias divinas é destinado a mim. Terei de construir, é claro, uma capital e chamá-la-ei de "Urjane", como já lhe prometi antes. O palácio, que habitarei com a consorte, será uma verdadeira maravilha. Já tenho inclusive um projeto.

Urjane subitamente corou e baixou os olhos; depois, sem que ela mesma esperasse, deixou escapar:

— E quem será a rainha, tio Narayana?

Os olhos negros de Narayana brilharam, ele se abaixou e tomou a mão de Urjane.

— Você gostaria de ser a rainha na cidade de seu nome? – inquiriu ele, meio brincando, meio sério, fitando seus olhinhos perturbados. – Mas, neste caso, eu não gostaria de ser chamado "tio Narayana".

— Sim, desde que os meus pais me deixem ser sua rainha. Agora, você tem de prometer não amar qualquer outra mulher, pois conheço a sua fama de cabeça-de-vento – rebateu, em tom firme, Urjane.

Narayana desatou a rir.

— Pelo visto, a madame Eva andou por aqui, pois em todos os mundos as mulheres são iguaizinhas! Quanto à má fama, que corre por aí, de que eu era um pândego incorrigível, é tudo balela. É que, por ser um artista nato, eu jamais deixei de admirar a beleza feminina; ademais, nunca tive a oportunidade de amar e admirar alguém como a minha pequena Urjane. Juro solenemente que lhe serei fiel. Amanhã cedo, irei pedir sua mão a seus pais.

No dia seguinte, de manhã, Dakhir e Edith estavam no terraço da casa. O verde viçoso das árvores protegia-os dos raios solares; arbustos aromáticos, plantados em grandes vasos e espalhados pelo recinto, formavam cantos sombreados. Num deles, sentada à mesa, trabalhava Edith.

Na mesa havia dois grandes vasos chatos de cristal: um com ouro, outro com prata; os metais eram maleáveis como cera. Pegando ora um, ora outro metal, os dedos delgados de Edith modelavam um cesto de frutas – uma obra de arte fantástica. Ela vinha trabalhando na fabricação de decorações e utensílios para o seu novo palácio na cidade divina, para onde se mudariam em breve.

Naquele dia Edith estava muito distraída e, por vezes, suas mãos repousavam ociosas sobre os joelhos, enquanto o seu olhar pensativo se detinha no quadro exuberante da natureza.

Dakhir, vestido numa túnica alva de magos, estava em pé, apoiado sobre o parapeito do terraço. Naquele minuto, o seu belo semblante também estava nublado e o olhar pensativo perdia-se ao longe. Soltando um profundo suspiro, ele passou a mão pela testa como que afugentando os pensamentos enfadonhos, e aproximou-se da mesa.

— Narayana vem pedir a nossa filha em casamento. Você sabe: eles tiveram ontem uma conversa decisiva – observou ele.

— Sim, ela o ama, e isso é compreensível. Ele é um homem encantador e sabe conquistar os corações femininos – disse Edith.

— É verdade! Ele é um mestre nisso. Estou convencido de que, desta vez, ele nutre um amor profundo em relação à nossa Urjane, e este sentimento é o mais sólido dos que já habitaram o seu coração. Ele mudou para melhor desde a sua última iniciação – considerou Dakhir, e seu rosto franziu-se num sorriso irônico. – Não fosse esse infausto Abrasack, trazido por ele, a felicidade de Urjane não seria tão breve; e estará a pobrezinha à altura de suportar as cruéis provações que a aguardam?

— Sabe, Dakhir, como são perigosos, até mesmo para uma alma pura e equilibrada, o ambiente, o convívio com os seres diabólicos, com seus instintos baixos, e a influência que exercem as paixões desenfreadas! E ela ficará justamente nesse inferno – observou Edith, levantando os olhos marejados para o marido.

Pelo visto, Urjane já pressente a tempestade – continuou Edith – pois ela vem se queixando de maus presságios e da sensação de ser invadida por fluidos negros, pesados feito chumbo.

— É verdade, uma dura batalha aguarda por Urjane! Mas ela é filha de magos e não faltará com a sua destinação. Que mérito existe em ser bom, puro e magnânimo, onde inexiste o desafio da tentação e adversidade aos hábitos, onde não haja nada que excite os instintos vis que se espreitam no sorvedouro ignoto da alma humana? Só lutando é que se conhecem as forças, enquanto os acontecimentos vindouros já estão traçados no livro do destino. Ascetas têm abandonado o mundo, buscando nas florestas ou desertos o silêncio e o isolamento, que lhes facilitam a concentração. Urjane deverá conservar a pureza radiosa de sua alma em meio às tempestades; estou bem convicto de que ela retornará triunfante – assegurou Dakhir, apertando forte a mão da esposa. – Bem, lá vem Narayana!

No lago apontou um barco, impulsionado por um remador; dentro dele, em pé, estava Narayana, em traje de cavaleiro do Graal. Os raios do sol reverberavam no elmo metálico e túnica prateada, e seu porte alto e esbelto assomava-se altivo no fundo azulado.

— Que formosura! Ele nasceu para destruir os corações femininos – sentenciou Edith, rindo.

Narayana saltou agilmente sobre os degraus do atracadouro e caminhou rapidamente direto a eles. Ao chegar, parou e disse, esboçando um sorriso meio forçado, meio maroto.

— Diante dos genitores, não pertencentes ao rol de mortais comuns, eu poderia me eximir da necessidade de anunciar o meu pedido. Seu conteúdo é-lhes conhecido, e também sei que não me será negado; entretanto, gostaria de ouvir de seus próprios lábios que eu não sou um genro indesejado.

Dakhir apertou firmemente a mão estendida e saudou-o.

— Bem-vindo, Narayana! Não temos nada contra o eleito do coração de Urjane. Temos certeza de que você amará fielmente a nossa filha, e de que ela será feliz com você.

— E então, o nosso velho Narayana, cabeça-de-vento, transformou-se em Narayana homem sério?! – ajuntou Edith.

— Acertou, minha querida sogra, as minhas virtudes ainda surpreenderão o mundo. Mas onde está a escravizadora do meu coração, que me fez criar juízo?

— Você a encontrará perto do viveiro de pássaros; e agora, enquanto vocês estiverem conversando, vou pôr a mesa para convidar nossos amigos a brindarem à saúde dos noivos. Que tal a idéia, Narayana? – perguntou Edith, em tom brejeiro.

— Acho ótima, obrigado! Vai ser como se ainda estivéssemos na nossa desditosa Terra morta. Ah! Tinha ela de acabar justo agora, quando estou me casando! Que pena! Bem ou mal, ela é sempre querida – concluiu suspirando Narayana. – Bem, até mais! Estou indo encontrar a minha beldade.

Após depositar o elmo e a espada sobre uma cadeira, ele desceu do terraço e sumiu rapidamente numa das alamedas escuras do jardim.

Saindo num relvado, em cujo centro um chafariz espargia suas águas, e ao lado do qual havia um caramanchão coberto por plantas trepadeiras, em meio de vegetação densa, ele viu Urjane, sentada no banco. De través, repousava um cesto, e em suas mãos ela segurava um pote com sementes, que lançava aos punhados. Em sua volta, e por cima do colo, ombros e no chão adejavam e petiscavam a comida bandos de passarinhos de plumagem multicolorida. Ao mesmo tempo, ela afagava um lindo pássaro azul-turquesa com topete prateado, aboletado na borda do pote. Urjane era só encanto, vestida numa larga túnica branca, cingida de cinto prateado. Ao ver Narayana, ela enrubesceu, largou o pote e levantou-se.

— Será preciso que você tente adivinhar o motivo da minha vinda? – indagou Narayana, lançando-lhe um olhar enfeitiçador e um sorriso irresistível.

Urjane ergueu límpidos olhos azuis.

— Seria eu genuína filha de Dakhir, se não lhe pudesse ouvir a voz do coração, ainda que os lábios estivessem selados? Você bem sabe, sente e vê a minha paixão pelo "filho pródigo" dos magos. Amo-o, e não me envergonho em dizê-lo. Estou pronta para compartilhar de sua vida, do trabalho, do sucesso ou do infortúnio, e segui-lo em direção à luz perfeita, quando será cumprido o plano traçado por nossos mestres – disse ela.

— Tentarei sempre corresponder a seu amor – assegurou ele, sério e emocionado com as palavras dela, e envolvendo-a nos braços.

Neste instante, ouviu-se uma vibração harmônica: eram acordes poderosos e doces, que faziam estremecer todas as fibras do corpo.

— É música das esferas, expressando a anuência dos magos superiores para a nossa união, abençoando-a – alegrou-se Narayana. – Ali está o presente de Ebramar – acrescentou ele apontando para um grande pássaro branco com topete dourado, que vinha pousando do alto, segurando no bico uma coroa de flores brancas fosforescentes, a qual, em seguida, foi depositada sobre a cabeça de Urjane.

Os noivos sabiam que aquele era um dos pássaros mágicos, utilizados pelos grandes iniciados; assim, ambos acariciaram e beijaram a cabecinha sedosa do emissário alado. Soltando um grito alegre, o pássaro bateu as asas e voou.

Enquanto o casal conversava, Edith chamou alguns jovens discípulos de Dakhir, entre os terráqueos, para ajudá-la nos preparativos do banquete e na distribuição de convites para os amigos.

Os preparativos já estavam no fim quando os convidados começaram a chegar. Ebramar veio por último, quando, simultaneamente, pela porta oposta, entraram Narayana e Urjane.

Narayana contemplou, feliz e gratificado, o círculo de amigos. Estava ali reunida toda a sua família espiritual: Ebramar e Nara, Supramati e Olga com as crianças, Dakhir e Edith, Udea, Nivara, entre outros. Ebramar foi o primeiro a abraçar e abençoar os noivos. Mas, quando Narayana se aproximou de Nara e o seu olhar cruzou-se com o sorriso brejeiro de sua exconsorte, ele lhe aplicou um beijo ruidoso na face e sussurrou ao pé do ouvido:

— Tentarei ser para ela um marido mais fiel.

— Assim esperamos! Foi um sacrifício e tanto trabalhar para a sua perfeição, agora você deverá justificar os nossos esforços – respondeu ela com bonomia.

Ao passarem ao salão, Ebramar observou:

— Antes de sentarmos à mesa, elevemos uma oração de agradecimento ao Ser Inefável, que nos tem proporcionado tantas dádivas.

Todos se concentraram, mudos e reverentes, e logo ecoou um cântico, que, por certo, jamais tinha sido ouvido por algum ser mortal comum, tão maravilhosa era a sua interpretação, impregnada de fé, amor e agradecimento.

Finda a oração, iniciou-se o almoço, animado, com conversa alegre. Somente Narayana estava pensativo. Quando Nivara expressou seu encantamento quanto à diversidade e à riqueza dos produtos no planeta, e acrescentou que em meio àquela fartura poderia até se esquecer de que se estava em outro mundo, Narayana subitamente interferiu:

— Você está certo, Nivara, ao dizer que o nosso novo lar nos prodigaliza com tantas coisas boas; seria ingrato de nossa parte não amá-lo e não se sentir bem aqui. Brindemos, entretanto, à memória da Terra morta, onde realizamos a passagem mais difícil de nossas vidas. Nossa pobre ama-de-leite não tem culpa de que a humanidade ingrata a tenha rapinado e se aproveitado dela, destruído e sugado toda a sua seiva, permitindo que sobre ela desabassem as forças caóticas que a levaram ao fim prematuro. Acho que no coração de todos devemos reservar um espaço para ela, pois lhe devemos, sem dúvida, todas as nossas recordações da imperfeição, dos felizes e maus momentos, das desventuras vividas, do amor e do ódio, das vitórias e fracassos, ou seja, de todos os desafios que enfrentou a nossa alma inconstante – ele pegou o cálice e levantou-se.

— Brindamos a você, Terra, nosso berço amado; elevemos, amigos, uma oração, e choremos!

Seguindo seu exemplo, todos se levantaram e os olhos de muitos, de fato, fulgiram de lágrimas. O discurso de Narayana fez afluir milhares de recordações; muitas sombras queridas se assomaram do sorvedouro do passado; e o coração daquelas pessoas, arrancadas da humanidade comum, agitou-se.

— A gratidão é a mais nobre das virtudes e é um dever do homem. Cantemos, pois, um réquiem pelo nosso berço querido, e que ele seja alcançado pelos sentimentos de gratidão a transbordarem de nossos corações; que eles acalentem e confortem aqueles que ali expiam, na Terra morta, a sua sublevação insana contra o Criador e suas leis inquebrantáveis – pronunciou-se Ebramar.

Desta vez, o canto dos magos verteu-se numa tempestade de sons, arrebatando a alma. De todos os seres, desprenderam-se correntes de fogo e luz radiosas, densificando-se em forma de esfera incandescida, que, feito um cometa, crepitando e coruscando em feixes de faíscas, precipitou-se pelo espaço em direção à longínqua Terra, envolta em nuvens negras e desprovida de luz e calor – o terrificante calabouço dos repudiados.

A notícia dos esponsais de Narayana e Urjane correu rápido entre os habitantes da cidade divina e entre os terráqueos; para Abrasack, notadamente, ela foi um choque e, no início, deixou-o totalmente abalado. Pelos desígnios do destino, a mulher adorada pertenceria, justamente, a seu salvador, benfeitor e mestre, do qual ele a raptaria. Inicialmente, ele se envergonhou e sentiu alguns remorsos; mas o impulso louvável logo se esvaneceu feito fumaça quando ele encontrou os noivos, juntamente com os outros discípulos, na ocasião da visita de cumprimentos.

Ao ver Urjane, sua alma agitou-se em tempestade; Narayana, cego e distraído, nada percebeu. Quanto à noiva, esta nem sequer olhou para ele, em meio à multidão de outros discípulos, e ele, mais tarde, simplesmente sumiu. Ao retornar para casa, ele liberou todo seu desespero e fúria; ferveram-lhe na alma todos os nefastos instintos nidificados, sufocando os remorsos, a gratidão e os escrúpulos. Quando, algumas horas depois, ele se levantou, pálido feito cadáver, mas calmo, em seus olhos, faiscando de ódio, e nas pregas implacáveis dos lábios cerrados, lia-se uma determinação inabalável.

Decidido a fugir, o mais rápido possível, ele começou a se preparar febrilmente para a partida. Já na Terra, ele era tido como um exímio cavaleiro e, no novo mundo, chegou a domesticar um dragão alado: animal magnífico, todo negro, que lhe obedecia feito um cão, entendia cada gesto ou palavra sua. Era nele que Abrasack costumava dar seus passeios aéreos, dentro dos limites permitidos; mas isso era pouco para enfrentar os magos. Com esse objetivo, antecipadamente e aos poucos, ele vinha surrupiando de Narayana aqueles objetos mágicos que mais tarde lhe poderiam ser úteis, mas que também não ocupassem muito lugar.

Para pôr em prática a fuga, Abrasack queria aproveitar justamente o momento da animação que seria provocada pelos últimos preparativos da consagração da cidade e das solenidades de casamento.

Certa noite, ele colocou numa grande caixa alongada os seus tesouros secretamente adquiridos; nos fundos depositou o frasco com a matéria primeva do planeta extinto, uma vez que não conseguira arrumar aquela essência de origem do novo mundo. É óbvio que aquela essência não surtia mais eficácia para a vida planetária, mas era, sem dúvida, um poderoso instrumento contra uma variedade de doenças, e assegurava uma existência bastante longa. Depois, escondeu na caixa alguns pergaminhos com textos antigos de fórmulas mágicas, e, num escrínio cinzelado, colocou uns amuletos e alguns anéis mágicos, muito poderosos, que conseguira furtar da magnífica coleção de Narayana. Dentro de esferas metálicas, do tamanho de uma noz, estavam guardadas diversas malhas, incrivelmente finas e leves, feito pluma, impregnadas por essências misteriosas, e que possuíam poderes não menos incríveis: uma delas fazia com que aquele que a trajasse se tornasse invisível aos olhos do mortais comuns; a outra proporcionava invulnerabilidade às ações dos elementos e extinguia a gravidade da atmosfera, a terceira, por fim, emitia luz parecida com a do luar e aroma, que aniquilavam os miasmas dos mais nocivos, estivesse onde estivesse, numa escuridão total ou nas profundezas da terra. Juntamente com os outros petrechos, Abrasack escondeu uma esfera do tamanho de um ovo de pata, e que, quando aquecida, tornava-se transparente e fazia prever o futuro.

Finalmente, depositou na caixa sete flautas de diferentes dimensões e materiais. Os sons de uma pacificavam as feras selvagens; outra acalmava as tempestades; havia uma, cujos sons podiam, numa batalha, excitar os combatentes até o êxtase total. Tais instrumentos já eram conhecidos na antiguidade remota e estavam à disposição dos faraós; seu segredo de manuseio mais tarde ficou perdido.

Toda aquela parafernália, assim como outros objetos, desde que empregados com perícia, proporcionavam um grande poder, e Abrasack, com a astúcia que lhe era peculiar, soube escolher precavidamente tudo aquilo que pudesse cercá-lo de auréola de mistério e subjugar as tribos selvagens pelo terror de seu poderio, neles infundindo a convicção de que era um deus, descido dos céus.

— Com estes recursos, poderei conquistar o mundo, aplicar derrota aos magos, e provar-lhe, Urjane, que sou mais que Narayana! – resmungou Abrasack, trancando a caixa.

Em seguida, ele pendurou no pescoço a lira, ergueu a caixa e saiu apressado em direção ao alto penhasco, onde o aguardava o seu amigo alado com alguns sacos, previamente trazidos. Amarrando firme ao lombo do animal toda a sua preciosa carga, montou-o e orientou o vôo em direção às longínquas florestas e planícies que o seduziam com seus mistérios impenetráveis, estendendo-se além dos limites impostos. Estava indo conquistar o mundo desconhecido, sozinho, armado tão-somente de seus conhecimentos mágicos, coragem sem igual e paixão descontrolada.

No topo de uma enorme torre astronômica da cidade divina, achavam-se Dakhir e Ebramar; o instrumento óptico estava orientado para a escarpa isolada, onde pousara o dragão negro de Abrasack.

— Agora ele está amarrando no lombo do dragão a caixa com os pertences de Narayana – observou, em tom de desdém, Dakhir.

— Deixe que tudo corra naturalmente, de acordo com o plano traçado no clichê astral. Chegou o momento de se desencadearem acontecimentos que promoverão paixões, nortearão cérebros e produzirão inventores. Que o instrumento cego do destino tome o seu caminho! Sua ambição provocadora, ao colidir com a resistência obstinada de Narayana, ensejará um confronto das forças espirituais desses dois poderosos temperamentos, causando um enorme abalo, tão necessário para o futuro progresso.

— Em todo o caso, vou vigiá-lo, e armarei Urjane para a luta – disse Dakhir, retirando-se da torre com Ebramar.

A fuga de Abrasack produziu um enorme alvoroço e surpreendeu toda a colônia dos terráqueos, dando lugar a mexericos infindáveis. Todos imaginavam que os magos iniciariam a perseguição e puniriam exemplarmente o insubmisso; mas, como nada disso aconteceu, e os adeptos trataram o ocorrido com indiferença total, os terráqueos concluíram que a punição tinha sido adiada, mas que seria bem severa; por outro lado, a agitação nos preparativos das festividades a serem realizadas fez com que os moradores se esquecessem do fugitivo, odiado por seu gabo e pouca sociabilidade.

Narayana estava muito ressentido pela ingratidão e ardileza de seu pupilo; ao se dar conta do volume de objetos mágicos que lhe tinham sido surrupiados, ficou constrangido e arrependeu-se de não ter dado ouvidos aos conselhos dos amigos que o preveniram para não confiar em Abrasack. Ele nem sequer imaginava os intentos ousados, que eram arquitetados na mente do fugitivo arguto, contra a sua felicidade.

A ira e o orgulho ferido impediram-no de tocar no assunto com Dakhir e Supramati; estes também permaneciam calados. No entanto, ele contou a Ebramar como tinha sido despojado de seus objetos, e queixou-se da vil ingratidão do homem, de quem fora um benfeitor.

O grande mago ouviu-o e ponderou em tom sério:

— O que se pode fazer, meu filho?! A negligência sempre leva a conseqüências dolorosas.

Logo, com grande solenidade, foi realizada a sagração da cidade, quando então os adeptos se instalaram em suas novas casas; não com menos pompa foram celebrados os casamentos.

As cerimônias dos magos eram realizadas no templo subterrâneo, enquanto que as dos adeptos de grau inferior eram realizadas no amplo templo da cidade; a isto seguiriam as legitimações dos terráqueos trazidos. O ritual dos últimos foi ainda mais suntuoso, para imprimir maior grandiosidade ao ato, que talvez seja o mais importante da vida de um homem, baluarte da família, célula da sociedade, a partir da qual se cultivariam os sentimentos nobres: lealdade, paciência e tolerância mútuas, amor, auto-abnegação por filhos, fidelidade e apoio mútuos nas provações da vida.

Findas as solenidades, a vida normal retomou o seu curso, e os magos deram início a outros trabalhos em seu novo lar.

A principal diligência era a de proteger as fontes da matéria primeva. Eram sete ao todo; entre elas, algumas ainda estavam encobertas pelas águas do oceano e dispensavam cuidados; assim, a atenção foi dirigida às que se encontravam em terra firme.

Apesar dos milhões de anos dedicados ao estudo das inúmeras propriedades da misteriosa força – a essência vital do Universo –, seus poderes surpreendentes não eram suficientemente conhecidos e, na nova terra, os hierofantes depararam-se com certas composições que diferiam das antigas. Assim, houve a necessidade de novas pesquisas científicas, e um grande número de magos e magas, já agraciados com dois fachos de conhecimentos súperos, prontificou-se a se entregar à ciência e meditação prolongada e solitária, em cavernas subterrâneas, tão logo estas ficassem adaptadas para moradia.

Não com menos empenho foi iniciada a abertura de diferentes escolas de iniciação. Após a devida seleção entre os terráqueos, alguns deles se verificaram aptos à iniciação superior; outros foram distribuídos em escolas de nível inferior, onde se formavam funcionários administrativos, artesãos, agricultores e artistas. Os magos, com base em seus gostos e aptidões, foram designados para gerenciar e dar aula nesses estabelecimentos; as escolas femininas ficaram por conta das magas.

Ocupado com o difícil e complexo mister de classificar e pôr em ordem os documentos juntados pelos expurgados, Dakhir foi liberado de lecionar nas escolas; o mesmo ocorreu com Supramati, que se propôs a organizar uma biblioteca para os antiquíssimos tesouros da ciência e literatura, trazidos do planeta extinto. Ainda que eles não dessem aula nas escolas, ambos tinham seus próprios discípulos favoritos, iniciados em ciências e aperfeiçoamento espiritual.

Kalitin tornou-se, aos poucos, o aluno dileto de Dakhir, afeiçoado ao jovem cientista pela aplicação, persistência e humildade com que este abjurou de sua "ciência" anterior, buscando o saber genuíno. Dakhir levava-o freqüentemente em suas excursões e, todas as noites, concedia-lhe um par de horas para conversarem – o que para o discípulo eram os melhores momentos do dia.

Já na Terra, Kalitin tinha paixão por botânica, e agora ele formava o seu próprio herbário do mundo novo, classificando as plantas desconhecidas, por espécie. Atendendo a pedido de Dakhir, Udea, que já tinha tido oportunidade de estudar a flora do planeta, assistia Kalitin e orientava os seus trabalhos.

Certa vez, ao retornar de uma excursão botânica, Kalitin passou, à tardezinha, na casa de Udea, e mostrou-lhe uma planta estranhíssima que tinha achado. Era um feixe de galhos vermelho-escuros, finos e flexíveis, com minúsculas folhas e uma enorme raiz de tonalidade mais clara, quase laranja. A raiz assemelhava-se assombrosamente ao corpo humano. Os pseudopés e as pseudo-mãos findavam por uma numerosidade de longos e finos rebentos; a cabecinha, magnificamente formada, parecia ter um rosto de verdade, equipada de nariz, boca, testa e três depressões, como que três olhos, dispostos à maneira dos olhos do homem da caverna.

— Achei casualmente esta planta incomum – principiou Kalitin – no vale montanhoso que você me indicou para fazer as pesquisas. Crescia à sombra das pedras. Tentei arrancá-la, já que nunca havia visto uma planta igual, mas senti imediatamente uma forte queimadura na mão e algumas pontadas, como que de descarga elétrica. Isso me intrigou, e decidi extraí-la a qualquer custo. Cavei a terra em volta dela e, com muito esforço, consegui arrancar esta raiz. Imagine só: enquanto eu a arrancava da terra, ela parecia estremecer e emitia um crepitar parecido com gemido. Ao examinar a planta, com curiosidade compreensível, lembrei-me de que na Terra havia uma planta que se assemelhava a corpo humano, ainda que sua raiz fosse bem menor. Chamava-se Mandrágora. No meu tempo, ela já estava extinta ou, pelo menos, eu nunca cheguei a encontrá-la, mas eu a vi numa ilustração. A planta era tida como misteriosa, atribuíam-lhe extraordinárias propriedades terapêuticas e contavam muitas lendas.

— As lendas nunca são de todo absurdas e encerram, invariavelmente, uma dose de verdade, conquanto o tempo e a imaginação se encarregam de adorná-las, desfigurando-as – observou Udea, sorrindo. – Esta planta e muitas outras desta espécie são de fato envoltas em véu de mistério para alguém não-iniciado; para explicar-lhe isso, devemos voltar ao passado bem remoto.

Aquilo que você agora vê nesta terra, sua flora, fauna e a humanidade, tudo são frutos aperfeiçoados, por milhões de anos, de um trabalho da natureza e das inteligências que governam os elementos caóticos. Sua vontade trouxe da aura da Terra as gigantescas e desajeitadas formas, que o calor do Sol densificou e proveu de enorme força física. Estes seres, uma encarnação das forças primitivas, ainda que sejam obreiros rudes e ignorantes, tornam-se colaboradores poderosos, se orientados por uma mente disciplinada; então, cada um, associado ao elemento do qual se originou, trabalha ativamente para fundi-lo à terra e promover a devida permutação. Por longos e longos séculos de trabalho, esses seres etéreos impregnam-se de tal forma com as correntes pesadas da crosta terrestre que não conseguem se elevar ao espaço e, pregados pela gravidade, acabam por lançar suas raízes na terra, conservando parcialmente uma certa semelhança com os humanos, por eles adquirida. Por algum período, estes seres anfíbios compõem uma fauna especial; sua maior parte, entretanto, fenece durante as revoluções geológicas, enquanto que outra, sob a influência do calor solar e das intempéries, muda de aspecto, tornando-se cada vez mais densa. Alguns desses seres se afundam na terra definitivamente; outros, ao contrário, dela se separam, tornando-se rastejantes ou trepadores, ou seja, escolhem um novo caminho de ascensão.

A luz que brilha sobre a fronte dos seres etéreos, que normalmente serve de órgão de visão aos seres em estado fluídico, densifica-se e assume aspecto de um, dois ou três olhos. Seria por demais longo descrever as diferentes formas desses seres estranhos. Você falou de Mandrágora... Pois na nossa Terra morta, havia uma planta carnívora terrível que podia devorar um homem ou um animal, desde que o alcançasse com suas garras vegetais.

— Que interessante! Que luz inesperada inunda os mistérios da criação do mundo e a evolução dos seres! – exclamou pensativo e sério Kalitin.

— Sim, toda a natureza é um livro aberto, em cujas páginas estão escritos todos os períodos da evolução da grande máquina terrestre, juntamente com tudo que nela habita, mas é preciso ter uma chave para este abecedário. O ignorante confunde-se e perde-se no rol das leis que lhe parecem por demais complexas; na verdade, elas são bem simples e funcionam com base num planejamento uniforme. Por exemplo, as patas e os pés de alguns animais, ou até as suas extremidades, não se assemelham com as raízes? Isto é um vestígio claro da evolução, mas ninguém se dá conta disso – concluiu Udea.

Tais conversas deixavam Kalitin profundamente impressionado, o que lhe suscitava o desejo de dilatar os seus horizontes e pesquisar com mais profundidade os fascinantes mistérios da criação. Certa vez, durante uma conversa informal com Dakhir, ele manifestou a sua vontade de haurir o saber e atingir a iniciação. O mago disse-lhe afetuosamente:

— Sua vontade, meu filho, é legítima e louvável; mas para tudo há seu tempo. Não se esqueça de que a pressa é inimiga da perfeição, e continue trabalhando. Assim que você estiver bastante preparado, infligir-lhe-ei uma prova de isolamento, e, se você cumpri-la devidamente, será um grande passo para a frente.

— Perdoe-me, mestre, mas eu não entendo o sentido do isolamento. Sem dúvida, ele ajuda na concentração de uma prece; mas só ela seria suficiente para avançar no meu aprendizado, coisa que eu poderia fazer sozinho, sem a assistência de um mentor?

— Você está equivocado. O isolamento, por si só, é um guia sábio e poderoso. Estando a sós, tendo por companheiros apenas os elementos da natureza, a mente passa por uma preparação surpreendente; os mentores elementais responderão às questões formuladas pelo cérebro do perscrutador. A solidão e o silêncio potencializam as forças astrais. A luz necessita de atmosfera para se propagar, e uma vela se apaga num ambiente muito empestado; da mesma forma, a luz interna é governada pelo mesmo princípio. Dentro das pesadas e densas emanações materiais da multidão, o pensamento torna-se também pesado, e a luz interna turva-se e até apaga; no silêncio profundo da solidão, entretanto, longe dos sopros pungentes e perturbadores, é mais fácil para o homem concentrar, numa só, a poderosa força de seus pensamentos, e orientá-los para o objetivo desejado.

Kalitin então exclamou, com os olhos brilhando:

— Você me disse que eu viveria por alguns milênios! Por vezes, a idéia disso me apavora e tenho medo de enlouquecer; outras vezes, como agora, sinto-me incrivelmente feliz, ao saber que tenho à disposição tanto tempo para estudar os grandes e fascinantes mistérios. Queria tanto entender essa substância enigmática, que proporciona ao frágil corpo humano essa incrível força vivífica, capaz de se opor à lei da morte praticamente até a eternidade. Perdoe, mestre, se lhe faço perguntas impossíveis de serem respondidas.

— Não, a sua busca da verdade é tão legítima que eu terei satisfação de lhe dar uma explicação resumida. Quanto à compreensão de todas as propriedades e métodos de uso desta substância misteriosa, que preenche o Universo e se constitui de núcleo para a formação de todos os planetas, e de seiva que nutre os mundos e os seres, isso ainda ninguém alcançou.

Esta substância, chamada por nós de matéria primeva, é como a respiração do próprio Ser Inescrutável, que ninguém consegue apreender. Esta respiração, que a tudo abrange – som, cor, luz, aroma –, apresenta-se em forma de uma névoa, possui uma vibração assombrosa, transforma-se em fogo líquido e, depois, espalha-se em grandes gotas, que rodopiam no espaço até que não se acumule uma substância gelatinosa, que faz com que a incrível freqüência da vibração se torne mais pesada e mais lenta. A massa gelatinosa – digo "gelatinosa" apenas em termos de comparação, pois a tenuidade da matéria é impossível de ser descrita – entra em movimento rotacional, aos poucos se densifica e preenche a forma astral, mentalmente traçada por um dos criadores do sistema planetário.

O grande obreiro e calculador do espaço traça com a sua poderosa mente as figuras geométricas das rotas, pelas quais deverão passar os grandes e os pequenos planetas do sistema em formação. Os primeiros a se formarem e ocuparem os seus lugares são os gigantescos aglomerados que chamamos de sóis; seus raios ígneos mantêm em atividade a substância primeva, e, sob o seu calor, ela se evapora e se pulveriza, impregnando e animando todos os átomos da matéria. Lá, onde o calor solar não atinge a substância primeva, esta permanece inativa, como, por exemplo, nos enormes espaços entre as ilhas dos sistemas planetários.

O calor solar faz secar a substância gelatinosa, que encerra em si a forma astral de tudo – rochas, plantas, animais – e estimula a atividade vital da matéria primeva. Peguemos, por exemplo, um ovo. A forma da ave é inserida invisivelmente já em sua própria essência. O calor seca a clara e a forma invisível torna-se visível; o átomo da matéria primeva, ao penetrar através da chama da fertilização e ativado pela ação do calor, atrai do espaço as substâncias de que necessita para a formação do corpo, cujo clichê já estava pronto, e... a obra está completa: do ovo, que servia de uma espécie de berço, sai um ser determinado, capaz de se desenvolver e de se multiplicar.

Nos organismos comuns, a essência vital permanece numa certa proporção por um determinado tempo; decorrido esse tempo, a matéria acumulada no clichê segrega-se, e vem aquilo que nós chamamos de morte. Absorvido por algum organismo – seja vegetal, animal ou humano – numa proporção diferente, o elixir da longa vida proporciona-lhe a capacidade de renovar continuamente as células que o compõem, assegura que sejam mantidos o vigor da juventude e as forças; e, uma vez que a matéria primeva encerra todos elementos da natureza, ela (essência primeva)torna todo aquele, com ela impregnado, invulnerável aos efeitos das forças elementais.

O mesmo se aplica a nós, imortais. Jamais envelhecemos, podemos viver de vida planetária e somos bem adaptados ao trabalho mental.

Mas voltemos ao homem comum. Ele possui, assim como nós, um cérebro – uma máquina – que absorve muita força primeva espalhada por todo o organismo, sobretudo se ele se dedica intensamente ao trabalho mental. Numa pessoa limitada e preguiçosa, a matéria primeva aloja-se nos ossos e na carne, aumentando-lhe as dimensões e, freqüentemente, a força física.

A propósito, o homem pode atrair para si os excedentes da matéria primeva, por ascetismo, contemplação, autoconcentração e, principalmente, pela vibração da prece e êxtase. Nestes casos, a máquina humana exerce uma atração e absorve as intensas correntes de força benfazeja, que se vertem sobre ele como uma espécie de chuva ígnea; seu sistema nervoso estremece, por vezes ele sente tonturas, quando o seu corpo, a aura ou o cérebro absorvem as gotículas vivíficas, que lhe proporcionam enorme força e o iluminam de luz astral.

Isso ocorre não só com os seres iniciados, mas com os mortais e com os santos, que, extasiados em prece, se impregnam desta força de fato divina, pois ela emana do Todo-Poderoso; eles tornam-se capazes de realizar curas milagrosas e – renovando a essência vital – até de ressuscitar os mortos, desde que o seu astral não se tenha separado definitivamente do corpo. Mas é necessário que a prece seja feita com fé e intensidade, pois só assim é que se consegue compor a química que atrai a graça balsâmica e curativa, tanto para os que oram, quanto para os beneficiários da oração.

Os iniciados também se utilizam de formulações químicas para obter efeitos desejados. Quanto maior for a sua cognoscibilidade, tanto maior é a amplitude e a complexidade do uso da substância primeva, e tanto maior é a luta que eles travam contra a terrível força que se opõe à matéria primeva. Estou me referindo à força destruidora, que desagrega tudo o que a primeira unifica.

Duas forças disputam entre si o Universo, tanto uma como outra não conseguem vencer. A matéria que une as células, animando-as e obrigando-as a interagir, ascende em espiral aurifulgente; a corrente desagregadora, em espiral descendente, umbrosa e pesada, tenta destruir a corrente vivificante.

As grandes leis que governam o Universo são claras e simples, como a sabedoria divina; é a ignorância humana que tolda em escuridão o princípio de tudo. No anteparo inabalável destas leis, apóia-se todo o sistema do Universo, e trabalham os grandes servidores do Eterno, executores de Sua vontade.

A parte simples e a mais acessível destas leis é conhecida pela humanidade não-iniciada; em vez de por elas se orientar, o homem delas abusa, e este abuso gera os sofrimentos e a morte inevitáveis – concluiu Dakhir, liberando o discípulo, que se retirou perturbado com o que acabara de ouvir.

Capítulo VI

Sem ao menos se voltar para trás, para dar uma última olhada na cidade dos magos – abrigo da paz, concórdia e ciência –, alçou-se Abrasack ao espaço. Acima de sua cabeça cintilava o céu estrelado; aos pés, estendiam-se as extensas planícies e as florestas interditas.

Ali, atolados na ignorância, viviam os povos selvagens; em suas almas ainda dormitavam as paixões que o destino lhes reservara para serem despertas. Como um gênio maléfico exterminador, ele, Abrasack, acabara com a paz das hordas pacíficas, apenas para satisfazer a sua vaidade, precipitara os confrontos sangrentos e lançara, uma contra a outra, as nuvens daquelas formigas.

O dragão alado recortava rápido o espaço, e já fazia muito tempo que as fronteiras interditas tinham ficado para trás; mas Abrasack continuava o seu vôo, levado pelo desejo inconsciente de ficar o mais longe possível dos magos, que ele atraiçoara.

Por fim, o seu dragão começou a dar sinais de cansaço, e Abrasack decidiu descer.

O sol estava despontando, e ele viu que se encontrava num vale cercado de altas montanhas florestadas. "Tenebroso" – assim era chamado o seu dragão – pousou num pequeno relvado, coberto por mato denso. Abrasack apeou e divisou por perto a entrada para uma caverna, atrás de plantas trepadeiras. Adentrando, percebeu que o local era espaçoso, bastante ventilado, a terra estava atapetada de musgo denso e fofo, e da parede jorrava uma nascente, cujo filete atravessava a caverna e, através de uma fenda rochosa, caía no vale.

Não longe da entrada, cresciam árvores frutíferas; Abrasack colheu alguns frutos, achou-os excelentes de gosto, depois tirou de um pacote pão e queijo.

Ao terminar seu desjejum frugal, sentindo-se muito cansado, deitou-se sobre o musgo, colocou embaixo da cabeça uma capa e adormeceu rapidamente.

Já era bastante tarde quando acordou. Ao se convencer de que o Tenebroso pastava tranqüilamente no relvado e que o saudara alegre com o bater das asas, Abrasack retornou à caverna, deitou-se novamente e começou a refletir.

Estava agora livre, o caminho para as aventuras e para a realização da vaidade pessoal estava desimpedido, e, até aquele momento, nada indicava que os magos se tivessem lançado em seu encalço... mas isso poderia ainda acontecer, e no fundo de sua alma germinou uma inquietação.

Apesar do seu cabedal de conhecimentos e da força mágica adquirida, tinha consciência de que em comparação aos grandes iniciados não passava de um pigmeu. Os outros dispunham de poderes que poderiam fulminá-lo, estivesse ele onde estivesse; já tivera a oportunidade de ver aquelas forças em ação e ignorava como as podia governar. Bem, que importância fazia? Ele era um imortal! Como o tempo passava, e nada que o ameaçasse acontecia, imaginou que, talvez, os soberbos magos simplesmente não se dignariam a perseguir, para puni-lo. Ele sorriu maldosamente: "Vocês pagarão caro por essa arrogância"!

Cego pela paixão insana, em sua alma nem sequer despontou um sentimento de afeição ou de gratidão para aquele que o livrara da morte, que o iluminara e o armara dos conhecimentos que ele utilizaria para prejudicá-lo; ao lembrar de Narayana com Urjane, o sangue afluiu-lhe à cabeça e seu rosto enrubesceu.

Com esforço da vontade, dominou o temporal interior. Deveria agir e não sonhar, e, para alcançar rapidamente os objetivos, não podia desperdiçar o tempo precioso.

Quando o sol poente inundou de púrpura e ouro os picos das montanhas, o seu plano já estava amadurecido, mas era preciso esperar pela noite para pô-lo em ação.

Ele estava sozinho e, para que os projetos frutificassem, ele precisava de ajudantes argutos, capazes de entender e executar suas ordens. Mas onde consegui-los? Entre os terráqueos trazidos, isso não era possível, e mesmo esses lhe eram inacessíveis... Contudo, após algumas reflexões, afluiu à mente astuta e intrépida do funesto feiticeiro uma solução para o problema.

Revigorando-se com uma humilde refeição, decidiu destinar o restinho do dia minguante para examinar a localidade e, seguindo o leito do riacho, desceu ao vale, onde encontrou um grande lago, antes oculto pelos rochedos circundantes. Perto da margem, descobriu uma outra caverna menos espaçosa, mas que lhe pareceu mais adaptada para os planos. Sem perda de tempo, começou a se preparar, trazendo antes os objetos de que necessitava.

Primeiramente, tirou uma toalha vermelha de mesa, com símbolos cabalísticos nela bordados, e depositou-a sobre um monte de pedras. Em torno, dispôs três velas vermelhas, formando um triângulo; em seguida, colocou numa pequena frigideira as ervas aromáticas e, finalmente, encheu de vinho uma taça de cristal. Na entrada da gruta, pendurou um sino metálico, reverberando todas as cores do arco-íris, e ao badalo amarrou uma corda. Tudo terminado, começou a esperar a hora certa, consultando um pequeno relógio que trazia pendurado numa corrente de ouro – um presente de Narayana.

Com a aproximação da meia-noite, tirou da caixinha o frasco com a matéria primeva e colocou algumas gotas na taça. O vinho inflamou. Ao tampar a taça, o conteúdo tomou forma de fogo líquido. Abrasack despiu-se, pendurou no pescoço uma estrela vermelha esmaltada e um talismã em forma de insígnia de peito, e, sobre a pedra ao seu lado, pôs aberto o livro de encantamentos.

Erguendo sobre a cabeça o bastão de sete nós, começou a rodopiar até que na ponta do bastão aparecesse uma chama vermelha, com a qual acendeu as velas. Então, Abrasack reverenciou os quatro pontos cardeais e entoou cadenciadamente um canto, badalando em intervalos certos o sino. Logo, o céu cobriu-se de nuvens escuras e desencadeou-se forte tempestade; trovões rolavam, relâmpagos cintilantes rasgavam o céu, a água no lago parecia ferver e, em suas ondas arrepiadas, quebrando-se com estrondo nos rochedos, dançavam chamas errantes. Mas a voz estentória de Abrasack encobria os elementos enfurecidos; ele continuou a tocar o sino, pronunciando as fórmulas, e no céu escuro desenhavam-se agora símbolos geométricos e cabalísticos.

Subitamente, surgiu uma luz esverdeada e em seu fundo delinearam-se quatro figuras estranhas. Uma era vermelha – feito metal incandescido, com enormes asas ígneas; a segunda – cinzenta, com asas ondulantes, contornos indefinidos e com estrela azul-clara; a terceira – esverdeada, de matiz escuro, agitava-se feito mar e em sua cabeça havia uma coroa que lembrava crista de onda; por fim, a quarta – atarracada, pretejada, como que variegada de veias rubras, portava na cabeça uma faixa, encrustada de rubis, esmeraldas e ametistas e, no centro da faixa, parecia arder uma chama brilhante. Ao chamado do poderoso feiticeiro vieram os quatro gênios dos elementos.

— O que você quer, filho da Terra? Os terríveis encantamentos pronunciados são sinais do seu poder – pronunciou uma voz gutural, como se vinda de longe.

— Você pede que os exércitos dos espíritos elementais se juntem a você, submetam-se e sirvam-lhe? Assim o será, pois é grande o seu poder – manifestou-se uma outra voz, a pedido de Abrasack.

As mãos de quatro gênios uniram-se à mão de Abrasack; em seguida, surgiram multidões nevoentas de espíritos elementais, e ante o bastão mágico juraram fidelidade e obediência a seu novo senhor.

Em meio a estrondos surdos, os gênios retiraram-se, e as nuvens túrbidas dos espíritos cercaram Abrasack, esperando por suas ordens.

— Retirem-se, espíritos da terra, do fogo e da água; e vocês, espíritos do ar, ouçam as minhas ordens.

Ele leu uma lista comprida de nomes e acrescentou:

— Vão e procurem os espíritos por mim nomeados e tragam-nos para cá!

Como se fossem varridos pelo vento, sumiram os espíritos do ar; Abrasack sentou-se na pedra e enxugou o suor que lhe escorria pelo rosto. Uma angústia indefinida comprimiu-lhe o coração. Aqueles, que ele chamara, eram seus amigos, ajudantes e companheiros de armas e intrigas nas aventuras passadas, que lutaram pelo seu trono. Teria tudo terminado em forca, se ele não fosse salvo por Narayana. Eram colaboradores ativos, enérgicos, astutos e corajosos: justamente os que precisava naquele momento para ajudá-lo a fundar um novo reino e, entre outras coisas, a auxiliá-lo no perigoso empreendimento. Será que eles virão? Com base em provas científicas, sabia que uma parte deles já estava desencarnada, porém a evocação parecia não estar dando certo, por motivo desconhecido. Retomando as intimações, ele olhou para o lago, e, subitamente, ouviu-se um barulho indefinido, que se foi avolumando em estrondos surdos.

A água parecia bulir, e pelas ondas vinham aproximando-se, aos pulos, chamas multicolores. Abrasack retesou-se e, estremecendo, ergueu as mãos, desenhando no ar sinais cabalísticos a incendiarem-se em flamas fosfóricas. Adejando, já ao seu lado, as flamas ficaram toscas e tomaram aspectos humanos; olhos brilhantes pregaram-se em Abrasack.

— Meus velhos amigos e companheiros! Convoquei-os para fazer uma proposta. Gostariam de encarnar-se em corpos humanos sólidos e gozar dos prazeres da vida, em vez de errar pelo espaço? Concordam, como retribuição, em ajudar-me a conquistar e escravizar as hordas selvagens que povoam esta terra, e, se necessário, em lutar comigo?

— Dê-nos a vida com os seus prazeres, e nós o ajudaremos a tornar-se o rei mais poderoso deste planeta – responderam avidamente as vozes em coro.

— Obrigado, amigos, assim será a vontade de vocês! Mas, por que não vieram todos que chamei? – indagou rispidamente Abrasack aos seus servos fantasmagóricos.

— Senhor! Alguns espíritos, que não vieram, atualmente vivem na Terra morta e lá ficaram; outros, estão entre os terráqueos, trazidos pelos magos, mas somos proibidos de entrar lá – ouviram-se sons estranhos, fracos e desconexos.

Um olhar de ódio furioso escorregou pelo rosto de Abrasack, mas ele se conteve. Aproximando-se de uma frigideira, ele pôs alguns pedaços de carvão que instantaneamente incandesceram, e jogou sobre eles o conteúdo da taça. Imediatamente subiu uma fumaça densa vermelho-sanguínea, e um cheiro entorpecente bafejou todos.

Da mesma forma que a luz atrai os insetos, a multidão de sombras lançou-se sobre a fumaça e, por uns instantes, ficou por ela encoberta. Quando a fumaça se dissipou, junto à trípode bruxuleante, havia cerca de vinte pessoas. Seus corpos densos pareciam com corpos normais vivos; eles aproximaram-se céleres de Abrasack.

— Agora, cada um dê um gole desta taça. A bebida divina lhes proporcionará um vigor pleno e uma existência longa.

Todos bebericaram avidamente, vindo a cair, como se de tontura. A fraqueza, porém, foi passageira; quando todos se levantaram, eram seres humanos totalmente vivos, cheios de energia, força e coragem. Estendendo as mãos, eles agradeceram por aquela dádiva valiosa.

Abrasack saudou-os jovialmente; um deles, inclusive, foi distinguido com um longo abraço.

— Estamos juntos de novo, amigos, para trabalhar e derrotar o destino. Poderia você prever, Jan d'Igomer, que nós nos encontraríamos num outro mundo, depois que você foi morto, ao meu lado, pelos rebeldes?!..

— Onde você é rei e nosso irmão, tornou-se um deus que prodigaliza as vidas, e nem sequer mudou por causa disso. Você permaneceu como era, enquanto que passei por muitas vidas, desde então – observou alegre o que fora denominado por Jan d'Igomer.

— Se nada mudei externamente, agora tenho outro nome. Chamo-me Abrasack, e sou um rebelde fugitivo que escapou da cidade-prisão, povoada por um bando de tiranos. Aliás, antes de iniciar algo, amigos do espaço, vou contar-lhes as curiosas aventuras que me trouxeram para cá.

— Agradeço a confiança, mas, para culminar sua generosidade, dê-nos algo para comer. Estou morrendo de fome e acho que meus irmãos sentem o mesmo – observou um dos seres, alto e gordo, rosto vultuoso, e que, pelo visto, era dono de força hercúlea.

Uma gargalhada geral cobriu-lhe a fala. Depois que esta amainou, Abrasack disse:

— O apetite de Randolfo continua o mesmo; por ora, só poderei oferecer um jantar frugal. É do que disponho. Vamos à minha casa temporária e levemos todos os objetos que estão aqui; lá, em cima, encomendarei o que houver de mais substancioso.

Parando perto da entrada da caverna, Abrasack pediu que os amigos aguardassem, entrou na caverna e pronunciou os devidos encantamentos, para que os servos invisíveis trouxessem um jantar o mais nutritivo possível.

Algum tempo depois, ouviu-se um barulho, semelhante ao farfalhar de folhas secas pisoteadas, no ar rodopiaram esferas ígneas e fumacentas, surgindo então uma massa cinzenta, cercada de seres nevoentos indefinidos, e tudo, subitamente, se dissipou. Todos deslumbraram, no chão, uma espécie de toalha de mesa, urdida de folhas, e nesta repousavam cumbucas, caixas e canecas de madeira, de palha e de casca de árvores – tudo era rudimentar e de acabamento grosseiro. Dentro dos recipientes havia diversas frutas, alguns peixes crus, mel em favas, leite, suco de frutas, levemente fermentado e, por fim – do mais substancioso – apresentava-se uma cabra viva, fortemente amarrada para não se mexer.

— Pronto, amigos! Por enquanto, contentemo-nos com esta modesta refeição, pois por aqui ainda não existem restaurantes capazes de oferecer aos meus espíritos algo melhor; não podemos contar com a cidade dos tiranos, onde há muita fartura de iguarias e louças – queixou-se Abrasack, fazendo uma careta e fixando na parede uma esfera, que ele providenciara antes de sair da caverna, e que iluminou tudo com luz brilhante.

Agora já se podia divisar que os partidários de Abrasack, invocados do espaço com a força da essência primeva, eram homens belos e vigorosos, rostos inteligentes e olhar intrépido. Abrasack havia feito uma boa escolha, e com aqueles ajudantes muita coisa já podia ser empreendida.

O que se chamava Randolfo examinou as provisões, achou-as aceitáveis e adiantou que, ainda que o peixe e a cabra se destinassem à refeição, ele tinha nojo de comê-los crus e vivos; assim, ele se dispunha a preparar um prato raro, desde que o seu senhor providenciasse fogo.

Abrasack acendeu alguns galhos resinosos, e permitiu que o amigo ficasse à vontade para fazer o que quisesse; Randolfo e mais alguns de seus companheiros saíram da caverna.

Uma hora mais tarde, os amigos sentaram-se em torno do prato quente fumegante; somente Abrasack e Jan d'Igomer declinaram do convite para jantar.

Findo o repasto, Abrasack sugeriu aos companheiros que fossem dormir, pois sem o sono – dádiva divina, da qual se privaram por tanto tempo – nenhum ser humano terreno é capaz de levar uma vida normal. A sugestão foi aceita de pronto, e logo uma roncaria geral anunciava que os adventícios do mundo astral gozavam da primeira graça de sua nova existência.

No dia seguinte, diante da caverna isolada e perdida nas montanhas, uma reunião incomum estava em curso. Cercando Abrasack, seus partidários ouviam atentamente sua exposição dos planos de guerra contra os magos e o cerco da cidade divina.

O enorme continente contava com espaço suficiente para abrigar muitas nações, mas para realizar com sucesso um empreendimento ousado de tal envergadura, seria necessário um numeroso exército armado; os povos, para tanto, deveriam ser escravizados, cidades e vilas teriam de ser formadas – e tudo exigia muito tempo e trabalho.

— Conhece, por aqui, alguma tribo selvagem que possamos subjugar? Tudo parece tão desértico e inabitável. Também precisaremos, para acompanhá-lo nas expedições, de um meio de transporte como o seu Tenebroso. Andar a pé, por esses matos virgens é impossível! – observou um dos presentes.

— Você tem toda razão! Espero receber no fim da tarde alguns cavalos voadores. Ordenei ao Tenebroso que me trouxesse seus co-irmãos, e ele, como vêem, já foi buscá-los.

— Como é que você consegue se comunicar com Tenebroso? Ele é tão esperto, que consegue entender a fala humana? – interessou-se Jan d'Igomer.

— Pelo contrário. Sou eu que converso na língua dele – riu Abrasack, e ajuntou, ao perceber a surpresa dos companheiros: – Nas ciências ocultas existe uma língua-mãe, cujo ritmo musical é adaptado à comunicação fônica de diferentes espécies de animais, desde um inseto até um animal próximo ao homem pelo seu desenvolvimento físico e mental. Jamais um adepto alcança o grau superior da iniciação caso não dominar a arte de ser compreendido por um animal; senão, como irá domá-lo, fazê-lo obedecer e, de uma certa forma, treiná-lo? Todo o segredo se baseia na ritmicidade sonora. Algumas reminiscências dessa maravilhosa e útil ciência se preservaram na Terra defunta entre os feiticeiros das aldeias, ciganos, e assim por diante, que conseguiam se comunicar com cavalos, encantar e baldear gatos, ratos, lobos; da mesma forma, os hindus sabiam conversar com serpentes. Vocês, de certo, já ouviram falar de coisas parecidas nos tempos de outrora; esses casos, porém, eram raros e isolados.

Estudei esta arte sistematicamente. O bom Narayana disseminava-me exaustivamente esses conhecimentos, impressionado com meus êxitos e aplicação. Se ele soubesse a que conseqüências levaria essas ilustrações, teria ficado menos impressionado! – e Abrasack desfechou uma sonora gargalhada, sendo acompanhada por outras.

— Sei que por aqui existe um povo, se é que pode ser assim chamado –, muito numeroso e beirando o estado animal. Estou pensando em utilizá-lo, não apenas como força de trabalho, mas também na qualidade de guerreiros.

— Você sabe como achá-lo, pois o continente, segundo você diz, é enorme? – tornou a perguntar Jan d'Igomer.

— Sem dúvida! Tenho aqui um mapa do planeta... Por que essa surpresa? Ou vocês acham que os magos vieram para cá com seus pintainhos, ignorando por completo o mundo que iam encontrar? Oh, não! Os preparativos para a transferência duraram muitos séculos. Os enviados ao mundo novo estudaram os três reinos, para que os futuros migrantes aqui encontrassem tudo pronto. Todos adeptos e discípulos tinham por atribuição o preparo de mapas detalhados do continente, assim como de esboços e amostras de fauna, flora e minerais, ou seja: eles precisavam ter noção de todas as riquezas do planeta.

Na medida do possível, aproveitei a documentação existente e até consegui copiar os mapas mais importantes. Dessa forma, tenho certos recursos, ainda que, infelizmente, nos meus conhecimentos haja lacunas, visto que alguns magos me trataram com desconfiança, criando certos obstáculos.

— Talvez eles tenham pressagiado os riscos que corriam em relação à sua pessoa; não obstante, agiram impensadamente ao lhe permitirem a aquisição dessa soma de saber – considerou, em tom de mofa, Jan d'Igomer.

— Felizmente Narayana não compartilhava daquelas desconfianças, e, graças à sua negligência, consegui os objetos mágicos mais indispensáveis – concluiu, em mesmo tom, Abrasack.

Após discutirem os detalhes dos trabalhos a serem realizados, Abrasack levantou a taça de córtex, e pronunciou solenemente:

— Ao sucesso do nosso empreendimento! À semelhança dos antigos conquistadores da nossa Terra-mãe morta, vamos conquistar este mundo novo, para nele fundar grandes reinos. Com o nosso sangue alcançaremos a vitória e o poder; e da cor do sangue será a nossa bandeira; o fogo será o rastro de nossa marcha.

— Juramos fidelidade à bandeira rubra e a você, Abrasack, nosso benfeitor, líder e comandante! – pronunciaram, solenes e sérios, seus companheiros.

A partir daquele dia, iniciaram os preparativos. O estado-maior de Abrasack pôs-se a aprender, diligentemente, a língua dos dragões alados para assegurar um controle perfeito sobre aqueles animais, cuja lembrança se preservou em lendas populares e contos de fada, sempre contendo fundamentos verídicos.

Assim que Tenebroso providenciou uma revoada de magníficos dragões, selvagens e desconfiados, Abrasack acercou-se, impávido, de um deles, distribuiu afagos, conversou com ele, e o animal acalmou-se. Isto influenciou o resto dos dragões, e todo o bando pôs-se a pastar tranqüilamente no vale.

Quando os aventureiros se adaptaram definitivamente a seus cavalos alados e os domesticaram, decidiram partir numa expedição, deixando a caverna tornada sede, onde ficou uma parte de objetos, trazidos da cidade dos magos.

Ao deixarem para trás a região montanhosa, os cavaleiros espaciais orientaram o seu vôo em direção aos vales, onde, por milhares e milhares de quilômetros, se estendiam impenetráveis florestas virgens.

Lá habitava um povo que Abrasack planejava subjugar e aproveitar em seus planos. Aquela espécie de gigantes mal saídos do estado selvagem, pouco evoluídos mentalmente, de instintos rudes e cruéis, já vivia, entretanto, em famílias, distribuídas numa espécie de tribos isoladas, cada uma governada por um chefe, e todas lideradas por um rei.

Ao adentrarem a floresta, os cavaleiros espaciais desmontaram; Abrasack ordenou aos companheiros esperarem por ele, e embrenhou-se resoluto na mata secular.

Andada uma certa distância, ele parou numa clareira e aproximou dos lábios a pequena flauta mágica, começando a tocar. A melodia era estranha; os sons jorravam ora sonoros, vivos e penetrantes, como se chamando; ora lentos e lamentosos, como um choro contido.

Decorrido um tempo bastante longo, a floresta pareceu reviver; ouviu-se, no início, um longínquo barulho, rapidamente se avolumando; árvores quebravam-se pisoteadas pela multidão, em meio aos estremecimentos da terra e a um vozerio gutural, lembrando urros de animais. Da mata apontaram seres repelentes e medonhos.

Eram gigantes cabeçudos e de traços animalescos; os corpos avultados cobriam-se de pelugem vermelho-parda; os braços enormes e musculosos eram equipados de garras curvilíneas. Apoiavam-se ou carregavam nos ombros porretes nodosos e compridos. Pararam imóveis, pregando em Abrasack seus olhos pequenos, afundados e ávidos. Este parou de tocar, e emitiu alguns sons estranhos e desconexos, que pareciam ser compreensíveis à multidão, pois esta aconchegou-se, fazendo sons semelhantes, e examinando curiosa o forasteiro em vestes brancas. Aos poucos, eles foram entendendo-se. Alguns dos gigantes correram de volta para a mata; outros permaneceram ouvindo atentamente Abrasack, por vezes respondendo com seus sons guturais. Os que haviam partido, agora retornavam. Um carregava nos ombros uma criatura que se lhes assemelhava, contudo bem mais robusta, de fisionomia também medonha, ainda que aparentando mais inteligência. Este entabulou imediatamente uma conversa com Abrasack, e, a julgar pelas reações do aborígene, parecia que as palavras do interlocutor lhe agradavam, pois, de tempos em tempos, ele soltava uns grunhidos de satisfação, descobrindo dentes enormes e afiados, e sacudindo um porrete, que facilmente derrubaria um elefante.

Ao fim dos entendimentos, Abrasack tirou de um saquinho pendurado na cintura uma corrente metálica, brilhando como ouro, levando uma espécie de medalhão com pingentes, que tilintavam ao menor movimento, e ofereceu-a ao chefe da tribo, seu futuro aliado.

Transbordando de alegria, o aborígene soltou um grunhido alto, arrancou o colar que lhe enfeitava o colo, e acomodou o brinde; depois, estalando a língua, pôs-se a pular pelo relvado, sob os urros dos vassalos embasbacados de fascínio.

Quando a explosão de alegria decresceu, as conversações continuaram. O terrífico senhor do povo dos gigantes parecia transmitir instruções aos seus subordinados, que as recebiam aos grunhidos e assobios variados.

Ficaram todos satisfeitos, pelo visto, a julgar pelo fato de que alguns gigantes foram acompanhando o visitante, saindo da floresta; ninguém tocou nele, nem em seus companheiros, que, misto de medo e nojo na alma, saudaram jovialmente os monstros gigantes, conforme as instruções de Abrasack.

Montando céleres os cavalos alados, eles alçaram vôo, provocando nos selvagens um pavor supersticioso.

Ao retornar à gruta, Abrasack relatou a outros os termos do acordo conseguido com os aborígenes, que lhes permitiria o direito de escolher uma área, dentro dos domínios dos selvagens, em troca da assistência na construção de uma cidade e moradias para os gigantes, que Abrasack chamava pejorativamente de "macacos".

No dia seguinte, Abrasack com os amigos dirigiram-se, em companhia de alguns gigantes, para a floresta; examinaram-na e escolheram o local para a futura cidade. Uma parte de amplas terras florestais era montanhosa, e lá, num platô, Abrasack decidiu construir justamente o centro urbano.

Cumprindo as ordens do líder da tribo, os gigantes iniciaram o trabalho, arrancando com as mãos colossais as árvores seculares da floresta virgem, com raiz e tudo; e, aos poucos, a área ficou limpa e, mais tarde, nivelada.

Abrasack mudou-se, então, para a floresta, junto com os companheiros, que já conseguiam explicar-se aos gigantes. Aproveitando os troncos das árvores arrancadas, os aborígenes montaram as casas, bem rudimentares aliás, ainda que lhes parecessem magníficas.

Em seguida, a cidade foi cercada por um muro ciclópico de enormes blocos de rocha; foram cavados poços e construídos depósitos de comida.

O entendimento com os operários era total, graças às providências de Abrasack de servir-lhes uma bebida forte, produzida a partir de frutas – abundantes na região – e que todos apreciavam. Outras tribos, imitando habilmente os gigantes colonizados, fundaram também vilarejos em diversas partes da região. Desta forma, a numerosa população de "macacos" – como os chamava Abrasack – passou a viver sedentariamente; o prestígio de Abrasack crescia a olhos vistos, potencializado com o emprego de expedientes mágicos.

Assim, por exemplo, ele surgia do nada entre os operários, expedia ordens e, da mesma forma, desaparecia de repente; às vezes, sua casa era vista em chamas inextinguíveis; no entanto, o fogo nada parecia queimar. Paralelamente, ele curava chagas, ferimentos e diversas doenças. Porém, o acontecimento que marcou profundamente os selvagens foi o seguinte.

Durante os trabalhos de erguimento do muro da cidade, um dos gigantes revelou certa indolência e até insubordinação. Abrasack aplicou-lhe uma severa reprimenda, ameaçando-o com o bastão empunhado; o monstro, entretanto, irritou-se, e sacudindo os punhos cerrados, fortes como bigorna, lançou-se sobre Abrasack. Ainda que Abrasack parecesse com um bebê, comparado com o gigante selvagem, não se intimidou; cravando um olhar ígneo e firme nos olhos injetados do monstro, ele ergueu, num átimo, o bastão mágico. Como que atingido por um raio, o selvagem petrificou-se naquela mesma pose em que intentava saltar, com as mãos levantadas, e apenas um enrugamento convulsionado em seu rosto apontava que ele ainda estava vivo e sentia a força que o pregava à terra.

Seus companheiros presentes ficaram atônitos; Abrasack despachou-os dali, deixando sozinho o infrator, impossibilitado de locomover-se.

Só no dia seguinte, ele libertou o gigante, então totalmente domado; este rastejou aos pés de Abrasack, e lambeu-os.

O grande feiticeiro dignou-se a indultá-lo, não sem antes anunciar, em tom severo, que se alguém mais ousasse, a partir daquele dia, insubordinar-se e levantar a mão contra ele ou contra qualquer um de seus amigos, seria punido da mesma forma e ficaria paralisado até morrer de fome.

O burburinho sobre o acontecimento espalhou-se por todas as tribos, provocando medo e deferência por aqueles seres insólitos que podiam dispor da vida e da morte e, se o desejassem, voar e desaparecer nas alturas.

Aos pés do planalto sobre o qual se erguia a cidade, corria, em leito rochoso, um largo rio caudaloso. Ali, de um enorme tronco de árvore, foi esculpido o primeiro barco e, dos troncos amarrados um a outro, foi montada a primeira jangada. Seria impossível descrever a alegria dos gigantes, iniciados na utilização daquelas duas embarcações; navegando o rio acima e abaixo, eles transportavam pela jangada frutas, nozes e aves, suprindo os armazéns da cidade.

Os selvagens foram habituando-se ao trabalho, e Abrasack convenceu-se de que até para os homens primitivos a necessidade de trabalhar era inata, pois saciava-os e desenvolvia suas habilidades.

Sem perder de vista o seu principal objetivo, Abrasack começou a recrutar um exército para sitiar a cidade dos magos; em seus companheiros ele tinha ajudantes leais e ativos.

Lento, mas ininterrupto, seguia-se o aprendizado dos selvagens no fabrico de flechas, arcos, maças, machados rudimentares de sílica, e outras armas. Foram organizados diversos destacamentos e, ainda que o armamento e o ensino militar dos soldados-colossos não tivesse alcançado a perfeição, os espíritos estavam em alta, e os embates sangüíneos, que se promoviam com freqüência, testemunhavam que o ardor combativo fora desenvolvido plenamente.

À semelhança de um seixo atirado na água, que vai propagando círculos que se distanciam do local de sua queda, assim o movimento da iluminação, promovido por Abrasack, foi envolvendo as tribos afastadas das florestas infindáveis. Por todas as regiões, árvores desenraizavam-se e construíam-se casas rudimentares, com telhados chatos, tão a gosto dos aborígenes. Tudo parecia correr bem; Abrasack, entretanto, ainda não estava satisfeito e, não raro, o seu semblante turvava-se, os punhos cerravam-se furiosamente. Atormentava-o a lembrança de Urjane, e os ciúmes o devoravam. A intenção de raptá-la e torná-la sua esposa permanecia inabalável, perturbando-o de dia e perseguindo-o à noite; era dominado de fúria, sua cabeça altiva pendia desolada quando ele relanceava o olhar em volta. Onde instalaria ele a filha do mago, habituada ao luxo refinado e às obras artísticas, em todos os seus aspectos? Nesta hora, ela estaria habitando o palácio encantado de Narayana, esculpido em enorme safira. Lá, tudo era arte, beleza, harmonia, desde os magníficos jardins repletos de aves raras, flores, alegria, chafarizes, até os pequenos penduricalhos que adornavam os quartos.

Com a vontade férrea inata, sacudia de si a fraqueza e o desespero momentâneos, decidindo que Urjane teria de se contentar com aquilo que ele temporariamente podia oferecer-lhe; depois, quando a cidade dos magos fosse conquistada, ele depositaria aos pés da mulher adorada todos os seus tesouros.

Não obstante essa decisão, tentava de todas as maneiras ultimar para a sua futura prisioneira uma moradia mais bonita e confortável possível.

Depois de pesquisar muito, veio a descobrir uma jazida de diversos minerais preciosos, e seus musculosos servos extraíram um volume enorme de material; mas tão logo ele concluiu o projeto do palácio e pensou em aproveitar todo aquele tesouro, ficou possesso.

— Às vezes, acho que vou enlouquecer. Daria tudo para partir em pedacinhos um daqueles magos malditos ou explodir esta porcaria do planeta, onde não se acha nada além de monstros, astral vazio e ninho de tiranos egoístas – desabafou, fora de si.

— Não o entendo – surpreendeu-se Jan d'Igomer, atirando para longe um bocado de barro, no qual pretendia moldar um vaso. – Além de seus feiosos súditos, temos por aqui uma bela colônia de terráqueos, sem dizer que nós mesmos, tomando as graciosas magas por você prometidas, geraremos uma casta de guerreiros, reis e sacerdotes. E como pode estar vazio o astral desta terra? Saí dele, e assevero-lhe que estou povoado e íntegro...

— Ah, você não entende nada! – retrucou Abrasack, aborrecido. – Digo "astral vazio", porque nele não está impresso nenhum clichê que eu possa utilizar, já que sei de um método mágico para evocar e densificar os clichês astrais. Por que essa surpresa? O que é então uma alucinação, miragem etc.? Isso é invocação e materialização inconsciente de um clichê astral, ainda que seja uma invocação parcial e fortuita de um ignorante; a essência do fenômeno continua igual, mesmo sendo gerado pela força mágica e consciente de um sábio. Se nós estivéssemos na nossa velha Terra, eu poderia ter optado facilmente pelo clichê astral de um palácio, mesmo o de Semíramis; poderia evocá-lo, densificar e torná-lo um prédio real, por um certo tempo, ou para sempre. Assim, o prédio já estaria pronto e eu só teria de mobiliá-lo da mesma forma. Neste mundo maldito, recém-parido, inexiste sequer uma obra arquitetônica; os clichês de choças ou de árvores ocas povoadas por "macacos" eu não quero. Tampouco há algum tesouro escondido, que poderia ser aproveitado para a confecção de jóias. Quanto às graciosas magas, precisamos primeiro pegá-las...! Isso será feito, prometo! – animou-se ele de repente, sacudindo o punho cerrado. – E como todas elas são metidas a artistas, teremos guarda-roupa e utensílios decentes.

Jan d'Igomer desatou a rir, prazenteiro.

— Faço votos de que estes tempos felizes logo cheguem, e o destino me reserve, de esposa, uma bela loira de tez alva e olhos safira. Este é o meu ideal de beleza feminina.

Abrasack explodiu numa sonora gargalhada de escárnio.

— Imagino só o rebuliço que se formará, quando eu as unir com cavalheiros de seu feitio, anfíbios de dois mundos, que em nada se assemelham aos senhores adocicados da cidade divina, recheados de virtudes e ideais... Mas tudo isso é para depois, agora precisamos continuar o trabalho para assegurar às nossas damas o devido conforto.

E, de fato, o trabalho continuou. O palácio erguido por Abrasack, ainda que executado em pedras preciosas, parecia pesado, nada gracioso, de colunas tetraédricas, telhado plano e grotesco. As louças fabricadas de ouro e prata – utensílios de primeira necessidade – também não primavam por acabamento artístico.

Capítulo VII

Enquanto Abrasack se preparava para a sua audaciosa incursão, e embelezava, como podia, a futura casa da mulher adorada, na cidade dos magos festejava-se o casamento de Narayana com Urjane.

Urjane estava trajando uma simples e larga túnica alva, cingida de faixa da mesma cor; sua cabeça era coberta por um véu prateado comprido, fixado com coroa de flores, em cujos cálices tremeluziam luzes azuladas, e do pescoço descia sobre o colo a insígnia de ouro que distinguia a filha do mago de nível superior. Em companhia de seus pais, jovens amigas e colegas de iniciação, a noiva dirigiu-se ao templo subterrâneo, onde já se encontravam Narayana, Udea, Nara, Olga e mais alguns amigos próximos.

A cerimônia era celebrada por Ebramar, postado junto à pedra mística, sobre a qual reluzia o nome do Inefável. Diante de uma grande taça com a matéria primeva do mundo novo, que se inflamava e ebulia, havia um cálice também cheio de uma substância que se parecia com fogo líquido.

O noivo e a noiva colocaram-se de joelhos e Ebramar abençoou-os, sob o som de um coral invisível a entoar um hino suave e harmonioso. Em seguida, tirando com o auxílio de uma colherzinha de cristal o fogo líquido do cálice, ele o verteu sobre a palma de sua mão e, pronunciando fórmulas pausadamente, fez dele, inicialmente, uma esferinha e, depois, moldando duas alianças, colocou-as nos dedos dos noivos. As deslumbrantes alianças pareciam executadas em ouro transparente, reverberando tonalidades multicolores.

Moldando em seguida, da mesma substância, mais duas esferas, ele as colocou sobre as cabeças dos noivos; estas encaixaram-se-lhes, ao derreterem. Ebramar deu-lhes de beber da taça e, colocando a mão sobre suas cabeças, pronunciou majestoso:

— Uno-os para uma vida em comum e de trabalho. Ascendam-se juntos à luz perfeita, ao Pai de tudo o que é existente, e obedeçam às sagradas leis imutáveis, instituídas por Ele. Sejam dignos de gerarem de sua união, não só carnal e voluptuosa, seres superiores, combatentes, corajosos e fortes em seu percurso na luta do bem contra a "fera" do homem, que deverá ser subjugada nesta nova terra, onde temos uma grande missão por cumprir.

Terminada a cerimônia, Ebramar beijou os recém-casados e todos se dirigiram à casa de Dakhir, totalmente engalanada de flores. Ali foram cumprimentados pelos cavaleiros do Graal, que se juntaram mais tarde no banquete, passado em animada atmosfera.

Chegada a noite, um bando de aves domesticadas, semelhantes a cisnes brancos, levaram de barca os recém-casados ao palácio de Narayana; na entrada, foram recepcionados pelos discípulos do mago, prodigalizando-lhes saudações e flores. Como na casa não existiam empregados, os jovens atravessaram os cômodos silenciosos em direção aos aposentos. Todo o dormitório era pintado de branco; tanto as paredes, como as cortinas e toda a mobília, impunham-se pela simplicidade refinada. Num nicho, ornado de plantas, repousava o cálice dos cavaleiros do Graal, encimado por um crucifixo.

A partir do momento em que Narayana entrou no palácio, deu-se nele uma visível mudança. Do velho pândego e brincalhão, parecia não ter restado nada; seu belo semblante estava sério e concentrado, e ao olhar para a jovem esposa lia-se uma grande perturbação.

— Urjane! A felicidade de chamá-la minha é totalmente imerecida – disse ele, apertando aos seus lábios a mão dela. – Apesar do facho de mago que me adorna a fronte, em minha alma ainda se espreitam muitas fraquezas humanas, que tentarei dominar com a sua ajuda, pois você é a própria encarnação da harmonia que emana de seus pais. Que seja abençoada a sua vinda à minha casa, meu anjo querido, e seja paciente com o seu consorte imperfeito!

— Amo-o como você é, e acredito em você tanto quanto em meu amor. E agora venha, vamos elevar uma prece! Suplicaremos ao Pai de todo o existente que abençoe o nosso trabalho no caminho da ascensão – disse Urjane, puxando-o em direção ao nicho.

Com o término de todas as festividades, a vida na cidade dos magos transcorria normalmente. As escolas de iluminação já funcionavam, e em todos os campos da ciência, de todos os níveis, os colonos trazidos da terra extinta trabalhavam com muito afinco.

Narayana, "o mais humano" dos magos – como era definido por Ebramar – abriu uma escola especializada para o desenvolvimento do espírito artístico. Dentre os terráqueos, ele selecionou um pequeno grupo de pessoas talentosas, ao qual ministrava música, canto, declamação, escultura, pintura e arquitetura – tudo com base nas leis esotéricas da ciência mágica. E para o seu gênio fecundo e pródigo, descortinava-se um amplo campo de trabalho.

— Você será um ótimo administrador – observou certa vez Ebramar, sorrindo com ar de aprovação, após ter visitado a escola destinada aos primeiros artistas dos templos e reinos do novo mundo.

Dakhir também tinha alguns discípulos, mas fora da escola, pois, como já havíamos citado antes, ele executava um trabalho importante.

Aos poucos, Kalitin tornou-se seu discípulo dileto; sua humildade, aplicação e disposição para o trabalho de caráter científico, tornavam fácil o aprendizado. Todas as noites, Dakhir costumava dedicar-lhe umas duas horas de palestra animada e proveitosa.

Certa vez, Dakhir notou que seu discípulo estava meio ansioso e um tanto distraído. Após lhe fixar um olhar perscrutador, Dakhir sorriu e disse:

— Estou vendo que você tem um monte de questões. Por que essa vergonha de perguntar? Você sabe que terei prazer em respondê-las.

Kalitin enrubesceu.

— Mestre, você lê os meus pensamentos, sendo assim... já sabe que eu tenho um discípulo...

— Bem, e daí! Não há razão de se envergonhar disso. Ao contrário, eu aprovo que você compartilhe, com um irmão pela humanidade, os conhecimentos que adquire. E agora, quais são as suas dúvidas?

— Bem, ontem eu estava conversando com o amigo sobre a origem do homem, e Nikolai tem como parecer que todo o gênero humano, que povoa este globo terrestre, foi constituído de espíritos que vieram da Terra morta. Eu tenho uma opinião diferente, fundamentada em alguns ensinamentos recebidos de você. Gostaria de dar para ele uma explicação consistente e correta sobre esta questão interessantíssima, e também entendê-la melhor. Talvez Nikolai esteja certo, já que nós, os terráqueos, estamos aqui precedidos pelos pioneiros enviados da Terra; finalmente, sei que os exércitos de espíritos desencarnados vieram para cá para nascerem.

Assim, mestre, se a informação não for ilícita, e se você se dispuser a livrar-me da ignorância, diga de onde provêm os espíritos que povoam este planeta.

— Você está no caminho certo. Os aborígenes que povoam este mundo são filhos daquela mesma Terra, e alcançaram a humanidade ao passarem por três reinos da natureza. Os espíritos cósmicos foram acompanhando a ascensão dessas massas espirituais, no transcorrer das encarnações inferiores, conquanto os pioneiros terráqueos viessem mais tarde. Uma vez que nossa missão era a de civilizar este mundo, foi preciso antes que os seus habitantes se parecessem conosco, o máximo possível.

— Agradeço a explicação. Não poderia você me dar uma noção de como se processa a passagem de um espírito através dos três reinos?

— Terei de explicar-lhe, para isso, a própria evolução do espírito em seu caminho de ascensão. Muito do que direi, você já conhece, é claro; no entanto isso ajudará a dilatar os horizontes de seu amigo.

Iniciaremos a partir do momento em que o espírito é gerado ignorante, dotado, porém, de todos os instintos do bem e do mal. Ele se encontra num estado de torpor, como se acabasse de acordar; da mesma forma, quando nascido em um corpo que o espírito não reconhece.

Assim que a faísca indestrutível lhe formar a individualidade, ela gruda – se assim podemos dizer – ao átomo da matéria, que é o seu corpo astral, o qual, juntamente com a sua individualidade, se transforma e se aperfeiçoa. Posteriormente, a faísca e o astral unem-se à matéria mais simples e vulgar, a ela predestinada no planeta.

Assim aconteceu, a propósito, com as faíscas psíquicas que atualmente animam os aborígenes deste globo. O fato de que no cerne de todo o organismo repousa um sistema celular, disso você sabe.

Da mesma forma que um mineral é constituído de agrupamentos de células, ainda que externamente se apresente denso, na essência ele é poroso e permite a penetração do ar.

O centro de toda célula é uma individualidade ainda não revelada, cujo único propósito é o de ser uma corrente vital, ou seja, afastar ou atrair diversos fluidos, nocivos ou dispensáveis, para a manutenção e alimentação deste mundículo. Durante o tempo da permanência em meio inorgânico, a essência astro-espiritual revela a existência de instinto, ou daquele germe da instintividade, que, no caso, a sua ciência denomina como o "meio químico", que faz os corpos se atraírem, rápido ou lentamente, ou se separarem, na ausência da afinidade.

Ainda que esta existência inconsciente possa parecer incrivelmente longa, do ponto de vista humano, ela, apesar de tudo, apresenta-se bastante tênue, e, para romper a ligação da individualidade germinada do seu centro, pouco é preciso, desde que ela não esteja muito presa à matéria pelos espíritos. Assim, abalos atmosféricos fortes, terremotos etc. precipitam a transferência desses habitantes invisíveis. Bilhões de intelectos, prontos para a partida, se libertam e são arrastados por turbilhões formados, e seu lugar é ocupado por outros, postados no primeiro degrau da existência.

Passaremos ao segundo reino. Na peregrinação da vida, passando por formas rochosas, minerais, e assim por diante, a faísca indestrutível, aos poucos, vai aliviando-se dos fluidos pesados e adquire, entre outros, o primeiro sentido – a impressionabilidade às influências externas – o tato. O mercúrio, por exemplo, sente as menores oscilações da temperatura. Então, a faísca está pronta para passar ao nível seguinte, e testar-se no reino vegetal.

Com base na lei imutável, a tudo aplicável, toda a habilidade adquirida deve ser utilizada em busca do aperfeiçoamento, e cada propriedade atende a uma necessidade conhecida. A impressionabilidade adquirida é utilizada pela planta para sentir o ambiente em volta e suprir as suas necessidades, pois todo o vegetal, até o ínfimo, deve crescer e sustentar-se pela alimentação. O ser testa os seus primeiros passos visando atender a essas duas premências, já manifestando a sua capacidade instintiva de saber encontrar os elementos nutritivos, escolher os úteis, descartar os nocivos, adaptar-se ao meio ambiente, procurar por calor, luz, umidade, evitar os obstáculos ao seu desenvolvimento; enfim, há muitas provas de sua atividade racional embrionária.

Ainda com tudo isso, a sua individualidade não despontou, e a alma se encontra numa espécie de estado de sonolência, sem se dar conta de sua personalidade, ou seja, age por conta de suas emoções instintivas. Entretanto, as bem enraizadas, com haste e folhas desenvolvidas, possuem maior clareza da situação, e formam um mundo específico, pois a sua vida celular pulula de outras vidas invisíveis.

No reino vegetal também se desenvolvem os aspectos hostis, ou seja, um par de plantas pode possuir fluidos antagônicos; neste caso elas não se suportam.

No vegetal, desta forma, claramente se delineia o modelo do futuro ser humano: o vegetal toma água, alimenta-se, digere o alimento, dorme e possui um sistema nervoso, receptível aos fluidos, calor, frio, luz. Conseqüentemente, ele está pronto para passar ao reino animal.

A vida animal inicia-se, é claro, a partir das espécies menos evoluídas, que, aos poucos, adquirem a autonomia de locomoção. Neste estágio, o instinto apresenta-se como um degrau à consciência e discernimento. Para aperfeiçoar-se, trabalhar e desenvolver suas habilidades, no animal despertam duas grandes forças da natureza – o esforço e a autopreservação. Ele é obrigado a procurar o alimento e defender-se dos inimigos, e, assim, refletir, e até usar de artimanhas. Mais tarde, inicia-se a necessidade de defender a fêmea e a prole, despontando também uma outra poderosa força-motriz da alma: o amor e a lei de atração.

Neste período, começam a manifestar-se todos os germens do bem e do mal; o animal ama, odeia, torna-se predador, ciumento, grato, vingativo, lascivo e ambicioso, mas ainda não dispõe de livre arbítrio. Seus defeitos e virtudes são tolhidos pela natureza, que o preserva de tudo aquilo que lhe possa vir a ser nocivo; mas, ao se preparar para passar para a alma humana, e tendo adquirido as poderosas forças motrizes mencionadas de vida racional, no animal desperta a consciência da responsabilidade. No caráter do animal, a sua personalidade já se acha nitidamente denotada, e, no nível de sua compreensão, ele sabe perfeitamente se age bem ou mal. Além disso, nele assomam a teimosia, a indolência e a insubmissão, e ele conhece o medo da punição. No animal, a consciência já se apresenta como uma voz interior incorruptível, que o leva à necessidade de cumprir com o dever, e constitui a base instintiva da consciência humana, ainda que num outro plano de desenvolvimento.

— Perdoe, mestre, tenho mais uma pergunta: possuem os animais uma linguagem espiritual, ou seja, podem eles, à semelhança dos seres humanos, trocar os pensamentos? – indagou Kalitin.

— Sem dúvida, os animais têm sua linguagem espiritual, ainda que restrita, dependendo do grau do desenvolvimento em que se encontram. Entenda bem: em todo animal se espreita uma idêntica faísca psíquica divina, geradora do progresso de que é dotado um homem, ou até um espírito perfeito, em quem aquele deverá se transmutar. Isto quer dizer, também, que existe uma raiz comum da linguagem de pensamento, na qual ele deverá se comunicar um dia; e estando no mesmo nível de seus semelhantes, ele se entende com eles perfeitamente.

— Possuem os animais a noção da morte?

— Um animal normal, ainda que de uma espécie bem ínfima, tem a noção da morte corpórea, por ele temida, visto que dela procura se salvaguardar. Nos animais superiores, existe inclusive a consciência da Divindade, ou seja, da força da qual tudo depende. Essa consciência, sem dúvida, é indefinida e obscura, mas, de qualquer forma, é profunda, de modo que num perigo ou desgraça ele recorre a ela.

Por falar da consciência da morte nos animais, devo mencionar que a sua percepção, no momento da passagem para o outro mundo, é idêntica à dos seres humanos, no mesmo nível de desenvolvimento. Um animal experimenta o mesmo tipo de pavor, perturbação e choque forte, quando lhe é arrancado o corpo astral; em seguida, vem o esquecimento. Mas, por outro lado, o seu despertar no além e o retorno da consciência ocorrem mais rápido e mais facilmente do que quando se trata de um ser humano bestificado e onerado por delitos. Agora, chegamos ao grande momento, quando começa a vida da alma humana.

— E ao momento em que a alma, por uma estranha casualidade, parece recuar; pois um grande número de seres humanos, principalmente os mais selvagens, são mais rudes, hostis, furiosos, vingativos e cruéis do que os próprios animais – obtemperou Kalitin.

— É verdade! O espírito do animal, transmutando-se em humano, torna-se externamente pior, pois ele já não é contido pelas sábias leis da natureza que, até então, lhe criavam obstáculos intransponíveis. Mas isso não significa, propriamente, que ele anda para trás, pois, nos recônditos de sua alma, espreitam-se as boas qualidades adquiridas; ele é arrastado até o entorpecimento da razão pelas paixões sórdidas desenfreadas, permitidas com total liberdade. Somente com o tempo, em provações da vida, ele se acalma, aprende a se dominar, começa a encarar tudo corretamente e domina seus instintos.

Imagine, por exemplo, que aos habitantes selvagens deste mundo, de repente, sejam revelados todos os mistérios da nossa ciência e eles se vejam detentores do poder de que dispomos. Pense como eles o utilizariam! Aparvalhados, sem saberem o que fazer com eles, e não mais contidos por obediência obrigatória, tornar-se-iam insolentes, dissipadores, malfeitores, trazendo perigo tanto para si como para outros, enquanto não alcançassem o equilíbrio.

— Entendo, mestre, mas eu ainda tenho uma questão jamais abordada por você. Nós, os humanos, temos uma enorme graça, a de contarmos com os espíritos protetores, mentores invisíveis, que nos inspiram, apóiam e nos protegem dos inimigos invisíveis aos nossos olhos rudes. E quanto aos animais? Parece-me, já que está escrito que eles se tornam humanos, que deveriam também ter uma proteção oculta.

— Totalmente certo! Em todo o caminho da ascensão, a indestrutível faísca psíquica possui protetores, segundo seu nível de evolução. Quanto menos for desenvolvido o espírito, menor será a delineação de sua individualidade e, conseqüentemente, a assistência a ele; mas, à medida que a consciência da individualidade o destacar das massas, ele será alvo das atenções. Você há de convir que compreender e orientar o espírito de uma ameba, por exemplo, é bem mais fácil do que fazê-lo com o seu, meu amigo, e por isso o seu orientador deve ter um feitio diferente.

Tanto nesta, como em outras questões da economia mundial, deve haver uma coerência. Assim, para orientar os primeiros passos no reino animal, são designados os espíritos de animais, mas que estão muito acima no degrau da evolução. Tal trabalho não só lhes desenvolve as habilidades, mas lhes serve de ocupação útil; ao mesmo tempo, eles vão retribuindo ao que antes usufruíram.

Devido a essa interação imutável, a grandiosa evolução transcorre como um círculo vicioso, movida por um único princípio, progredindo lenta, mas firmemente; assim é, desde as almas que não têm a consciência de si, ainda insensíveis, mas ligadas ao átomo da matéria, que se ajudam, que se apóiam uma na outra e, lentamente, vão tornando-se espíritos perfeitos. A enorme espiral ascendente faz uma derivação, e aqueles que alcançaram uma determinada altura tornam a descer para trabalhar, velar e apoiar os que ainda estão subindo; o círculo é fechado, e este *perpetuum mobile* nunca cessa.

Dakhir silenciou pensativamente, Kalitin também se entregou a suas divagações; um minuto depois, ele observou:

— Obrigado, mestre! Quanto mais você me inicia nos mistérios da criação, tanto mais ínfimo e ignorante me sinto. Cegos passamos ao largo da misteriosa escada da perfeição, que se desdobra dentro e em volta de nós. Ao abrangermos com o olhar o passado e fitarmos o que ainda nos resta percorrer, começamos a nos dar conta da sabedoria infinita, que criou esse movimento governado por uma lei simplíssima, que mantém em perfeito equilíbrio os seus efeitos, tão variados e numerosos.

— Sim, meu amigo! A sabedoria do Ser Inefável é para nós que somos simples átomos, inconcebível, ainda que a Sua bondade infinita nos tenha provido de forças para ascender e juntar-nos a Ele pelo arrebatamento da alma. Aqueles que, em sua ignorância, rejeitam a existência do Ser superior, empolados de sua pífia vaidade humana, e presos a divagações tolas, sempre me pareceram assaz ridículos.

— Tem toda a razão, mestre! Só a ignorância é capaz de gerar a incredulidade e a não-inexistência; aquele que compreende o quanto são sábias e maravilhosas as leis que regem o desenvolvimento da alma não pode ser um ateísta.

Após uma breve reflexão, Kalitin acrescentou:

— Diga-me, mestre, como a humanidade pôde, após tantos séculos de progresso e trabalho mental, mergulhar naquele caos social e religioso semelhante ao que vivenciei, infelizmente, na Terra extinta?

Não consigo imaginar como puderam chegar a esse ponto de decadência os seus discípulos, aqueles eleitos que tiveram a sorte de conhecê-los, de tê-los por mestres, e compreender as leis imutáveis que nos governam. Até para os discípulos daqui, seres inferiores mas iluminados por vocês, tal terrível decadência causa indignação.

— Nós, imortais, somos seres diferentes, arrancados que fomos pelo destino do seio da humanidade convencional; espero que nenhum de vocês se encontre no rol dos remissos.

— Remissos? Como compreendê-lo, e o que eles fizeram para receber essa pecha? – alarmou-se Kalitin.

Dakhir sorriu desanimado.

— Para esclarecê-lo, devo expor em linhas gerais a evolução cíclica da humanidade. Ademais, no decorrer dos ciclos, que vão se alternando neste ou noutro planeta, a população espiritual vai mudando, e os mesmos papéis são interpretados por um novo elenco de atores, a galgarem a escada social do Universo. Assim, a orgia que você presenciou não passou de uma repetição ampliada da sucessão de fatos semelhantes.

O quadro que eu queria lhe mostrar diz respeito ao passado remoto do nosso antigo lar, mas que se repetirá no futuro longínquo do mundo em que vivemos. Nos tempos do porvir, quando a lembrança sobre nós for enterrada embaixo das cinzas dos séculos idos, preservar-se-á apenas, associada a nossos conhecimentos, as tradições populares, contos e lendas, longínquos, obscuros e incompreensíveis.

Assim, na época em que termina um determinado ciclo de grandes catástrofes, os atores do palco mundial dividem-se: uns ascendem para um planeta superior, outros descem para as terras inferiores na qualidade de promotores de progresso e, os terceiros, finalmente, ainda que bem evoluídos mentalmente, mas cuja moral ainda está longe do nível desejado, ficam na terra, constituindo os assim chamados "anjos caídos" – um mistério que se repete em todos os mundos, tanto no nosso como nos sistemas a que correspondem. Imagine, agora, que o ciclo se consumará: a divisão completou-se – uns sobem, outros descem, e os exércitos da terceira espécie recebem a ordem de seus juízes superiores e dirigentes, para que permaneçam na mesma terra, a fim de ensinar às pessoas, que acabaram de vir de um planeta inferior, tudo o que a razão dos primeiros já pesquisou, estudou e assimilou em termos da fé, da sociedade, da ciência e da moral. "Orientem essas mentes fracas e ensinem o que viram, conheceram e aprenderam" – essa é a sentença. Agora, quanto aos "remissos". Estes não parecem muito lisonjeados com a missão a eles confiada, ainda que grandiosa; sentem-se infelizes. Estão longe de seus amigos, companheiros e até de desafetos, ou seja: de toda aquela família espiritual em que, por muitos séculos, concentraram a sua afeição ou hostilidade. E você sabe que esse último sentimento é causa de muitos aborrecimentos na trilha monótona de uma vida eterna!

Ambos riram da observação e Dakhir continuou:

— Então, os nossos "remissos", desgostosos e cheios de desdém em relação aos espíritos recém-chegados, são obrigados, por bem ou por mal, a se encarnarem entre esses.

Os espíritos que são arrastados, periodicamente, em avalanches racionais migratórias para um mundo novo, estão, em todos os sentidos, abaixo de seus antigos habitantes; eles se sentem deslocados, como que perdidos, sem saberem usufruir das benesses proporcionadas.

Entretanto, ainda que o manto carnal e o esquecimento contribuam em muito para não denunciar os "remissos", eles não perderam a razão superior, o saber adquirido, a intuição, que lhes animam as recordações. Tão logo os "remissos", espalhados entre as massas, começam a se reconhecer um ao outro – não como pessoas individuais, mas como respectivos pares –, vão reunindo-se e juntando os fragmentos das tradições que se salvaram da destruição, formando entre si uma sólida corrente e... tornam-se senhores de uma multidão ignara, à qual foram conclamados para orientar e prodigalizar os ensinamentos.

Cientes de que o poder sobre a consciência humana é o mais infalível, os "remissos", astutos e ávidos por autoridade, restabelecem o sacerdócio e, dos fundos dos templos, envoltos em véu de mistério, governam os povos ingênuos, fazendo-os venerá-los e temê-los, já que intercedem por eles junto à Divindade, sem a qual não sobreviveriam. Estes legisladores do novo ciclo se proclamam – e com fundamento, aliás – representantes de Deus na terra. Maus representantes, diga-se de passagem! Não obstante, eles foram, de fato, designados pela vontade superior para orientar os irmãos menores, instituir a fé em Deus, as leis, traçar o caminho de ascensão à Divindade e impulsionar as ciências e as artes, das quais eram os curadores.

Mas, ao invés de tolerância e amor, que deveriam patentear os mentores dignos deste nome, os "remissos" dão asas à sua vaidade e egoísmo, dirigindo seu cabedal de conhecimentos e forças da natureza unicamente para infundir medo, buscando solidificar o poder.

Dos templos têm saído todos aqueles que são indispensáveis na condução dos destinos dos povos – reis, sacerdotes, cientistas, médicos; mas todos eles ocultam ciosamente o seu saber; quando muito, compartilham, a contragosto, seus fragmentos, e, esteja para onde estiver voltada a curiosidade arguta do irmão menor, este sempre se vê diante de um mistério impenetrável.

— Acho que não o estou entendendo bem, mestre – disse Kalitin, aproveitando uma pequena pausa. – Parece-me que os servidores que você cita deveriam ser formados nos centros de iniciação e... você parece culpar os "remissos" por esconderem os conhecimentos sob o véu do mistério; entretanto...

Ele silenciou confuso.

— Você quer dizer que nós também agimos assim, e não deveríamos julgar os imitadores? – adiantou-se Dakhir, sorrindo zombeteiro, e fazendo afoguear-se o discípulo. – Não precisa se justificar! De seu ponto de vista, você está certo; mas, sabe: numa canção o importante é a afinação. Medimos a verdade pela razão, e envolvemos em véu de mistério apenas as forças perigosas, pois, em mãos erradas, seriam nefastas e trariam inúmeras desgraças. Entretanto, ficamos felizes em difundir a luz, e tentamos livrar da ignorância todos que nela se achem. Resumindo: buscamos discípulos voluntários, não rejeitamos ninguém com receio de rivalizá-lo conosco. Preferimos elevar os espíritos, ao invés de mantê-los nas trevas, impedindo que satisfaçam a sede do poder e da ambição. Quanto a reis, sacerdotes ou médicos, estes, sem dúvida, devem sempre estar acima da turba em relação a conhecimento, tanto espiritual como de caráter físico, e receber uma formação especial para cumprirem dignamente os seus compromissos sagrados.

Voltando à questão dos "remissos", o lado positivo é que entre eles sempre se encontram espíritos muito evoluídos, que compreendem a sua destinação. Justamente eles é que disseminam os ensinamentos para seus menores e aceitam discípulos, sendo ajudados por missionários. Estes últimos, inspirados no verdadeiro amor ao próximo, saem da escuridão dos templos, anunciam as grandes verdades e propagam as leis imutáveis de concórdia e amor. Entre estes missionários se encontram emissários divinos que abrem brechas de luz na escuridão e impulsionam o progresso por muitos séculos.

O tempo encarrega-se do resto. Os graus do conhecimento que alcançam os povos e o sistema social, implantado pelos governantes para o seu próprio bem-estar, promovem o hábito à ordem e contribuem para o desenvolvimento dos intelectos. Assim, os mais enérgicos, persistentes e sensatos, ascendem-se a tal ponto que se tornam iniciados.

É claro que estes noviços, ainda prepotentes e ególatras em compartilharem os conhecimentos e iluminarem os irmãos menores, esquivam-se, sob o pretexto do juramento de silêncio, exercendo um domínio ainda mais rigoroso de que o de seus predecessores. Mas a brecha de luz está aberta, e o exército de mestres vai preenchendo-se de novos adeptos das camadas inferiores.

E mesmo entre os mestres há muitas transformações: um grande número, após cumprir sua missão, abandona o planeta; outros assumem alguma tarefa especial e, sob a égide de uma "grande descoberta", revelam ante os contemporâneos um segredo científico perdido ou esquecido.

Assim tem sido o desenvolvimento humano, iluminado e impulsionado para frente por missionários divinos; e toda vez que reacendem a luz da verdade, as trevas densificam-se e a fé começa a minguar. Devo fazer aqui uma observação.

Os primeiros adeptos de qualquer revelação, ou, se quiser, de uma doutrina, ao vencerem o limiar da ignorância, tornam-se ciosos e moralmente altaneiros, propalando, de peito cheio, a verdade, e prometendo renovar o mundo. Com o desaparecimento do grande pregador e de seus primeiros discípulos, os seres humanos habituam-se à luz; os seguidores ulteriores acabam por esquecer o terrível manto das trevas que enredava a humanidade, buscando, apenas, sem muito enlevo, usufruir dos benefícios auferidos. No homem, então, assoma-se o mal; a luz, obtida com tanto sacrifício, torna-se um direito de poucos, que se vai esvanecendo até se extinguir por completo, em meio à total indiferença, descrença e rejeição...

Para você entender melhor, basta lembrar o que aconteceu na nossa amada Terra morta, ou seja: como envelheceu, empanou e morreu Osíris, cedendo o lugar a Júpiter, que, por sua vez, foi substituído pela doutrina divina de Cristo.

Observe também que, em todas as épocas de transição, os homens destronaram furiosos o que antes por eles era venerado; não existe nada sagrado para as mãos bárbaras dos fanáticos. Mas esse desvario se volatiza rapidamente, e, no bojo de novas crenças transformadas, medram os imitadores do passado.

Mãos engenhosas, cabeças inteligentíssimas usurpam o poder e as massas ingênuas e ignorantes atam-se aos grilhões; então, os que mais bradaram contra as atrocidades e despotismo dos templos, proclamam a intolerância religiosa, em todos os seus aspectos, e mantêm a humanidade, por séculos, sob o mais cruel jugo espiritual.

Entrementes, nessa escola sangüinária, as habilidades se desenvolveram; até os de menor dom para o aprendizado alcançaram seus irmãos, e, respirando ódio e indignação, galgam os últimos degraus que os separam dos "remissos".

Seus seres foram os que mais sofreram durante a longa jornada da árdua ascensão; seu intelecto, mais pesado e menos flexível, estava impregnado de vaidade e estreiteza. Como certos, só existiam os seus conhecimentos, hauridos ao preço de muitos sacrifícios; eles só reconheciam o direito à existência naquilo que pudessem apalpar ou comprovar com seus instrumentos imperfeitos.

E, já que nenhum bisturi é capaz de descobrir uma alma na matéria dissecada, nenhum microscópio jamais lhes propiciou a visão de um corpo astral, e eles – muito menos – não estavam em condições de perceber o invisível, concluíram que só existe aquilo que se vê, descartando insolentemente qualquer princípio espiritual da criação.

Apresentando como explicação as leis da natureza – aquelas que conhecem, é claro –, eles propagam o materialismo; a não-existência toma lugar de Deus; a intolerância científica, predecessora da intolerância religiosa, reina absoluta e... assim, chegamos até o fim de um ciclo.

As ciências exatas – cruéis, imutáveis e materialistas – crescem e florescem; mas em suas ramificações fenece a fé, a vergonha e as leis morais.

Desencadeia-se uma verdadeira orgia. As descobertas se sucedem e as terríveis forças da natureza são escravizadas para os trabalhos sujos; sem conhecerem as leis que governam os gigantes do espaço, estes são transformados em trabalhadores forçados; não lhes passa pela cabeça que pode acontecer o pior, como com o aprendiz do feiticeiro, que não conseguiu domar as forças invocadas.

Os conhecimentos esotéricos, dos quais lançavam mão somente em casos especiais, sendo transmitidos apenas ao círculo de pessoas de confiança, tornam-se o patrimônio da turba; ao se exorbitá-los, por conta de maus instintos desenfreados, a humanidade é levada à decadência, da qual você já foi testemunha. Num átimo, surge uma nova catástrofe mundial, pondo fim à criminosa espécie humana, às suas ciências, delitos e abusos...

Nesta jornada da humanidade no decorrer de séculos, insere-se a história moral, política e social dos povos, que se vão substituindo uns aos outros na Terra, durante o tempo de duração de um determinado ciclo.

É assim, meu filho, o caminho espinhoso das nações inferiores que ascendem à perfeição pela escada invisível. Assim ele foi, e assim será; os intérpretes mudam, mas os papéis e as fraquezas continuam os mesmos.

E agora está na hora de nos separar. Nossa conversa prolongou-se mais que de costume e, se você quiser outros esclarecimentos, poderemos conversar amanhã.

Capítulo VIII

A vida na cidade divina corria tranqüila, dedicada ao trabalho. As escolas funcionavam bem; no grande templo, realizava-se um trabalho de grande importância. Os hierofantes acharam que já era hora de serem instalados sacrários nas florestas e vales, onde a população pudesse elevar suas preces à Divindade, suplicar-lhe auxílio na dor, cura de doença, estabelecendo pela fé e orações um contato indissolúvel entre a humanidade sofredora e as forças do bem.

Para tanto, estavam sendo fabricadas estátuas sagradas, que, mais tarde, seriam instaladas nas proximidades das fontes milagrosas, nas regiões prolíferas em ervas medicinais e demais locais de tratamento natural para a saúde.

A produção de estátuas era um ofício muito complexo, envolvendo um ritual mágico, e do qual só podiam participar os hierofantes-mores e as virgens de iniciação elevada.

Numa das grutas, junto ao templo, havia uma oficina alumiada por uma pálida luz azulada, onde se encontrava a matéria-prima de trabalho: minerais preciosos.

Certa feita, Supramati achava-se na oficina subterrânea com sete donzelas, vestidas, segundo o ritual, em trajes alvos, cingidas de cintas prateadas, e braços desnudados. Supramati, também em traje branco e com a insígnia cintilante no peito, estava trabalhando ao lado de uma das enormes tinas, dispostas ao longo da parede.

À substância dentro da tina – algo como uma massa de farinha azul-clara – ele adicionou um líquido incolor de um frasco com rolha de ouro, pronunciando cadenciadamente fórmulas mágicas.

O conteúdo da tina foi transferido para uma mesa de pedra e Supramati começou a moldar uma figura humana, de início muito rudimentar, em que se delineava apenas a cabeça e o torso. As sete jovens, então, dando-se as mãos e formando um círculo ao redor do mago, entoaram um canto melodioso.

Quando aquele esboço da escultura foi terminado, Supramati pegou um pedaço da massa, reservou-o em separado, e sobre ele derramou algumas gotas da essência primeva, trazida do planeta extinto, e sovou a massa. Depois, fez um sinal chamando uma das moças, e esta a repartiu em duas partes, sendo que de uma moldou o coração, e de outra – o cérebro. Supramati depositou os "órgãos" nos respectivos lugares do corpo da estátua.

Alguns dias mais tarde, esta já estava pronta. A estátua representava uma mulher de beleza celestial, num traje longo e um véu comprido na cabeça. Pelo acabamento e expressão maravilhosa do semblante, era uma verdadeira obra de arte. À meia-noite, Supramati embebeu os olhos, as pontas dos pés e as palmas das mãos da imagem, com a matéria primeva, que ainda não perdera seus efeitos.

Feito isso, as jovens levaram a estátua para a gruta contígua, colocaram-na sobre um altar erguido à altura de alguns degraus, e, em torno dele, dispuseram trípodes, contendo galhos resinosos fartamente impregnados por uma substância vermelha, densa como o alcatrão, e que também continha a essência primeva.

Quando as trípodes foram acesas, todos se retiraram da gruta e trancaram a porta, para que, ao longo de três dias, ninguém lá entrasse.

Transcorrido o prazo, a gruta foi aberta e, em volta do altar, reuniu-se um grupo razoável de mulheres, com predominância das magas, mas também constituído de discípulas da escola feminina. Diante do altar, na frente de todos, estavam postadas as sete virgens que participaram da fabricação da estátua; encabeçava-as Nara. Da coroa, que lhe adornava a cabeça loira, cintilavam feixes dourados. As mulheres, segurando harpas de cristal, prepararam-se com as mãos nas cordas, aguardando o momento de começar o canto e acender as trípodes.

Nara pôs-se de joelhos e elevou uma prece, fixando o olhar sobre a estátua, que então começou a tomar um aspecto extraordinário. O corpo, por trás do véu transparente, parecia arfar, como se ela respirasse, e os olhos aparentavam vida.

Nara ergueu-se e virou-se para as mulheres presentes.

Parecia transfigurada. De todo seu corpo emanava uma névoa fosforescente, a respiração parecia abrasante, colorindo-se de púrpura; dos dedos delgados vertiam-se correntes de luz, e a cabeça cingiu-se de uma coroa ígnea.

Ela orava ardorosamente e, nessa poderosa súplica, clamava para a Divindade enviar-lhe Seu reflexo, que se gravaria na terra, para proteger as criaturas humanas, os cegos e os pobres carnal e espiritualmente.

Ouviu-se então um violento estrondo, a abóbada partiu-se parecendo sumir; de cima jorraram correntes de luz argêntea e, por sobre os feixes, cintilando feito neve sob o sol, foi descendo sobre o altar a imagem dourada de uma mulher de beleza celestial. O semblante translúcido respirava de profunda tristeza; nos grandes olhos incrivelmente profundos, irradiavam-se benevolência e misericórdia compadecida pelas aflições e angústias do coração humano, que ela minoraria, já comovida por lágrimas que ainda jorrariam aos seus pés.

À medida que se aproximava, o espectro parecia densificar-se e incorporar-se à estátua; a fronte e o peito – no lugar em que se localizavam o cérebro e o coração – como que se inflamaram momentaneamente, envolvendo toda a figura por um clarão aurifúlgido intenso.

No mesmo instante, os braços da estátua ergueram-se e ficaram na posição aberta, como para atrair os que dela se aproximassem, e em seus olhos fulgiram fagulhas de vida.

Após entoarem um hino de agradecimento, as mulheres retiraram-se da gruta.

Alguns dias depois, uma longa procissão de sacerdotisas deixava a cidade dos deuses e dirigia-se aos vales. Umas carregavam alguma coisa embrulhada num pano de linho; outras se revezavam no transporte do andor, onde se via um objeto comprido e volumoso coberto por um manto prateado.

A manhã prometia um lindo dia; uma brisa fresca balouçava os longos véus transparentes e as vestes alvas das moças.

Ao descerem do platô, onde se erguia a cidade dos magos, a procissão tomou uma trilha e adentrou corajosamente a mata virgem.

Aparentemente, o caminho lhes era conhecido e, após uma caminhada bastante longa, viram-se diante de um vale pitoresco.

Descendo pelo morro verdejante até o lago, cujo lado oposto era cercado de altos rochedos, as sacerdotisas voltearam o lago, até saírem na entrada de uma gruta oculta por parreiras silvestres.

A gruta era espaçosa e, pelo visto, especialmente preparada; no fundo, à altura de três degraus, assomava-se um altar de mármore, acima do qual se via um nicho alto e estreito. Colocado o andor ante o altar, e retirado o manto, lá estava a estátua, que foi imediatamente instalada no nicho. Acima daquela depressão, havia uma fenda ou rachadura, através da qual escapava uma claridade; subitamente, esta foi substituída por fulgores de raios solares, iluminando a estátua e toda a gruta com uma maravilhosa luz azul-safira.

Do paredão da gruta jorrava uma nascente, cujas águas cristalinas escorriam para um tanque natural e, através deste, desaguavam no lago.

Nara aproximou-se da fonte, nela aspergiu algumas gotas de matéria primeva e, depois, borrifou copiosamente os paredões da gruta e a terra. O líquido foi instantaneamente absorvido pela rocha e terra e, alguns minutos depois, a água no tanque pareceu entrar em ebulição, e colorindo-se de tonalidade azul-clara. E – fato curioso – ao desaguar no lago, a água da fonte não se misturava com a dele, rasgando pregas em faixa azul, em direção à margem oposta.

Nara continuou seu trabalho, auxiliada por outras sacerdotisas, que lhe traziam frascos da matéria primeva diluída em proporções variadas, com a qual ela regava a terra em volta do lago. Esses primeiros santuários, com suas fontes miraculosas, guardavam ainda um outro objetivo: os povos de primeira infância, ainda rudes por natureza, com seu intelecto obtuso e inculto, não detinham a menor força magnética, mediúnica ou intuitiva; no entanto, a partir daquela turba, formar-se-iam seres receptivos – clarividentes e saludadores –, ou seja, promover-se-ia a flexibilização de seus espíritos, apropriando-os para receberem o progresso.

A poderosa força astral contida na substância primeva, misturada à água das fontes, influiria sobre o corpo astral, resguardando-o das emanações mais vulgares, enquanto que o solo, impregnado por aquela incrível e tenra substância, produziria ervas e plantas – ou até influiria sobre os minerais – com vigorosas propriedades terapêuticas.

A utilização daquelas plantas, bem como os banhos em águas miraculosas, exerceria um efeito surpreendente sobre a população primitiva, fazendo com que ela fosse mais receptiva às irradiações fluídicas, aguçando-lhe bons instintos, permitindo aos magos ter influxo sobre seus organismos astrais, para, posteriormente, deles se utilizarem, na qualidade de um instrumento sensível e flexível.

Nos sacrários, semelhantes ao que foram implantados, viveriam alternadamente moças jovens ou mulheres, discípulas de grau inferior, com a missão de atrair, para o local, os habitantes dos vales e florestas, habituá-los a se banharem e tomarem as águas terapêuticas, a coletarem e utilizarem as ervas na medicina.

Depois de abençoar a jovem que ficaria na gruta, Nara retornou à cidade com as companheiras.

Cerimônias semelhantes a essa repetiam-se freqüentemente; por todo o continente, em atendimento às determinações dos magos, foram sendo instalados aqueles sanatórios naturais, onde a humanidade sofredora poderia buscar um alívio para suas enfermidades. Muitas daquelas fontes miraculosas de composição química complexa, e propiciadoras de cura para milhares de enfermos, são devidas às ações benfazejas dos antigos mestres primevos...

Entre as magas que trabalhavam na instalação das fontes medicinais, encontrava-se também Urjane, tendo liderado, por várias vezes, aquele tipo de expedição. E eis que, novamente, ultimaram-se os preparativos para nova jornada, que se prolongaria por um tempo ainda maior, porque a gruta a ser inaugurada se localizava numa região bem afastada. Para tal viagem, Urjane quis aproveitar a ausência de Narayana, que partiria com os alunos da escola de artes numa expedição para buscar alguns materiais de que necessitava.

Para surpresa de Urjane, Dakhir lhe forneceu uma relação diferente das moças pessoalmente selecionadas que a acompanhariam. Logo após a partida de Narayana, o pai a chamou.

Dakhir estava em seu quarto, sentado junto à janela aberta; não estava trabalhando e parecia preocupado com algo.

Depois de beijar o pai, Urjane sentou-se à sua frente e, uma vez que seus pensamentos ainda estavam voltados para a determinação que recebera do pai pela manhã, perguntou-lhe imediatamente:

— Diga-me por que é que eu devo levar comigo as mulheres que não escolhi? Com exceção da minha amiga Avani, todas as outras deixam a desejar, tanto em conhecimentos como em grau de iniciação. A vontade delas é menos poderosa e, assim, ser-nos-á mais custoso intimar a gravação divina. Além do mais, nosso grupo é menor do que habitualmente.

— Suas observações são justas, no entanto, a ordem teve sem dúvida motivos muito importantes, e você deveria ter compreendido isso – retrucou, em tom severo, Dakhir.

Urjane olhou alarmada para o pai.

— Tem razão. Perdoe-me a pergunta intempestiva! Pelo seu aspecto sério, deveria saber que algo o oprime. Não estaria você bravo por algum deslize meu, ou desapontado comigo por alguma coisa? Talvez, devido à minha ignorância, eu tenha cometido algum erro. Se não for o caso, o que poderia deixá-lo preocupado, já que somos imunes às fraquezas e inquietações humanas? Não tememos doenças, ou morte, ao menos no futuro longínquo; somos imunes às desventuras, à malevolência, à hostilidade humana.

Um sorriso fugaz raiou pelo belo semblante de Dakhir ao ouvir aquelas palavras. Ele afagou a cabecinha sedosa da filha e disse:

— Não, querida, você nada fez de ruim e eu não tenho razões para algum desapontamento. É verdade, nenhum dos infortúnios citados nos pode atingir; mas ainda sobram as provações, que tanto podem desabar sobre um mago, como sobre um mortal comum. Quanto mais se ascende, tanto mais árduas são as provas, na estreita trilha da ascensão.

Você se esquece de que a razão de termos evitado uma morte convencional foi a de nos tornarmos legisladores e iluminadores do mundo novo. A vontade suprema colocou-nos nesta terra não para vivermos em palácios, gozar do luxo e beleza que nos cercam, que nos propiciam graças aos nossos conhecimentos e à força mágica. Não, estamos aqui para estabelecer relacionamento com povos rudes e selvagens, aptos, no entanto, a assimilar a civilização. Esta humanidade, que levava até hoje uma existência praticamente vegetal, amadureceu, para ser dividida em nações, constituir reinos e, ao ser atingido o devido nível de seu desenvolvimento intelectual, iniciar o grande empreendimento espiritual de sua ascensão.

Dormente em seu longo período vegetativo, o planeta deverá despertar para uma intensa atividade intelectual; concomitantemente, irromperão os conflitos ferrenhos das paixões – o orgulho, a vaidade, a hostilidade e outros instintos baixos. Não obstante, este embate servirá de impulso ao progresso e forjará espíritos fortes que liderarão os povos.

Estamos, ainda, postados no degrau inferior da escada; mas, no primeiro abalo que sacudirá as massas humanas, é a você que o destino reservou o sublime sacrifício de suportar uma provação árdua, porém digna. Você se submete a estes desígnios sem rancor ou nojo?

Urjane levantou o olhar límpido e meigo.

— Sou sua filha, e submeto-me prontamente a qualquer sacrifício por você imposto; eu sei que você jamais proporia algo além de minhas forças.

— Agradeço sua confiança, minha querida criança, e tenho certeza de que você está à altura de sua missão, ainda que esta seja difícil. Você ficará privada do bem-estar que desfruta nesta cidade divina; ficará longe de nós por algum tempo e num ambiente selvagem; terá de ser corajosa, amparar e liderar, utilizar sensatamente os conhecimentos e esperar, humilde e paciente, a hora de sua libertação. E agora, diga-me, você se lembra de Abrasack?

— Aquele discípulo asqueroso de Narayana, que o rapinou e depois fugiu? Sim, lembro-me dele. Ele sempre me provocou aversão, principalmente no dia do meu noivado. Abrasack veio com os demais discípulos para cumprimentar-nos, e, casualmente, eu interceptei o olhar abrasante, cheio de paixão impura, que me deixou arrepiada. Mas Narayana sempre foi cego em relação a ele, embasbacado com sua inteligência – concluiu, amargurada, Urjane.

Dakhir sorriu.

— Narayana não deixa de ter lá as suas razões. Abrasack é um homem de inteligência ímpar e de gigantesca força de vontade. Infelizmente, sua moral é bem inferior ao intelecto; malgrado tudo, seus feitos serão enormes e seu nome legendário atravessará os séculos, ainda que hoje ele não passe de um criminoso, cego do orgulho e da paixão insana que você lhe inspira. Para tê-la, ele está disposto a tomar o céu de assalto, mas antes irá raptá-la.

Um rubor denso cobriu o rosto de Urjane, que se alternou por palor intenso.

— E vocês permitirão este ato ignóbil? Sei que não tenho direito de questionar a decisão dos magos-mores, mas em troca de que eles querem a minha vergonha? Será que eu, indefesa, terei de ser entregue para saciar a paixão animal daquele homem imundo?

— Por certo que não! Você será protegida contra a sua violência, dar-lhe-ei, agora mesmo, uma arma. Traga-me a caixa esculpida que está na escrivaninha!

Deitando a caixa sobre o parapeito da janela, Dakhir abriu-a e tirou uma corrente de ouro fininha com um medalhão em forma de estrela, em cujo centro tremeluzia, reverberando, uma gotícula de substância estranha.

— Pendure no colo! É um talismã muito poderoso, ativado toda vez que a aura de Abrasack entrar em choque com você, fazendo repeli-lo. Se você quiser que ele se aproxime mais perto, para conversar ou apertar-lhe a mão, vire a estrela.

— E se ele perceber que estou carregando o talismã... aquele animal irá arrancá-lo; ademais, ele é bastante esperto para conhecer a força mágica de um objeto da filha do mago de três fachos.

— Não tema! Ele jamais saberá dele. Para seus olhos, a estrela é invisível. Quanto à forma de contatar-me, para conversar comigo ou Narayana, ou ver à distância o que por aqui acontece, não preciso lhe dizer, pois você recebeu uma iniciação suficiente e saberá se comunicar comigo para amenizar a angústia da separação.

— De qualquer forma, ficarei longe de você, da mãe e de Narayana por algum tempo, tendo que suportar a presença e a insolência daquele nojento – murmurou Urjane, e algumas lágrimas amargas cintilaram em suas faces. – Se ao menos soubesse quanto tempo duraria o meu expurgo! – queixou-se ela.

— Durará tanto quanto durar a luta entre Abrasack e Narayana; o primeiro fará tudo para prendê-la, e o segundo, para tê-la de volta. Será a primeira guerra consciente no planeta, o primeiro choque armado, que fará despertar coragem, rivalidade, competitividade e orgulho, ou seja, os impulsos que reacendem as paixões e a potencialidade da alma humana.

— Mas de onde virão os exércitos? Abrasack está sozinho, Narayana também. Onde eles arrumarão os guerreiros? Os magos, é claro, não irão brigar, pois a sua potencialidade mental, graças a Deus, está bastante "desperta".

Dakhir não conseguiu conter o riso.

— Não seja tão maldosa conosco, pobres magos, Urjane. Quanto aos exércitos, fique tranqüila: estes se arrumam. Abrasack não está sozinho, disso você se convencerá em seu palácio; os exércitos dele se constituirão de seres dos mais rudes e selvagens, mas que já estão trilhando o caminho do progresso. Narayana, por sua vez, liderará as tribos educadas pelos missionários.

— Pobre Narayana, que terrível golpe será para ele a minha perda! E se eu tiver que partir amanhã, conforme planejado, nem ao menos me despedirei dele! Talvez o rapto intentado ainda demore para acontecer?

— Não estaria você acreditando que Narayana a deixaria viajar, se tivesse suspeitado da trama? Não, ele é por demais "humano", e teria feito muitas bobagens. O trabalho que ele vai ter para libertá-la lhe servirá de expiação; ele é teimoso, voluntarioso e tão seguro de si que não aceitaria sequer um conselho ou aviso, seja lá de quem fosse. A dura lição, a ser servida por Abrasack, será proveitosa, e fará com que ele seja mais cuidadoso daqui para a frente.

Urjane suspirou pesado.

— Obrigado, pai, pelo aviso. Pelo menos agora sei o que me aguarda e tentarei ficar à altura da missão confiada.

Dakhir lançou-lhe um olhar afetuoso. A educação e a disciplina rígida na escola de magas tiveram seus frutos, semeando, na alma eleita, a submissão à vontade superior e a decisão firme e serena de aceitar a provação, que, por mais dura que fosse, já era um passo para a frente.

— Somos aprendizes do afã consciente no laboratório do Eterno e, por isso, o saber haurido, minha criança, não pode degenerar em orgulho e servir apenas em proveito próprio; nosso dever é levar a luz às trevas e ao caos, onde se encontram nossos irmãos inferiores. Enquanto éramos fracos, ignorantes e incapazes de nos defender e nortear, éramos vítimas dos elementos, que nos dizimavam; agora os governamos, da mesma forma que você o fará em relação aos seres inferiores. Coragem! Estou plenamente convicto de que você suportará dignamente a provação exigida.

Despedindo-se meigamente dos pais, Urjane retirou-se. Ela sentia necessidade de ficar sozinha e de orar; aceitava a prova de boa vontade, mas o seu coração comprimia-se só de pensar em separar-se de tudo que tanto amava.

Retornaremos agora a Abrasack, que prosseguia febrilmente com seus preparativos. O palácio já estava pronto, com exceção de alguns trabalhos em seu interior, que ofereciam muitas dificuldades.

Prosseguia-se também na construção de casas para os amigos, feita de dia, enquanto que à noite se trabalhava sem cessar, num dos salões da cidade iluminado por luz concentrada, no fabrico de móveis e louças, executados a partir de metais preciosos, cujo grosseiro acabamento deixava a desejar.

Uma das grandes dificuldades era a fabricação de tecidos. Não sabiam como produzi-los, tampouco dispunham de teares; entrementes, a roupa de Abrasack e de seus companheiros estava em farrapos.

Pacientemente, então, ele se pôs a pesquisar uma planta de cuja existência sabia, depois de ter lido a sua descrição num dos manuscritos de Narayana, versando sobre a flora do novo mundo; e, finalmente, acabou por descobri-la. Crescia num lugar pantanoso à sombra dos penhascos que a protegiam dos raios solares. Os caules grossos vermelho-escuros rastejavam pela superfície; enormes flores brancas variegavam-se em filigranas coloridas; os frutos do tamanho de uma abóbora eram verde-cinza e possuíam um sabor acidulado, agradável e refrescante. O mais curioso eram as raízes. Da espessura de um braço humano, e ásperas feito uma carapaça escamosa de tartaruga, elas se cravavam no solo pantanoso, findando-se em esferas ainda maiores que os frutos. Quando cuidadosamente desenterradas, encontrava-se um material estranho que envolvia o caule, parecido com fios transparentes, e que podiam ser desenrolados. Em cada uma dessa espécie de bulbo, havia de seis a dez metros desse material bruto, semelhante à gaze.

Depois de espalhado na terra, o material secava rapidamente e aumentava de espessura; pelo aspecto e ao contato dele, podia-se facilmente tomá-lo por seda macia; se sobreposto em camadas, ainda em estado cru, a estratificação desaparecia e obtinha-se um material acetinado, que se fundia firmemente. Era um tecido extraordinariamente resistente, de várias cores, dependendo da cor dos cálices: rosa, lilás, amarelo-ouro, azul-turquesa.

Ao obter aquele tecido maravilhoso, Abrasack sentiu-se dono da situação, e seu contentamento não tinha limites. Fez-se então uma grande reserva das plantas e foram fabricados tecidos de diversas densidades e aplicação.

Finalmente tudo estava concluído na casa de Abrasack, e os seus partidários ultimavam, caprichosamente, e como podiam, a decoração. Algumas das mulheres aborígenes foram ensinadas a fabricar pregos, feitos morosamente nas oficinas com bastante maestria; eram utilizados para juntar tábuas e outros materiais.

Com satisfação mista de amargura, examinava Abrasack as moradias pobres e canhestras, onde pretendia instalar Urjane e suas companheiras. Apesar da abundância dos metais preciosos utilizados na decoração, a visão do conjunto era desordenada e até risível; resumindo: não passavam de moradias de selvagens.

E quando Abrasack imaginava com que desdém e escárnio Urjane reagiria ao seu humilde "palácio", ele enrubescia de ira; no entanto, nada o faria hesitar diante da decisão de raptar a mulher adorada. Por ora, ela deveria contentar-se com seu amor, e, assim que a cidade divina fosse tomada, ele a compensaria pelas privações vividas.

Com a energia e a determinação a ele inerentes, começou a arquitetar um plano para raptá-la. Na cidade divina seria inviável; mas ele sabia das intenções de instalação, nos vales e florestas, de santuários com as estátuas fabricadas em segredo pelos magos superiores.

Sem dúvida, tantos anos após sua fuga, muitos sacrários deveriam ter sido inaugurados; talvez, por boa sorte, Urjane os freqüentasse e visitasse os enfermos.

Ao partir em suas expedições de reconhecimento, ele sempre vestia a malha que o fazia invisível e aproximava-se dos arredores da cidade dos magos, montando o Tenebroso, cuja visão não atrairia tantas suspeitas.

Ele se convenceu de que foram instalados numerosos sacrários bem afastados da zona interdita. Mais tarde, descobriu que num vale entre montanhas, não longe do lugar onde ele tinha o seu quartel-general, os terráqueos estavam preparando uma gruta para um novo santuário, sob a direção de um mago e alguns iniciados.

Escondendo-se numa fenda próxima, ele ouviu a conversa de dois jovens iniciados, vindo a descobrir que dentro de alguns dias se faria uma cerimônia, cujo turno de celebração seria de Urjane. Ouviu serem citadas, também, algumas adeptas que a acompanhariam; Abrasack conhecia todas pessoalmente – eram belas como visões celestes.

Voltou para casa felicíssimo – pelo visto as forças ocultas patrocinavam sua causa e a de seus amigos.

Após conversar com os amigos e discutir o plano do rapto, Abrasack achou por bem não se envolver diretamente na ação do rapto das jovens sacerdotisas, pois tal violência poderia gerar a ira e a aversão delas. Ele ficaria de fora e, mais tarde, se apresentaria no papel de um libertador.

Decidiu-se, assim, que o aprisionamento seria feito pelos aborígenes, cujo aspecto repugnante, por si só, deixaria as mulheres em pânico. Procedeu-se, então, à seleção dos selvagens mais espertos; deu um grande trabalho fazê-los entender o que deles se esperava; mas, com ajuda de presentes, iguarias e promessas, eles acabaram seduzidos, e o medo de desobedecer fez o restante, pois Abrasack provocava um misto de pavor e fascínio nos selvagens, que habitualmente se submetiam tanto a ele como a seus companheiros.

Com dor no coração, Urjane preparava-se para a viagem, cujo fim lamentável já conhecia. Depois de orar ardorosamente, percorreu o seu palácio mágico, sítio de sua felicidade e paz.

Visto que o local de destino ficava afastado, a estátua foi carregada para a aeronave; seria dirigida por Urjane e sua amiga Avani, que também já havia passado pela primeira iniciação.

Não seriam acompanhadas por nenhum dos homens, já que a viagem não apresentaria qualquer perigo, pois as tribos selvagens das nações vizinhas eram tidas como pacíficas e de índole inofensiva; ademais, nutriam pelos seres superiores sentimento de respeito, medo e adoração, tendo-os por mensageiros da boa saúde e muitos outros benefícios. Quanto aos animais selvagens, estes não lhes inspiravam medo: o aroma que emanavam, em conseqüência da matéria primeva tomada, punha-os em fuga desabalada.

Sem qualquer contratempo, as sacerdotisas chegaram ao local de destino. A estátua foi instalada nos moldes do ritual descrito; em vista de algumas pendências a serem resolvidas nos arredores do santuário, elas teriam de prolongar a estadia por três ou mais dias.

No fim da tarde, as sacerdotisas retiraram-se à gruta para descansar e dormir; ao amanhecer, todas já estavam em pé, preparando-se para ir até um riacho próximo.

De chofre, viram aterrorizadas uma multidão de seres, jamais antes vistos, aproximando-se. Um grupo de gigantes peludos, caras de macaco, armados de paus e maças atrás de cintos, vinha saltitando na direção das mulheres.

Tomadas de terror, não tiveram tempo de fugir; os selvagens lançaram-se aos gritos sobre elas, e erguendo cada um, nos braços colossais, a sua presa, saíram correndo de volta. Aos pulos altos, eles alcançaram a mata e nela se refugiaram com seus despojos.

Em vão tentavam as jovens resistir; nos braços fortes de seus raptores, elas mais pareciam bebês debatendo-se; e, finalmente, mudas de pavor, todas entraram numa espécie de entorpecimento.

A viagem foi longa e terrível. Os galhos rangiam sob os pés pesados dos gigantes; as árvores, que lhes tolhiam o caminho, eram arrancadas pelas raízes, feito feixes de palha. Finalmente eles desceram até um vale, no fundo do qual se via um lago. A descida era feita por sobre rochas pontiagudas atravancadas, mas os colossos, com agilidade de macacos, transpunham-nas aos saltos, soltando grunhidos guturais de tempos em tempos.

Ao se encontrarem no vale, os silvícolas pararam indecisos; neste ínterim, do mato surgiu Abrasack com seus companheiros. Fingindo surpresa, eles lançaram-se sobre os gigantes, sacudindo machados. Largando imediatamente a preciosa carga, os raptores fugiram em debandada, soltando gritos altos.

Abrasack e seus amigos começaram então a erguer do chão as sacerdotisas. Todos trajavam suas melhores roupas;

Abrasack, inclusive, vestia uma túnica prateada de cavaleiro do Graal, surrupiada antes da fuga. A aparência deles até que era decente, se não fosse chamuscada pelos olhares com que devoravam as belas donzelas a tiritarem junto a Urjane e Avani.

Tremendo e mal contendo a felicidade de ter, finalmente, conseguido a mulher desejada, Abrasack inclinou-se em reverência a Urjane.

— Permita-me, nobre Urjane, expressar-lhe a minha estima e alegria por tê-la livrado das mãos destes selvagens.

— Ah, é você, Abrasack?! Agradeço-lhe muito, e devo admitir que essas nojentas criaturas que nos atacaram me deixaram morta de medo. Mas quem são essas pessoas que o acompanham? Por acaso pertencem a alguma raça do planeta extinto? Não são os que trouxemos de lá!?

— Não, são meus amigos e companheiros. Mais tarde contarei sua história; você e suas amigas devem estar exaustas de nervoso, assim, proponho que descansem. Permita-me acompanhá-las à humilde casa do fugitivo banido, onde encontrarão um abrigo.

— Agradeço e aceito com prazer o convite – acedeu Urjane, em tom frio mas comedido.

O olhar devorador de Abrasack e os eflúvios de sua paixão tempestuosa, ao atingirem o organismo puro e sensível da iniciada, eram causa de esgotamento inexprimível.

— O caminho por aqui é difícil, assim, deixe-me oferecer-lhes os préstimos dos nossos cavalos alados – ajuntou Abrasack, soerguendo Urjane, que, no entanto, não esboçou nenhuma resistência.

Cada um de seus companheiros se acercou de uma sacerdotisa; e, só então, verificaram que para uma delas, Avani, faltava o par. Abrasack hesitou um pouco, mas logo propôs, decidido:

— Levarei as duas. Vamos chamar a condução!

Ele assobiou forte, secundado por seus companheiros; minutos depois, os dragões alados apontaram no céu e pousaram obedientes na terra.

Abrasack montou o Tenebroso, acomodou na frente Urjane, e disse a Avani para instalar-se atrás, agarrada firmemente a ele. O destacamento alçou vôo.

Urjane estava calma e impassível. Já esperava os fatos, e a consciência de sua força, a certeza na proteção do pai e de Narayana devolveram-lhe o equilíbrio emocional. A provação começara, ela só tinha de suportá-la condignamente.

Curiosa, ela se pôs a observar aquelas plagas ignotas, sobrevoadas pelo dragão alado. Logo eles alcançaram as florestas virgens infindáveis; Urjane surpreendeu-se com o fato de que, em alguns locais, havia clareiras marcadas de palhoças rudimentares e de telhados chatos, habitadas pela mesma espécie de gigantes peludos que praticaram o rapto.

Após o pouso, Urjane viu-se diante da entrada de uma grande casa de telhado chato; alguns degraus de pedra branca conduziam a uma galeria, sustentada por colunas tetraédricas; uma porção de plantas, dentro de tinas, dava uma certa vida ao ambiente.

Abrasack levou as visitas diretamente ao salão da casa; no centro via-se uma mesa, posta com antecedência, provavelmente para um banquete. As louças de acabamento rude continham frutas, pão e legumes cozidos; em jarras esdrúxulas, sequiosas por parecerem requintadas, engalanadas por gemas coloridas, havia leite e uma bebida forte, produzida pelo próprio anfitrião.

Ao percorrer com os olhos aqueles manjares aparatosos, o semblante de Urjane franziu-se numa expressão de mofa; taciturna, deixou-se conduzir à cadeira, um tanto mais alta que as outras, lembrando uma espécie de trono. Abrasack acomodou-se entre ela e Avani; todos os outros se sentaram de modo que uma dama fosse entremeada por um cavaleiro.

Pálidas, as pobres jovens lançavam olhares preocupados ora para os estranhos ao lado, ora para Urjane; dominando a inquietude, esta aceitou a taça com o leite e as frutas.

Meio sem jeito, Abrasack parecia examinar impacientemente a reunião, refletindo na melhor forma de encetar uma explicação definitiva; em meio ao nervosismo, ele esquecera que a maga podia ler os seus pensamentos.

Urjane, subitamente, interrompeu suas reflexões:

— Tudo aqui me leva a crer que vocês premeditaram o banquete. Ouvi dizer que você é bastante bom na arte de adivinhação; não teria previsto o nosso infortúnio e a ida à sua casa?

O rosto bronzeado de Abrasack afogueou-se e uma centelha túrbida raiou em seus olhos negros.

— Você não se enganou, nobre Urjane. Realmente, eu previ sua vinda; saúdo, pois, todas vocês como bons gênios, que vieram pôr um fim à nossa solidão, e que, com habilidade e beleza, adornarão a nossa monótona vida de ermitões.

Impelidos pela vontade do destino a iluminar os povos inferiores, ainda em estado animal, não nos foi possível encontrar, em seu meio, as consortes que se nos adequassem. Vocês resolveram o nosso problema. Suas companheiras, criaturas elevadas, belas feito visões divinas, se tornarão esposas fiéis de meus amigos; jovens, bonitos e enérgicos, eles não as desmerecerão. De sua união advirão novas gerações divinas, que reinarão sobre esses selvagens, civilizando-os.

Você, Urjane, será a minha rainha; e, se aquilo que eu lhe posso oferecer no momento parecer-lhe por demais escasso e mísero, no futuro, depositar-lhe-ei aos pés o mundo; por enquanto – e ele ergueu a taça – bebo à saúde das divinas esposas e a este dia de nosso casamento.

Urjane ouviu-o sem interromper; entre as suas jovens amigas, ouviram-se choros e gritos de indignação.

— Traidor! Ingrato! Você nos raptou com a ajuda daqueles seus servos asquerosos e, agora, você e seus torpes cúmplices querem abusar de nós?! Ou você se esqueceu de que sou esposa de Narayana, seu benfeitor, que o armou da força da qual você exorbita? – indignou-se Urjane, medindo Abrasack com o olhar cheio de desprezo. – Devolva-nos a liberdade, caso contrário o seu ato ignominioso poderá custar muito caro.

Abrasack cruzou os braços e, insolente e desafiador, olhou para Urjane.

— Se eu tivesse medo das conseqüências do meu ato, não teria fugido da cidade dos magos e... até hoje, não vejo razão para me arrepender. Espero que assim seja para sempre. Não se irrite, Urjane! Você e suas companheiras pertencem-nos irremediavelmente; milhares de servos meus, medonhos e terríficos, vigiarão o palácio e as casas de meus amigos, com ordens de acabar com quem quer que seja que ouse aproximar-se de uma de vocês.

Você e suas amigas serão nossas esposas; desista, desde já, de resistir inutilmente. Amigos! Levem as suas eleitas para casa, tão bela e confortável quanto as circunstâncias o permitiram. Muito em breve, as mãos das feiticeiras adornarão tudo com suas maravilhosas obras artísticas.

Os cúmplices de Abrasack, que aguardavam febricitantes por aquele momento, arrebataram cada qual a sua sacerdotisa e levaram-nas embora, desconsiderando as lágrimas e a resistência desesperada das virgens a se debaterem em seus braços. Sobraram no salão apenas Urjane, Abrasack e Avani.

Sobreveio um silêncio pesado. Urjane levantou-se, empurrou a cadeira, e, recostando-se nela, ficou aguardando, serenamente, o desenlace; somente a sua respiração acelerada e a expressão de ira no olhar traíam-lhe a perturbação.

— Bem, Urjane! Você se submeterá voluntariamente ou terei de usar a violência? Você será minha, sem dúvida! – asseverou Abrasack em voz surda.

— Não poderei ser sua esposa, porque estou unida a Narayana; e ser sua amante de espontânea vontade seria esperar muito de uma mulher honesta e, ainda, iniciada – sustentou calmamente Urjane.

O rosto de Abrasack incendeu-se, e, visivelmente furioso, deu um passo na direção dela; nesse instante, porém, Avani se interpôs entre eles e obrigou-o a recuar.

— Pare, criatura insana, e não agrave mais sua culpa com o crime irremediável de agredir a esposa do seu benfeitor! Intuo-lhe a necessidade de ter uma companheira de vida; tome-me, então, em seu lugar, e solte-a para o marido e seus familiares. Apesar da violência a que recorreu para se apossar de nós, serei sua esposa e tentarei amolecer seu coração cruel e moderar seus atos ousados. Desista, Abrasack, da luta desigual contra os seres, diante dos quais você não passa de pigmeu! Estabeleça o seu poder sobre esses povos primitivos, ilumine-os, sugira-lhes a Divindade e, talvez, seja-lhe perdoado este grande pecado, o da sua desobediência. Não inicie seu reinado com este ato torpe e ingrato!

Abrasack recuou e, surpreso, fitou a jovem sacerdotisa de beleza encantadora em seu arroubo de generosidade.

Seu semblante, de lilás branqueado, repuxou-se num suave rubor rosa e, em seus grandes olhos, escuros como uma noite sem luar, lia-se a grandeza de sua alma pura. Sim, ela era tão bela quanto Urjane, mas não lhe inspirava amor, enquanto que aquela que o odiava lhe escravizara a alma para sempre.

Ele suspirou e respondeu após um minuto de hesitação:

— Agradeço, Avani, por suas palavras sensatas e pela oferta dadivosa, tão desprendida, mas não posso aceitá-la. Amo Urjane desde que a vi, e este amor se tornou fatal em minha vida. Foi ela a inspiração de todas as minhas ações; arrisquei tudo para conquistá-la e estou disposto a defender a minha posse com unhas e dentes. Até hoje o destino foi meu aliado, e tenho certeza de que o será no futuro, para concretizar o planejado.

Já que a ventura a desobriga de ser a esposa de um mortal, eu a designo, Avani, como a deusa do templo por mim erguido, para o qual faltava uma sacerdotisa. Você, predestinada a ser sempre bela e jovem, reinará no templo, e o povo a endeusará; o povo lhe trará oferendas e venerará, em sua pessoa, a inédita beleza divina.

Bem, por hoje chega! Sou generoso e entendo que você, Urjane, deve habituar-se às novas condições de vida e ir descansar de tantas emoções hoje vividas. Eu as acompanharei aos seus aposentos.

Ele tirou detrás da cintura uma pequena corneta e a tocou. Quase instantaneamente, dois colossos felpudos abriram uma espécie de cortina que ocultava uma porta, conduzindo a uma galeria, onde, por toda a extensão, perfilavam-se os asquerosos gigantes armados de paus nodosos. Abrasack fez sinal para que as magas o acompanhassem, e elas o seguiram, submissas. Cabisbaixas, atravessaram a galeria e adentraram um quarto espaçoso, com uma porta e uma grande janela.

— Tanto ao lado da porta, como embaixo da janela, meus fiéis servos estarão vigiando; por isso, nem pensem em fugir – preveniu ele em tom ameaçador.

Fazendo uma mesura, ele se retirou. Avani deixou-se cair sobre o banco de madeira e cobriu o rosto com as mãos; Urjane iniciou uma inspeção do ambiente.

Pelo visto, a decoração do quarto dera muito trabalho ao anfitrião. Guarnições cinzeladas em madeira adornavam as paredes, ao longo das quais se viam algumas cadeiras, uma prateleira e um baú em ouro e prata; tudo, porém, eram artefatos deveras bisonhos. Nos fundos, encontrava-se uma larga cama baixa com baldaquim e cortinas executadas no surpreendente tecido fabricado por Abrasack; dele eram também feitos os cobertores e os lençóis. No centro do quarto, uma mesa com cestos continha frutas, uma jarra de leite, mel e um vaso com flores maravilhosas.

Terminada a inspeção, Urjane sentou-se ao lado da amiga e disse em tom meigo:

— Não chore, Avani! Para suportarmos dignamente a provação, devemos ter coragem e sangue frio; chorar não adianta. Deixe-me agradecer-lhe com um beijo a sua grandiosa abnegação.

— De que adiantou a minha boa intenção?! O teimoso patife não vai soltá-la, e para o cúmulo da insolência quer me obrigar a perpetuar uma comédia profana: representar a Divindade. Jamais deixarei que isso aconteça! Só de pensar em você, não consigo conter as lágrimas.

Urjane pensou um pouco e ponderou:

— Não se aflija por mim! Eu saberei me defender desse paranóico e de sua violência. Quanto à estranha idéia, que persegue este déspota, de fazê-la uma deusa, acho melhor consultar o meu pai, o que farei sem falta, assim que escurecer.

Assim conversando e consolando uma a outra, elas esperaram pela chegada da escuridão completa; para desapontamento, num dos cantos do quarto fulgiu, subitamente, uma esfera elétrica, iluminando o ambiente com luz prateada.

Apesar disso, Urjane iniciou a invocação. Mal acabara de pronunciar as fórmulas e desenhar os devidos sinais cabalísticos com o pequeno bastão mágico que guardava atrás da cinta, ouviu-se um rolar surdo de trovão e um estalido; o quarto foi varrido por uma rajada de vento impetuoso. Uma espécie de esfera irrompeu, então, chamejante e incandescida; rodopiou por instantes, envolveu-se de névoa esbranquiçada, densificouse, tomou a forma humana e... a alguns passos das amigas surgiu a figura esbelta de Dakhir.

Urjane quis lançar-se em seus braços, mas ele ergueu rápido a mão e disse:

— Não me toque, estou todo impregnado de eletricidade. Ainda que você não me tenha invocado diretamente, vim para ampará-las, queridas crianças, e dar provas de que não estão sozinhas nem abandonadas.

— Eu sei, pai, que estou aqui para cumprir os desígnios de que me falara; Avani, porém, sente-se muito deprimida, em vista do papel que o insolente quer que ela represente.

Desolada, Avani transmitiu sôfrega a conversa com Abrasack, no tocante a seus planos com ela; Dakhir ouviu-a atentamente e disse em tom sério:

— Seu papel seria indigno e profano, se sua alma transbordasse de orgulho e atrevesse a se julgar uma divindade, ante a qual se prosternariam os pobres selvagens inocentes. Desde que você, com fé e humildade no coração, ore por eles, cure, console e ilumine, utilizando seu encanto para o bem, terá cumprido a sua tarefa. Um outro propósito, não menos importante, será alcançado naturalmente, alheio à sua vontade. Para a gente primitiva e bruta, você será a personificação da pura beleza superior, jamais vista. Ao elevarem suas preces e contemplarem-na em adoração, eles gravarão a sua imagem, criando, assim, as primeiras imagens astrais da beleza, que, por sua vez, se refletirão em seus descendentes. O aspecto deles é medonho, porque são fruto das forças brutas da natureza. Sendo assim, eu acredito que você deva interpretar o papel que foi engendrado por esse homem criminoso, mas genial, cuja falta de sabedoria é compensada por intuição espiritual.

Você, Urjane, também terá muitos afazeres por aqui. A esta hora, você deve ter compreendido quais foram os critérios que orientaram a escolha de suas companheiras, compelidas a serem esposas dos amigos de Abrasack. Console-as e orienteas, sugira-lhes o compromisso de levar juízo àqueles homens, cultivando-lhes o espírito para o bem; que elas jamais venham a odiar ou pensar em vingar-se da violência praticada.

Os povos primitivos que as rodeiam se apresentam como um amplo campo de trabalho. Aproveitando de sua influência sobre Abrasack, ou seja, da paixão que lhe inspira, você poderá orientar para o bem as enormes qualidades desse homem, logrando um grande feito. Vocês têm tempo à vontade, pois não tangerão tão logo os grandes combates a marcarem uma nova era. Para nós, imortais, o tempo é o que menos importa. Eis aqui um pequeno presente para as duas, que lhes ajudará a consolidar a supremacia – prosseguiu Dakhir, colocando sobre a mesa dois frascos de cristal tampados com rolhas de ouro. – Uma gota deste líquido, diluído em um balde de água, é suficiente para se obter um remédio contra doenças, ferimentos, e assim por diante. E agora, até à vista e sejam fortes!

Ele abençoou a filha e a amiga, desaparecendo em seguida.

Urjane e Avani habituadas às ordens dos magos superiores, graças à rígida disciplina e obediência irrestrita, nem pensaram em protestar. Ainda aflitas, mas resignadas, conversaram por algum tempo, deitaram-se e adormeceram.

Capítulo IX

Por alguns dias, as duas prisioneiras ficaram completamente sozinhas. Nem Abrasack, nem qualquer das amigas delas, apareceram. Todos os dias, de manhã, um dos amigos do anfitrião trazia, mudo, as refeições diárias; na galeria, sob a janela, os asquerosos serviçais de seu amo continuavam a vigiá-las.

Finalmente, numa certa manhã, apareceu Abrasack, esbanjando contentamento, anunciando que o templo estava concluído e que ele fora buscar Avani para levá-la ao seu novo local de trabalho.

Sem trocar nenhuma palavra, Avani deu um beijo na amiga e saiu com Abrasack.

Ao deixarem a cidade, não muito longe dos muros de proteção, eles tomaram um caminho desértico atravancado de rochas, e deram numa fenda estreita, por onde mal passava uma pessoa magra de estatura mediana. A fenda estendia-se por todo o maciço rochoso, findando num espaço aberto, no centro do qual havia uma cavidade na terra, em que se entreviam degraus grotescos de uma escada. Após uma descida bastante longa através de uma passagem sinuosa, alcançaram uma abertura da largura de uma porta, cerrada por uma cortina. Assim que Abrasack a abriu, Avani estancou estupefata.

Ela se viu diante de uma enorme gruta, perdendo-se ao longe, sustentada por colunas naturais e formando uma abóbada, como que numa catedral. Por um estranho capricho da natureza, a luz que penetrava por uma fenda invisível era de um azul claro que conferia a todo o interior uma coloração celeste; a água transparente, de tonalidade azul-safira, que brotava de uma fonte farta, escorria borbulhando para um tanque natural no centro da gruta. Que fim levava a água excedente – era impossível saber.

Oculta por cortina, a entrada achava-se num nível acima do piso; ao lado, no interior de um alto e profundo nicho, divisava-se um baldaquino, em forma de um trono.

Em frente do nicho, na altura de dois degraus pétreos do chão, via-se um altar alongado, tetraédrico, de ouro maciço, entremeado por duas trípodes bizarras; sobre o altar, distinguiam-se ainda diversos objetos para o culto de oferendas.

— Descobri casualmente esta gruta e mandei que ela fosse transformada em templo – declarou Abrasack, transbordando de satisfação. – A minha intenção era provê-lo de estátua; antes, porém, o destino me enviou uma divindade em carne e osso. Fizemos o máximo para dar uma ordem no templo. Nele entronizada, sua missão será a de prodigalizar sabedoria espiritual ao povo, que a terá por deusa. Só falta lhe mostrar agora as suas instalações de moradia.

Ele a levou a uma gruta contígua, também iluminada em azul, provida de tanto conforto quanto se poderia oferecer naquelas circunstâncias.

— Naquela caixa, você encontrará diversos tipos de pó, ervas e tudo mais que precisar e posso lhe oferecer – acrescentou

Abrasack, apontando para uma grande caixa junto da parede. – Seu culto inicia-se com o nascer do sol e dura até as três horas da tarde; depois disso, a entrada ao templo será proibida, de modo que você poderá descansar e fazer o que quiser. Urjane vai poder visitá-la. À noite, se quiser, você poderá nos visitar... escoltada por guarda, é claro. Seu serviço de culto começa amanhã.

Depois de fazer um gesto de despedida, ele se retirou.

Algum tempo depois, os selvagens começaram a reunir-se em multidões, na ampla planície que se estendia defronte da entrada da gruta, atravancada, tanto quanto nos picos da montanha, por enormes blocos de rochedos.

Lá estavam os habitantes da cidadezinha e de muitos outros povoados vizinhos; os que moravam mais afastados enviaram seus representantes para a reunião marcada por Abrasack.

A aglomeração dos gigantes penugentos agitava-se feito mar bravio; todos estavam ansiosos para saberem o motivo pelo qual o rei os conclamara.

Subitamente, das alturas desceu Abrasack, montado no dragão. Apeando no meio do descampado, ele anunciou altíssono ao povo que o grande Deus – sobre o Qual ele já lhes havia falado, que governava o Universo, e que com Suas mãos criara tudo que era visível, inclusive eles próprios – havia falado com ele, Abrasack.

Deus, que habitava atrás das nuvens, num palácio de beleza indescritível, proferiu que o povo Gaia (assim se chamavam os gigantes simiescos) se tornara digno, a partir daquele dia, de vislumbrar a divindade visível – filha única do grande Deus; ela desceria do palácio do pai, vindo a habitar o palacete subterrâneo, caminho que ele, Abrasack, lhes indicaria. A essa divindade personificada e viva eles poderiam dirigir-se com os seus pedidos. No dia seguinte, ao nascer do sol, ele os levaria aos pés da divindade, mas até lá eles deveriam permanecer ali no vale.

Ainda no momento em que Abrasack falava, nuvens escuras cobriram o céu, e desencadeou-se um temporal medonho; raios cintilantes rasgavam o firmamento em todas as direções e os estrondos dos trovões estremeciam a terra.

A turba teria se dispersado aterrorizada, se não fosse uma ordem imperial que a pregara no lugar.

Por fim, ao amanhecer, a tempestade amainou e Abrasack ressurgiu. Antes aterrorizou o povo, agora se pôs a acalmá-lo, explicando que a tempestade fora gerada pela descida dos céus da filha de Deus; que ele levaria os súditos até ela, que ela atenderia às súplicas e auxiliaria em todas as suas necessidades.

Ao fim do discurso, ele levou a multidão à gruta, que, apesar das dimensões, não tinha lugar para tanta gente. Uma parte dos nativos ficou aguardando fora a sua vez. Abrasack acendeu as trípodes, depositou flores no altar e, galgando os degraus, abriu a cortina, urdida com de fios de ouro, ocultando o nicho em que se entronizava Avani.

Serena e concentrada, a jovem sacerdotisa fitou pensativamente a turba de gigantes medonhos a pulularem a seus pés; por ordem de Abrasack, estes prostraram-se e prodigalizaram-lhe glórias em exclamações desconexas. Alva, translúcida em suas vestes brancas, Avani, de fato, parecia um ser celestial aos pobres selvagens ignorantes.

Depois que todos puderam visitar a gruta e reuniram-se no vale, Abrasack, sem qualquer constrangimento, assumindo o papel de intérprete da vontade divina, transmitiu-lhes que todas as manhãs, a partir da ascensão do Sol – morada do grande Deus e Senhor do Universo – até o seu poente, a filha divina ficaria visível, e que todos deveriam lhe levar em oferenda, diariamente, flores ou frutos, expondo diante da divindade as suas necessidades, enquanto que os enfermos teriam de se banhar no reservatório natural.

Ao retornar para casa, Abrasack decidiu visitar Urjane. Com Avani afastada, ele tinha o caminho livre para a felicidade.

Urjane, sentada à janela, parecia mergulhada em reflexões tristes. Com o aparecimento de Abrasack, ela levantou-se e mediu-o com olhar severo e frio; ele aproximou-se e fitou-a, cheio de paixão. Uma força desconhecida parecia mantê-lo distanciado; mas, absorto em seus sentimentos impetuosos, ele nem sequer notou o fato.

— O que você quer de mim? – perguntou friamente a jovem, fazendo-o estremecer e ficar ruborizado.

— Vim exigir meus direitos inalienáveis de posse. Meus amigos têm suas esposas, assim você será a minha... Sou magnânimo, no entanto, e vou deixar que você se habitue a mim aos poucos. No momento, só quero beijar esses lábios rosados, esses olhinhos azuis-safira, essas madeixas negras e provar-lhe que as minhas carícias não perdem para Narayana. O que eu sinto por você é bem diferente daquele sentimento tépido e insosso de seus semi-homens, semi-espectros.

Ao dizer isso, ele estava prestes a lançar-se sobre Urjane e envolvê-la em seus braços; mas o olhar da jovem, severo e penetrante como um punhal, coibiu aquele arroubo.

— Jamais ouse tocar no que é domínio de seu mestre! Você se esqueceu de que sou esposa de Narayana e filha de Dakhir, mago de três fachos? Eles saberão me defender e libertar. Sua paixão não passa de uma obsessão de vis instintos, e nada me inspira, além de nojo.

A voz de Urjane e seus olhos incendidos denotavam tanto desprezo e aversão que Abrasack recuou, como se atingido por um golpe no rosto; sua garganta repuxou-se, ele parecia sufocar. Empertigando-se num átimo, ele a mediu, por sua vez, com olhar irado e arrogante.

— O excesso de orgulho impede que você seja razoável, minha bela Urjane. Não se esqueça de que ninguém, até agora, libertou-a, e você está em meu poder. Então, rejeita uma solução pacífica? Bem, não preciso dela! Você será minha por bem ou por mal. Não vou me submeter aos seus caprichos, muito menos à autoridade dos magos.

Ele virou-se e saiu furioso. Urjane suspirou aliviada; sentia-se, no entanto, insatisfeita consigo. Por que ela não se conteve em suas ameaças, manifestando abertamente seu desprezo e aversão por aquele homem perigoso? Era bem provável que suas emanações desordenadas tivessem efeito sobre ela.

Urjane pôs-se de joelhos e orou ardente. Tranqüilizada e revigorada com a prece, levantou-se e resolveu, no futuro, ser mais amável e comedida.

No quarto de Abrasack, por ele aguardava Jan d'Igomer, sentado junto da mesa e absorto em pensamentos aparentemente sombrios. Com a chegada do líder, ele levantou a cabeça e, ao ver o semblante desanimado do amigo e a ira que lhe aflorava, um sorriso enigmático escorregou-lhe no rosto. Entretanto, sem fazer nenhum comentário, foi direto ao assunto que o trouxera.

Abrasack deu algumas instruções breves, deixou-se cair na cadeira, passou a mão pela testa, como se afugentando um pensamento fixo, e disse:

— Você parece preocupado, irmão. O que houve? Ou a sua lua-de-mel se cobriu de nuvens? Tenho notado que todos vocês nada dizem de sua felicidade conjugal; já faz algum tempo que só vejo fisionomias mal-humoradas.

— Tem razão, o mau tempo cobre o firmamento conjugal de seus amigos – e Jan d'Igomer suspirou pesado. – Só num aspecto você cumpriu o prometido: nossas esposas são maravilhosamente belas, mas o gênio delas deixa muito a desejar. Ao invés de cuidarem da casa e começar, conforme fora estabelecido, a ornar os nossos lares, a maioria fica sentada desconsolada, lastimando-se da sorte. Isso fere até o mais despretensioso orgulho, sem dizer que elas, praticamente, não escondem suas intenções de fugir, o que nos obriga a trancafiá-las a sete chaves e determinar que os nossos "macacos" não as percam de vista.

Oh! Sua Urjane, ao menos, tem a justificativa de ser casada; a minha esposa Sita é desimpedida, no entanto... Com os diabos, não sou pior que outros! Ela é um encanto, estou louco por ela... e ela chora rios de lágrimas, imputando-me o crime de sua desonra. Basta que me aconchegue a ela, para que comece a pronunciar, sei lá como, os esconjuros que dela me obrigam a recuar. Vou enlouquecer! E Randolfo, irritadiço e irascível que é, ao ver sua beldade se transformar num vale de lágrimas, enfureceu-se e lhe aplicou uma bela surra. A partir de então, ela mal abre a boca; assim que o vê, encafurna-se onde puder.

Abrasack desfechou uma sonora gargalhada.

— Bem, assim já é demais! Elas não estão acostumadas a este tipo de tratamento. Como já lhe disse, amanhã estarei com vocês e, então, ensinar-lhes-ei uma fórmula que quebrará o encanto que Sita usa para proteger-se.

Quando a noite desceu, Abrasack pegou alguns talismãs e, silenciosamente, arrastou-se até o quarto de Urjane. Ao examinar, cuidadoso, o interior, ele viu que ela estava dormindo. Feito uma sombra, foi-se esgueirando até o leito, parando a alguns passos dela, como enfeitiçado, sem poder despregar seus olhos. Jamais ele a tinha visto tão bela e sedutora como naquele momento.

Um pequena esfera elétrica no teto iluminava-a com luz prateada; Urjane era a própria estátua maravilhosa de Psiquê adormecida. As vestes leves delineavam-lhe as formas divinas; o semblante gracioso respirava em profundo repouso, os longos e penugentos cílios lançavam uma sombra nas tenras faces rosadas.

Um arroubo de paixão dominou-lhe o coração e a mente. Agilmente, erguendo a mão, ele traçou no ar um sinal cabalístico, pronunciou encantamentos que manteriam Urjane em sono profundo, e lançou-se sobre ela. Finalmente ele poderia abraçar o ser desejado e cobrir-lhe de beijos o rostinho sedutor.

Porém, algo totalmente inesperado aconteceu. Não mais que dois metros o separavam de sua presa; subitamente, do peito de Urjane fulgiu uma luz azul pálida, atingindo Abrasack no tórax com tanta força que ele cambaleou e, como varrido por rajada de vento, caiu no canto extremo do quarto. Tremendo de fúria, Abrasack levantou-se atônito e reiniciou a ofensiva. Urjane parecia não ouvir suas quedas e continuava a dormir calmamente.

Agora Abrasack tratou de agir com mais cuidado. Já não havia aquela luz límpida, mas entre ele e Urjane parecia interpor-se um obstáculo. Ela estava tão perto que bastaria estender o braço para alcançá-la; no entanto, ele digladiava, inutilmente, com o muro invisível que protegia o leito de Urjane.

Entretanto Abrasack não era um homem de desistir fácil. Desta vez, com força de vontade, reprimiu a sua fúria e chamou em auxílio seus conhecimentos e a força mágica. Debalde, porém, eram suas terríveis conjurações e intimações pelos espíritos elementais e forças demoníacas: todos os seus esforços eram inúteis. Do enorme esforço da vontade, as veias na testa e no pescoço se intumesceram feito cordas; o suor rolava-lhe pelo corpo, irrigando o rosto lívido, como o de um cadáver, enquanto o peito arfava, avolumando-se pesadamente. Esquecendo de qualquer cautela, ele vociferou em voz rouca e entrecortada as fórmulas que, a seu ver, teriam um poder medonho.

Mas... nada o ajudava. O muro invisível suportava os mais furiosos ataques e parecia proteger tão bem a adormecida, que esta nem sequer acordou de seu sono.

Por fim, Abrasack convenceu-se de sua derrota; estava no limiar do esgotamento completo de suas forças. Cambaleando, feito bêbado, arrastou-se até o seu quarto e caiu sobre a primeira cadeira. Seria impossível descrever o que ele sentia naquele minuto, e, se Abrasack fosse um mortal comum, teria morrido de infarto.

Pela primeira vez após a sua fuga, entrava em choque com um poder maior que o seu; ele compreendeu, então, que aqueles conhecimentos, dos quais tanto se orgulhava, pouco valiam; e, diante dos gigantes que ele desafiara, não passava de um pigmeu impotente. A dor da própria insignificância o oprimia; seu crânio parecia estar sendo esmagado. Gemendo roucamente, agarrou a cabeça e, como uma massa inerte, desfaleceu no chão.

Urjane, porém, nem pregara os olhos. Pressentindo que Abrasack faria uma incursão noturna, tentando aproveitar-se de seu sono, ainda que tivesse deitado, resolveu não dormir e ficar alerta. Seu talismã protetor estava escondido debaixo das vestes, conforme as instruções do pai.

Seu ouvido apurado captou os passos, quase silenciosos, de Abrasack; ela o viu entrar e, por entre as pálpebras semicerradas, com coração palpitando e fingindo-se adormecida, acompanhou a luta renhida que se desenrolava a dois passos de sua cama. Somente ela conseguia enxergar uma retícula incandescente protegendo-a, onde, feito um muro de pedra, se esbarravam as forças demoníacas invocadas por Abrasack.

Quando, finalmente, o seu raptor saiu cambaleante do quarto, Urjane levantou-se, ajoelhou-se e rezou febrilmente. Não só pela sua salvação ela agradecia a Deus, pedia também por aquele homem, cego de amor impuro, cuja derrota e sofrimento ela acabara de presenciar.

Voltando a si, Abrasack sentia-se alquebrado e fraco, como que após uma enfermidade grave; o golpe de reação fora tão forte que até o seu organismo imortal ficara abalado. Ele acomodou-se na cama e começou a refletir; o sono não vinha, mas a mente trabalhava bem como sempre. E esses pensamentos amargos e furiosos, que tempestuavam feito ondas numa borrasca, provocavam-lhe uma dor quase física.

Jan d'Igomer, que acabara de chegar, entendeu de pronto, ao primeiro olhar no rosto pálido e transfigurado do amigo, que seu caso amoroso ia mal. Sem deixar transparecer nada, depois de abordar assuntos totalmente alheios, Jan d'Igomer pediu que ele lhe ensinasse a magia que impediria Sita de interpor os obstáculos fluídicos. Ao ouvir o pedido, Abrasack desfechou uma sonora gargalhada de escárnio.

— Não posso ajudá-lo, meu caro. Como amigo e primo, confesso que a partir desta noite não mais acredito em meus conhecimentos... pelo menos em certos campos. Dedicarei minha vida apenas à vingança. Utilizarei toda a minha ciência e energia, apenas e unicamente, para acelerar o nosso ataque à "divina"... há-há-há... cidade, e reduzirei a cinzas esse ninho de tirania e ciência maldita.

O amigo balançou a cabeça, desaprovativo.

— Não se deixe levar por isso, Abrasack! Não desperdice seus dons. Pelo que posso concluir de suas palavras e de seu estado, você deve ter sofrido um enorme revés, diante de poderes maiores que os seus; mas que isso lhe sirva de alerta. Reflita bem antes de intentar uma guerra contra aqueles que, segundo suas próprias palavras, são poderosos e imortais.

— Veremos! Somente o futuro e a luta decisiva dirão quem sairá vencedor. Ainda que eles sejam imortais e eu não possa matá-los, vou fazer com que sofram até me revelarem todos os seus mistérios.

E ele crispou os punhos.

— Estarei viajando hoje para buscar aliados. Descobri, há algum tempo, que, não longe daqui, na região costeira das ilhas vulcânicas, habitam certos gigantes, diante dos quais os nossos "macacos" não passam de reles anões. São mais difíceis de serem domesticados, tamanha a sua ignorância; conheço-lhes, porém, o linguajar primitivo, e achei um meio, ao que parece, de domá-los e submetê-los à nossa vontade. A incrível força física deles nos servirá de grande ajuda, quando nos lançarmos ao ataque.

Partirei hoje à noite, levando Randolfo e Clodomir; você será o chefe na minha ausência. Sua obrigação de zelar por Urjane dispensa comentários. Fique atento para que não se interrompam os treinamentos militares de nossos "macacos", nem a fabricação de armas.

De fato, à noite Abrasack partiu com seus dois companheiros, sem dizer quando retornaria. Jan d'Igomer cumpria ciosamente a tarefa delegada.

Ele era uma pessoa inteligente e enérgica. Sendo dotado de muitas virtudes, não totalmente desenvolvidas, ainda que não fosse tão genial como Abrasack, era mais conciliador, mais calmo e não tão presunçoso. Num átimo, atinou que a mulher que soube tão bem enfrentar o seu primo fogoso devia possuir um enorme saber e, talvez, pudesse ajudá-lo a amolecer o coração de sua consorte, restabelecendo também a paz nos lares de seus amigos.

Com esta decisão na alma, ao levar um dia a Urjane a sua refeição diária, Jan d'Igomer perguntou-lhe, respeitosamente, se lhe poderia expor todas as suas amarguras e pedir um conselho. Urjane concordou prontamente, convidou-o a tomar o assento e prometeu ajudar no que fosse possível.

Então, Jan d'Igomer relatou todas as desventuras causadas pela rebeldia das esposas de seus companheiros.

— Aonde levará tudo isso – lamentou-se ele –, já que o mal está feito? Sita, minha esposa, que eu amo loucamente, acusa-me de tê-la desonrado. Sim, mas eu não queria outra coisa senão legalizar a nossa união e cumprir todos os rituais estabelecidos pelos magos, se eu os conhecesse. Meus amigos estão na mesma situação. Nem todos, porém, são tão pacientes como eu; um deles, de temperamento muito explosivo, até surrou a esposa.

— Chii! Vai ser difícil ele conquistar assim o coração da minha amiga! – considerou Urjane. – Mas você está certo: não dá para reparar o que já foi feito. Farei o possível para convencer minhas amigas a submeterem-se ao destino, traçado por Deus, e cumprirem dignamente o seu dever.

Hoje mesmo irei falar com Sita, ou você a traz para cá. Gostaria de visitar também as outras, se pudesse andar livre pela cidade, sem medo dos gigantes. Não tenha medo, não vou fugir, mesmo que surja uma oportunidade. Dou-lhe a minha palavra de honra – assegurou ela, sorrindo.

Jan d'Igomer asseverou-lhe que ela nada tinha a temer e prontificou-se a acompanhá-la para mostrar a cidade, as casas de seus amigos e indicar-lhe o melhor caminho ao templo, onde ficava Avani.

Ele contou-lhe, também, que o templo se enchia de gente nas horas do culto, que os "macacos" não se cansavam de se maravilhar com a deusa e de aspirar os aromas a recenderem na gruta.

Urjane expressou o desejo de visitar primeiro Avani, e Jan d'Igomer levou-a à gruta, sem gente naquele momento.

Os aborígenes, segundo Avani, eram muito respeitosos. Devido ao grande afluxo de enfermos, ela precisava de alguém que a ajudasse no acompanhamento das curas, pois que em função de seu status de "divindade" era condenada ao ócio aparente.

— Virei para ajudá-la, pois não estou fazendo nada, e o meu fã está ausente. Tentarei também arrumar-lhe mais ajuda – adiantou-se Urjane, após uma breve reflexão.

Urjane iniciou a visitação de suas amigas, tornadas vítimas dos projetos conjugais de Abrasack.

Primeiro ela foi até a casa de Sita; e, com a veemência que lhe era característica, passou-lhe uma longa reprimenda, recordando-lhe os princípios da escola esotérica, onde ela recebera a educação.

— De que adiantou estudar tanto, aprender todas aquelas leis que nos orientam no caminho da ascensão, se, na primeira prova, toda essa bem-aventurança vem água abaixo, e, dos recônditos de sua alma, afluem os instintos baixos e abjetos, que eu julgava dominados, desequilibrando-lhe a harmonia, empanando o único caminho dadivoso de mulher que alcançou o limiar da iniciação superior?

. Urjane sabia quão dura era a desventura de Sita – uma provação imposta pela vontade superior –, mas dependia dela mesma a iniciativa de transformá-la numa missão.

Educar, iluminar o homem a quem está unida, fazê-lo ascender até o seu nível – e não descer até as suas deficiências – eis uma tarefa digna e profícua de uma mulher. Os grandes magos, sem dúvida, aprovariam e abençoariam tal designação, cumprida escrupulosamente, e, oportunamente, consagrariam aquela união contraída em condições excepcionais, mas iluminada e purificada em trabalho conjunto de aperfeiçoamento.

Discursos semelhantes, variando conforme o caso, não deixaram de surtir os devidos efeitos nas almas de suas amigas, oprimidas por desespero, vergonha e rancor, que aos poucos se alijavam; Urjane percebia, com alegria crescente, os corações sofridos e bem intencionados se submeterem ao destino. Além disso, as jovens concordaram em se revezarem na ajuda de Avani no templo.

No dia seguinte, transbordando de felicidade, Jan d'Igomer veio agradecer Urjane. Ele teve uma conversa esclarecedora com Sita; esta estava tranqüila, conciliatória, e ele esperava para breve uma plena concórdia entre ambos.

A partir de então, Urjane iniciou uma intensa atividade e, além do papel de semear a paz nos lares das amigas, ajudava Avani. Ao conquistar, no templo, diversas amizades entre os nativos, ela aprendeu-lhes a língua e iniciou a visitação de suas casas na cidade e nos vilarejos próximos. Os selvagens tratavam-na com respeito; ainda que a temessem, obedeciam-lhe em tudo, julgando-a como irmã da "deusa".

Porém, seu maior tempo foi dedicado às mulheres e às crianças. Ela ensinou-lhes o modo de trançar cestos, tangas, cordas e artefatos afins; fez que aprendessem, também, alguns ofícios não complexos. A atividade de maior sucesso era o fabrico de adereços para cabeça, pescoço e mãos, a partir das plumas de aves mortas e de gemas coloridas. Apesar do aspecto repulsivo dos nativos, uma vontade de agradar os outros despontou em suas almas brutas; os homens não perdiam a oportunidade de se engalanar, tanto como as mulheres.

Urjane e Avani passavam as tardes juntas, tentando em prolongadas conversas matar o tempo angustiante de banimento e sufocar a saudade pela cidade divina. Eventualmente, alguns acontecimentos testemunhavam que elas não tinham sido esquecidas. Assim, por exemplo, certa vez encontraram em seus quartos uma provisão de vestes, alguns aparelhos mágicos e instruções sucintas de como deveriam levar os trabalhos.

Abrasack ainda estava ausente, mas era muito lembrado nas conversas entre Urjane e Avani; ambas lamentavam que a colossal energia daquele homem e a sua poderosa mente fossem orientadas para o mal, e que suas torpes inclinações se nutrissem de paixão tão impura e inútil.

Finalmente, ele retornou com seus dois acompanhantes, aparentemente feliz com os resultados da viagem.

Ele contou a Jan d'Igomer sobre os gigantes encontrados, muito mais repugnantes e terríveis do que os seus "macacos" – verdadeiros monstros, no sentido literal da palavra. Providos de rabos longos, membros grossos e curtos, à semelhança de patas com garras, seus representantes de sexo masculino possuíam chifres. Locomoviam-se de quatro e, ao se erguerem, assustavam pelo tamanho; andavam apoiando-se sobre troncos de árvores, arrancadas pela raiz. Alimentavam-se da carne crua dos animais, mortos a pedradas ou por sufocamento.

— Jamais vi criaturas tão pouco desenvolvidas; nossos "macacos", comparados a eles, são eruditos. Além do mais, são praticamente destituídos do dom da fala, se é que podemos chamar de linguajar alguns grunhidos guturais – acrescentou Abrasack.

— Meu Deus! E você ficou tanto tempo no meio desta caterva?! Para que precisamos deles? Estou surpreso de que não o tenham matado! – exclamou d'Igomer.

Abrasack soltou uma risada.

— Bem que tentaram; tive que dar uns choques elétricos para entenderem com quem estavam mexendo. A utilidade deles você verá na prática; esteja certo! Muro algum da cidade divina resistirá à força deles.

Jan d'Igomer balançou a cabeça.

— E como você vai fazê-los participarem do ataque, já que eles são tão obtusos?

— Existe uma força – a força mágica da música – que pacifica e atrai todos eles, como os insetos à luz. Com a minha harpa, eles me seguirão até o fim do mundo. Farão tudo o que eu ordenar; feito serpentes, obedecendo ao seu encantador, eles jamais lhe farão mal.

O relatório de d'Igomer sobre as últimas mudanças na cidade deixou Abrasack possesso. Seu coração contraiu-se de fúria e rancor ao saber que Urjane havia instalado a paz e a concórdia entre as amigas e seus raptores, embora não tivesse revelado um mínimo de pena ou justificativa por seus sentimentos.

O encontro que se deu mais tarde com Urjane foi tenso. Ele a censurou pela frieza a ele demonstrada, e qualificou as ações, que culminaram com a felicidade dos amigos, como forma de demonstrar seu humilhante desprezo por ele.

— Felicidade? Que felicidade – disse Urjane –, quando minhas amigas são vítimas desditosas de uma cruel e infame traição? Simplesmente, nada há que as una indissoluvelmente à cidade divina, e eu apenas tentei ajudar, para que se submetessem à sina inglória; assim, de boa vontade, influirão e regenerarão aqueles seres que o destino colocou como íntimos. Por mais louvável que seja esta dificílima tarefa, dizer que existe alguma felicidade é, no mínimo, estranho, se não absurdo.

— Custa-lhe, então, assumir uma missão, não menos louvável, a de tentar regenerar-me? Asseguro que sua existência seria bem mais amena do que se estivesse casada com Randolfo, por exemplo.

— Estou casada com Narayana, e o amo; sua insolência em querer possuir, justamente, a esposa de seu benfeitor, torna-o duplamente asqueroso. Sem contar o abismo que nos separa, de purificação e iniciação – concluiu Urjane.

Abrasack fitou-a com o olhar sombrio.

— Então só me resta uma coisa: obrigar os magos a revelar-me a ciência arcana que me permitiria igualar-me a você. É meu desejo governar este mundo, para onde me trouxeram. Quero ser deus e o senhor destes povos ínferos que irei iluminar; e, como única recompensa de lutas e sacrifícios, quero o seu amor. E o que eu quero, eu consigo.

Urjane nada disse, e Abrasack retirou-se sombrio, como uma nuvem carregada.

Ele não se considerava totalmente vencido, ainda que suas tentativas posteriores de possuir a jovem, usando de astúcia ou força, não lograssem êxito. Urjane parecia protegida por um muro invisível, e ele foi obrigado, incubando a raiva, a desistir dos ataques infrutíferos.

Fervendo de ódio, retomou, ativamente, os preparativos da guerra; nos momentos de maior angústia, começou a visitar Avani; o seu olhar sereno, a recepção invariavelmente amiga, a voz profunda e harmônica produziam efeitos calmantes sobre ele.

Certa vez, ele propôs levar a harpa e tocar para ela, enquanto que ela, sentada no trono, o ouviria como uma divindade benévola.

— Faria bem para ambos e eu ficaria grata. Mas você tocará e cantará as melodias que eu pedir, e que possuem uma força de cura especial?

— Já que estou me oferecendo, sem dúvida atenderei seu pedido – assegurou com bonomia Abrasack. – Devo dizer que não sou tão ignorante na arte das vibrações harmônicas e de seus efeitos – ajuntou ele.

— Excelente, sua participação será valiosa!

Assim, entre Abrasack e sua adorável prisioneira estabeleceu-se, aos poucos, um relacionamento amigável. Certo dia, quando ele estava por demais sombrio, nervoso e irritadiço, corroído por raiva contida, Avani que o observava, perguntou subitamente:

— O que há com você? Aconteceu algo extraordinário?

— Nada de extraordinário... acabei de falar com Urjane. Sua beleza celestial escravizou-me; mas o seu ódio e desprezo por mim deixam-me possesso, tanto mais pelo muro intransponível que os magos tirânicos impuseram entre nós, causa de dores quase físicas.

Avani balançou a cabeça.

— Você se engana! Urjane não o odeia nem despreza; tem compaixão, mas nada pode fazer. Julgue você mesmo o quão indigno foi de sua parte, após ter recebido os conhecimentos e ser iniciado – condição primeira para domar a fera interior – nutrir um sentimento animal pela esposa alheia.

Não obstante, você pode ter um amplo campo de trabalho pela frente: contribuir para o progresso desta humanidade, promover a iluminação e as sábias leis nesta terra virgem. Será que tal missão não realizaria a maior das ambições?

Até os magos estariam dispostos a ajudá-lo nessa empreitada, no entanto, você quer lançar os selvagens contra eles. Será que você não compreende a sua insensatez em declarar uma guerra aos habitantes da cidade divina, àqueles gigantes do saber, cujo poder eqüivale às forças da natureza? Cuide-se para que os magos não se voltem contra você, senão eles o quebram feito um graveto e o transformarão em *nada*. Quem com ferro fere, com ferro morrerá! Submeta-se a eles, devolva a liberdade a Urjane e, talvez, eles o perdoem!

Abrasack ficou pensativo; um minuto depois, ele balançou a cabeça, desafiante.

— Agradeço as palavras movidas pela amizade. Talvez você esteja certa; às vezes, também me pergunto se não seria uma loucura empreender essa aventura! Mas não posso recuar, queimei o último cartucho! O desdém humilhante dos magos feriu-me o orgulho e reacendeu a sede de medir forças.

Vingar-me-ei da prepotência e levantarei contra eles milhões de gigantes, tomarei a cidade e deles arrancarei os mistérios que tanto escondem de mim. Oh, eles pagarão caro por erguerem o muro que me separa da mulher adorada!

Ele ergueu e sacudiu o punho, e em seus olhos brilhou um ódio selvagem.

— Jamais libertarei Urjane. Decerto, não poderei tê-la, mas, apesar disso, alegra-me o ensejo de vislumbrar-lhe a beleza radiosa e ouvir-lhe a voz, mais doce que o canto das esferas. Sabendo que ela está aqui, ainda que sob um teto pobre, o único que posso lhe oferecer, pelo menos não sofro de ciúmes, estando ela com Narayana.

E erguendo-se depressa, saiu da gruta.

Capítulo X

O rapto de Urjane e das jovens sacerdotisas acompanhantes causou na cidade dos magos um enorme alvoroço. A notícia foi trazida pela jovem que ficou na espaçonave e que presenciou o ataque; esta retornou rapidamente para soar o alarme.

A maior perturbação, entretanto, foi manifestada pelos terráqueos, sem entenderem a aparente indiferença com que os magos trataram tal crime inominável. Quanto a Narayana, o desaparecimento da esposa abalou-o tanto que houve um momento em que pareceu ruir a sabedoria e o discernimento atrelados à vontade do mago, dando lugar à fúria tresloucada de um simples mortal. Logo, porém, esse ímpeto furioso amainou sob o profundo e severo olhar de Ebramar, advertindo-o:

— Você não se envergonha de ceder aos sentimentos que já deveriam estar totalmente dominados?

— Tem razão, mestre! A minha imprudência e teimosia tola tiveram um castigo merecido. Eu não consegui perceber que estava protegendo um canalha e ele me deu agora provas da minha cegueira. Mas será a minha falta tão grande, que devo pagá-la com a desonra de Urjane?... Poderá Dakhir admitir que sua filha se torne uma vítima da paixão animalesca desse malfeitor ingrato?

— Não, Dakhir saberá defender a honra da filha; todos os demais acontecimentos, entretanto, terão o seu curso escrito pelo destino, cujo instrumento cego é o próprio Abrasack.

— Talvez então seja a vontade do destino, traçado por nossos mentores superiores, que eu fique aqui plantando bananas, esperando o "destino" ou os "seus instrumentos" me devolverem Urjane – observou Narayana, e um tremor convulso dos lábios traiu-lhe a perturbação.

Ebramar colocou-lhe a mão no ombro e disse em tom afável:

— Meu filho pródigo, quando é que você se conscientizará de que a pressa é inimiga da perfeição? Ninguém lhe pede para ficar impassível diante desses acontecimentos inquietantes; você deverá se empenhar para libertar Urjane, mas não o faça com tanta precipitação; utilize para isso os poderes de que dispomos. Posso ler em seus olhos o "por que isso"?

Porque, meu filho, a nossa tarefa neste planeta tem um caráter especial. Somos legisladores, chamados para alicerçar os fundamentos de uma civilização. Isto significa zelar e orientar os movimentos que acelerarão o desenvolvimento da atividade mental. Para tal aceleração, infelizmente, faz-se necessária uma guerra. Todas as crises espirituais ou políticas nos mundos ainda não evoluídos como este, em que nos encontramos, ou naquele, de onde viemos, são acompanhadas de choques fatais das massas humanas. Para os povos já bastante desenvolvidos, a guerra é uma reação, um despertar sanguinário da tranqüilidade inerte e modorrenta e dos interesses insignificantes. A guerra sacode e regenera os povos chamados para desempenharem um papel histórico na humanidade; ela ceifa e leva à aniquilação os povos obsoletos, decadentes moral e fisicamente.

Aqui tirita um mundaréu de seres da espécie inferior: os gigantes, uma geração primitiva das forças caóticas da natureza. Por sua natureza e constituição, estes seres são obtusos e incapazes de desenvolverem um intelecto dilatado, enquanto que a sua numerosidade e a força física fenomenal apresentam um grande perigo para os vizinhos mais fracos, reservados para um desenvolvimento posterior.

Esses pioneiros da humanidade viviam numa atmosfera saturada de emanações de forças rudes, mortíferas para os seres mais fracos. Eles já cumpriram o seu papel, na qualidade de organismos colossais condenados a digerirem o que fora descartado pelas forças caóticas da natureza, e deverão desaparecer. Tal depuração do planeta, das raças animalescas, nocivas e onerosas, faz-se necessária, e Abrasack contribuirá para essa obra. Não precisaremos procurar os monstros em seus covis, ele os trará para cá, e nós os liquidaremos.

— Como consegue o patife estabelecer uma relação com aquelas criaturas horríveis, quando cada uma sozinha é capaz de esmagá-lo feito a um verme? Como ele pôde subjugá-las? – indagou, irado, Narayana.

— Está claro que não é com a força física; o que prova que ele tem uma enorme força de vontade e inteligência notável. Será um inimigo à sua altura – asseverou, sorrindo, Ebramar. – Agora, acalme-se! Por certo você entendeu a importância dos futuros acontecimentos e concorda comigo no quanto os interesses pessoais devem ficar em segundo plano, em vista da nossa missão de legisladores.

Narayana ficou cabisbaixo; um minuto depois, empertigou-se e em seus olhos negros fulgiu uma energia extasiada, própria de seu caráter.

— Sim, mestre, entendi. A partir de amanhã mesmo, iniciarei o recrutamento de um exército contra o ingrato. Que a minha longa separação da querida Urjane me sirva de punição merecida pela cegueira teimosa, e tanto será mais doce a hora de seu resgate!

— É assim que eu gosto de você! – ajuntou Ebramar. – Agora vá até Dakhir! Nós já fizemos uma lista de seus prováveis ajudantes. Dakhir lhe dará instruções úteis e o tranqüilizará quanto a Urjane.

Dois dias depois, Narayana, em companhia de seus amigos e ajudantes briosos, dirigiu-se para o local de arregimentação do primeiro exército consciente no novo planeta.

Decorridas algumas semanas, Udea, após ter levado Narayana até as tribos por ele colonizadas, retornou para a cidade divina. No dia seguinte, encontramos no terraço do palácio de Ebramar, além de seu dono, Dakhir, Supramati e Udea; este último fazendo um relatório da expedição. Ele estava satisfeito com os progressos das colônias que prosperavam sob o governo sensato dos reis, seus descendentes. Foi justamente a partir daquele núcleo que Narayana decidira formar o seu futuro exército.

O rapto de Urjane e das jovens discípulas da escola de iniciação continuava a inquietar os terráqueos.

O depoimento da jovem sacerdotisa sobre os colossos peludos simiescos fazia arrepiar os cabelos dos terráqueos; suas suspeitas de que atrás de toda aquela história estava a figura insolente do rebelde Abrasack não eram sem fundamento. Por outro lado, constituía-se um enigma insolúvel o fato de os hierofantes deixarem-no totalmente impune.

O tema era motivo de conversas infindáveis e despertou em Kalitin um interesse alarmante. Num dos encontros diários, ele quis informar-se com Dakhir sobre o assunto.

A despeito dessa decisão, ele estava constrangido diante do mago, pois tanto a própria curiosidade, como aquela sua preocupação, pareciam-lhe absurdas. Se o seu poderoso protetor e pai de Urjane permaneciam tranqüilos, prosseguindo com tarefas rotineiras, então poderia inferir-se que os magos superiores se sentiam donos da situação.

Dakhir, observando Kalitin e folheando um manuscrito, disse-lhe então:

— Sua conclusão está correta, meu caro Andrei! Estamos tranqüilos, porque dispomos de poder suficiente para nos defendermos do ataque das criaturas inferiores.

Estamos cientes de que Abrasack se prepara para a guerra, certo de tomar a cidade com o auxílio da numerosa horda de gigantes e monstros por ele treinados. Entretanto, como essas massas não têm nenhuma utilidade para esta época incipiente, e o seu número é demasiado, eles estão fadados à aniquilação, ou, pelo menos, à rarefação, para que se tornem uma minoria condenada à extinção definitiva. As forças cósmicas, a nós submetidas, farão o seu serviço, e você será testemunha, eu espero, da destruição dessa avalanche de monstros.

— Obrigado pela explicação, mestre! Que espetáculo grandioso e terrificante será a aniquilação dessas legiões de gigantes pelas forças elementais; serão massacradas feito um monte de formigas! – comentou Kalitin, estremecendo levemente.

— Serão exterminados apenas os seres perigosos e nocivos. Devo acrescentar que o mesmo procedimento básico se aplica a todos os mundos inferiores; mas nem sempre se apela às forças cósmicas, pois, em outros casos, aproveitam-se as guerras. Estamos tratando agora com raças primitivas, rebentos colossais das forças rudes da natureza abastada. Pode ocorrer também que, ao longo de séculos, algumas nações cultas entrem em atavismo, ameaçando outros povos em volta; aplica-se, então, a mesma lei que acabei de descrever.

Os povos condenados à extinção começam por perder seu sentimento religioso, o que leva à decadência moral, pois a alma já não se orienta pelas leis divinas. Aos poucos, degenera-lhes o cérebro. Suas faculdades se concentram numa só coisa: os interesses materiais. Seu cérebro só funciona orientado na produção industrial; revela uma aptidão incrível para mecânica, química, comércio, geração de bens de conforto; ao mesmo tempo, a intuição do divino vai minguando, vão exaurindo-se as irradiações emanadas da fé exaltada, e todas as artes ganham uma orientação pseudo-real e decadente. Sob a máscara da pseudo "verdade artística", a música torna-se barulhenta, desconexa e irritante; a pintura e a escultura servem de culto à indecência; a literatura deforma-se, idealizando os vícios e a degradação moral. E, por muito tempo, ninguém se apercebe de que, sob a próspera e altamente "culta" aparência, vai se perpetuando a degeneração física e moral.

A sociedade entrega-se às paixões animalescas; uma arrogância inaudita toma conta das mentes humanas e sua crueldade torna-se tão necessária quanto a de saciar a fome ou a sede, pronta a revelar seu desatino perigoso.

Uma nação composta por essas hordas bárbaras é sempre uma ameaça para os povos que a cercam, tanto mais perigosa se for rica, disciplinada, detentora de vantagens técnicas e ímpeto psíquico.

Em tais momentos, o destino imutável gera à luz o espírito exterminador. As circunstâncias levam, invariavelmente, à eclosão de uma grande guerra, por demais sangrenta, e suas vítimas são incontáveis, sobretudo entre os perigosos perturbadores da paz geral. Eles perecem aos milhares e sempre são derrotados.

Kalitin interessou-se vivamente pelo assunto discutido e, assim, a conversa prolongou-se por muito tempo. Desde a sua vinda ao mundo novo, o jovem astrônomo fizera enormes progressos e Dakhir estava feliz com sua aplicação e espírito observador, sempre evoluindo.

Sobrevcio o silêncio. Dakhir examinava o conteúdo do escrínio e dele tirou um instrumento, cujo funcionamento queria explicar ao discípulo.

Kalitin, que observava atento cada movimento do mago, curvou-se bruscamente sobre a mão do mestre a repousar sobre a mesa, e perguntou meio hesitante:

— Mestre, deixe-me olhar a sua mão. Há tempos queria fazê-lo, pois ela me parece muito interessante.

— Por obséquio, olhe quanto quiser. O que você achou de tão curioso nela? Tem cinco dedos, como a sua, ainda que difira um pouco na forma – disse Dakhir com bonomia, estendendo a mão alva, fina e bem cuidada, como a feminina.

— Oh, não! Existe uma grande diferença, e não só na mão, como entre os nossos corpos em geral. Sua pele parece diferente, menos densa, e até já reparei algumas vezes que ela como que fosforiza; também a sua mão.... Veja como é mais leve que a minha, que lembra uma pata rude de camponês ao lado da mão de um aristocrata.

Dakhir desatou a rir e deu um leve tapa na mão robusta do discípulo.

— De fato, você tem razão! Um observador desatento não teria percebido uma diferença tão sutil. Sim, meu corpo tem uma composição diferente. No decorrer dos longos séculos da minha existência, ele se modificou muito; não pelo fenecimento de um mortal comum, mas devido à sua atividade astral, tal qual uma gelatina se derrete em água quente, foi-se derretendo, aos poucos, a minha carne rude. De modo imperceptível até para mim mesmo, as densas e pesadas partículas do envoltório carnal foram expelidas, como flocos varridos pelo vento, e, em seu lugar, surgiu um tênue invólucro etéreo, por sua vez substituído por um corpo mais delicado e puro.

Tal transfiguração da matéria, como já lhe disse, é uma conseqüência do trabalho astral, que calcina as partículas rudes da carne. Na nossa velha Terra, isso se dava com os não-iniciados em nossos mistérios, através das reencarnações ou de vida ascética e orações incansáveis e fervorosas.

Como prova do que digo, basta lembrar as feras no circo, que em vez de dilacerar os santos, e os mártires, deitavam-se mansamente aos seus pés. Os pagãos atribuíam aquilo à "feitiçaria" dos cristãos; entretanto, a causa era bem simples: purificados com a prece, os mártires deixavam de emanar o cheiro da carne humana que excita a voracidade dos animais selvagens.

Gostaria aqui de fazer uma digressão quanto ao tema, o que lhe será útil ao doutrinar seus próprios discípulos. Quero abordar a influência da alimentação e da higiene.

— Agradeço, mestre, a questão vem a propósito! Há pouco tempo eu quase me indispus com meus dois pupilos. Ficaram furiosos comigo só porque os proibi de comerem carne e por tê-los mandado se banharem três vezes ao dia, conforme suas instruções.

— Faça-os ver que a carne sanguinolenta não só impregna com o cheiro nojento o corpo físico, mas também o astral. Ao morrer, o homem deixa na terra apenas os restos físicos, sua parte psíquica; no entanto, o seu corpo espiritual, saturado e onerado desse fedor, arrasta para o além as emanações carregadas de cheiro asqueroso, atando-o às partes inferiores do plano astral. Justamente por essa razão é que exigimos de nossos discípulos uma alimentação exclusivamente vegetal, que proporciona higiene ao corpo astral e a devida leveza para a sua rápida evolução.

Somente uma higiene absoluta, mantida por freqüentes abluções ou banhos, facilita o metabolismo e depura a aura com os eflúvios curativos. Enquanto as pessoas viviam ao ar livre e cumpriam a lei de ablução, ainda que movidos por cânones religiosos, o gênero humano era menos sujeito a diversas enfermidades. O suor também sempre deve ser retirado, pois ele fecha os poros, causa a fermentação e gera substâncias tóxicas e bacilos nocivos.

Queira ou não, tiramos lições de vida de nossa velha Terra, pois no mundo novo tudo ainda está por brotar. Assim, você deve estar lembrado de que nos tempos remotos as pessoas comiam um pouco de tudo, tomavam vinhos fortes e, a despeito de tudo, gozavam de perfeita saúde; raramente ocorriam doenças que ceifassem a humanidade.

A razão daquilo é que a vida era ao ar puro, com abluções freqüentes. Você deve estar sabendo que, nos últimos séculos, a fraca humanidade em degeneração enfiava-se em recintos fechados, agasalhada em roupas quentes. Nessa crosta tríplice, de paredes e vestimentas, as pessoas viviam sem ao menos suspeitarem em que cloaca se encontravam, gerando ativamente todos aqueles miasmas, conseqüência de instintos impuros, paixões desenfreadas, ódio, inveja e impropérios – haja vista a expressão dileta das turbas "vai para o diabo que te carregue" ou ainda "vai se danar". Em vez de clamar por Deus num momento de infortúnio, o homem clamava pelo diabo.

Oh! O homem se teria horrorizado, se fosse capaz de enxergar milhares de capetas, atraídos pelos impropérios, maldições e impurezas de suas emanações maléficas. Mas as pessoas nada vêem e respiram tranqüilamente o ar contaminado com bacilos pululantes, e, depois, ainda se queixam das dores súbitas, da tontura ou falta de sono.

Somente a prece, a água benta e o ar puro poderão limpar tal "repositório", onde tudo se transborda de escória astral a se assomar nutrida de emanações dos habitantes e do ar contaminado; nessas condições, a população fluídica pode se transformar em seres vampíricos, nocivos e perigosos, a tal ponto que para a sua expulsão se deve recorrer ao fogo.

Assim, a crença em água benta ou água sagrada não é uma superstição. A água é uma substância que proporciona a maior assimilação da luz astral, a verter-se em correntes radiosas da prece – uma espécie de força acumuladora e distribuidora das lucilantes correntes dadivosas.

Dakhir silenciou por algum tempo, aparentemente imerso em reflexões; passou a mão pela testa e dirigiu-se a Kalitin, que aguardava as suas palavras, mudo e respeitoso.

— Desviamo-nos totalmente do assunto da regeneração progressiva do corpo astral através do trabalho, preces e vida ascética.

— Sim, mestre, você me disse que o seu corpo passou por várias encarnações.

— Três, meu amigo. E, à medida que se transformava o próprio ser do meu corpo imortal, foram-se modificando os seus órgãos. Assim, o coração deixou de desempenhar o papel principal. Ele já nada tinha a temer por si ou por outros, a quem amava; a disciplina rígida, imposta à alma, domou a "fera" no homem e subjugou as paixões; agora o coração só sente amor puro e altaneiro, e o seu calmo e silencioso palpitar apenas regula as substâncias fosfóricas, em que se transformou o sangue em nossas veias, irrigando o cérebro, atualmente o nosso órgão mais importante. E quanto mais ele for perfeito, mais força ele nos proporciona para concentrar e desprender o poder colossal que governa os elementos.

O estômago também foi praticamente suprimido, pois o alimento serve-nos apenas para nutrir os tecidos; a coluna vertebral é a nossa rede elétrica; a musculatura é a distribuidora de material fosfórico.

Até as relações carnais, nas uniões dos magos de nível superior, são diferentes. Feito faquir de outrora, que com a força radiosa dele emanante fazia uma planta crescer, florescer e frutificar, da mesma forma, a radiosa força que une os consortes fertiliza e traz à luz seres especialmente eleitos – missionários, predestinados a aperfeiçoar a humanidade.

Sem dúvida, o que acabei de dizer se aplica atualmente aos magos superiores; mas, entre as humanidades que alcançaram um alto grau de perfeição, como em Júpiter e em outros planetas parecidos, a multiplicação humana realiza-se somente desta forma.

O progresso é a lei do Universo. Quanto mais o homem trabalhar no plano astral, quanto mais sacudir de si as paixões animais para trabalhar no campo espiritual, quanto mais ele aspirar, para dentro de sua aura e organismo, as substâncias fosfóricas, tanto mais se transforma o seu corpo, modifica-se o sangue e aumenta-se-lhe o poder.

As frontes dos santos sempre se acham envoltas num clarão radioso, e o contato de suas mãos cura. Esses seres superiores, prodigalizados de sopro divino, possuem o poder de reabilitar o funcionamento dos órgãos macerados por doenças; os surdos começam a ouvir, os paraplégicos, a andar, os males internos cedem.

A prece, como vê, é a primeira fórmula mágica haurida pelos homens, para lutar contra a carne, que os sufoca e os suga. Você sabe que os sons encerram uma substância fluídica de combinação variada, produzida pela vibração, tal qual o dínamo gera a eletricidade. A prece, pela essência da sua composição química, gera correntes vibratórias, fosfóricas e radiativas, assimiladas dos quatro elementos. Essas quatro correntes tomam a fórmula da Cruz, girando velozmente. Quanto mais pura for a prece e maior for o ímpeto, tanto mais vertiginosa será a sua rotação; crepitando e dardejando feixes luminosos, a massa fluídica gira, introduzindo no corpo o calor e as partículas úteis nela inseridas. A irradiação pura do orador eleva-se espiralada em forma de ondas azul-claras e une-se ao sopro divino.

Isso serve de fio de ligação ou, se quiser, de telefone, através do qual a criatura entra em contato com o seu Criador e os Santos protetores.

Em conseqüência disso, após uma prece fervorosa, o homem sente-se tranqüilizado e revigorado; às vezes, ele fica exsudado, e esta tepidez vivífica o ajuda a livrar-se dos fluidos e de outras impurezas causadoras de doenças.

O sinal da cruz é um sinal mágico que se sobrepuja aos demais, um centro de convergência das correntes cósmicas dos quatro elementos, que compõem a fórmula da prece. Pela intuição, o homem sempre cercou este símbolo misterioso por uma coroa de raios, e a cruz corresponde ao conhecimento, força e fé daquele que o utiliza. Tanto faz ser uma cruz simples de madeira ou uma obra em ouro, de joalheiro; o significado de ambas é idêntico e tem o mesmo poder. O sinal da cruz serve tanto para uma pessoa ignorante, que não lhe conhece o poder místico, como para um mago: ele o une à Divindade, protege-o contra seres satânicos, ou forças impuras e caóticas; conclama os espíritos dos quatro elementos para se juntarem ao redor do símbolo desenhado pelo homem para sua própria ajuda. Somente por intermédio das mãos daqueles que compreendem a importância do sinal, representado com a razão e a fé, a cruz vem a se constituir numa arma imbatível.

Este símbolo, me parece, pode ser chamado de sinete do Eterno. Ele é o alicerce de toda a criatura, um símbolo da eternidade, que expressa e encerra os quatro elementos, no qual ocorrem todas as modificações da matéria, fonte da vida espiritual e física.

— Então, o estudo da cruz é uma ciência específica?

— E enorme! Outrora, certas partes desta ciência eram repassadas aos iniciados superiores nos abrigos de templos; em todas as doutrinas da antiguidade, este símbolo misterioso, talismã protetor contra os ataques de tudo que é impuro, desempenhou um papel importante.

Sim, Andrei, para alcançar os píncaros desta ciência é preciso muito trabalho: começando como neófito, até o grau de mago; ainda que eu tenha trabalhado muito, estou longe de entender essa ciência maravilhosa em toda a sua magnitude.

Capítulo XI

A vida na cidade dos magos corria tranqüila. Nas escolas havia aula; os hierofantes ultimavam, imperceptivelmente, a defesa da cidade contra as hordas de Abrasack, empenhado nos preparativos de ataque.

Dakhir e Kalitin não interrompiam suas habituais palestras diárias sobre assuntos mais variados.

— Você me disse, mestre, da descrença que assolou a Terra, contribuindo sensivelmente para romper a ligação com a divindade dadivosa. É verdade; nos meus tempos, acreditar em Criador, em santos protetores e nas preces, era visto como reminiscências arcaicas das superstições ridículas.

Graças a Deus, eu rejeitei por completo esses equívocos e, hoje, venero o que antes aviltava... mas uma coisa não entendo: vocês, nossos mestres, possuem fé e devoção, no entanto, não se autodenominam de santos.

— Simplesmente porque não o somos – riu Dakhir.

— Por que não? Vocês são tão caridosos e até mais sábios que a maioria dos santos, cuja vida li – insistiu Kalitin.

— Gosto de ver, meu filho, que você sempre quer chegar ao ponto da questão. Neste caso, eu lhe pediria que me respondesse qual a diferença dos caminhos da ascensão entre uma vida dedicada à santidade, e outra, ao labor científico? Por favor!

Kalitin permaneceu mudo.

— Veja! São dois caminhos que levam a um mesmo objetivo: a perfeição.

A santidade leva à moral ideal através da educação dos sentimentos e instintos; ela ilumina o coração, apura a concentração na prece, edifica a abnegação e o auto-sacrifício em benefício do próximo. Igualmente, proporciona a apreensão dos meandros da alma martirizada física e moralmente em renúncia de si mesmo. Resumindo: é uma educação da alma e, ao mesmo tempo, o conhecer da grandeza Divina, da suprema criação do Criador – Sua indestrutível faísca.

A jornada de um adepto, uma jornada científica, busca, sobretudo, desenvolver a razão, aprender os princípios e as leis da natureza que governam as forças cósmicas. Ou seja: é uma busca do conhecimento da evolução do Universo e do homem, o apreender da grandiosidade do Criador em Seu laboratório.

Resumindo o que se disse, a ciência fala à razão do homem, enquanto a religião, ou seja, o preceito da santidade, fala ao coração. Todos somos providos da razão e do coração, ainda que a primeira, normalmente, fique entorpecida e, por certo, há uma maior predominância de pessoas de coração caridoso do que com razão lúcida. A maioria dos homens só compreende com o coração; há poucos capazes de alcançar conceitos teóricos. Daí se infere que a religião é necessária tanto para os intelectuais – incapazes de se isolar por si só do corpo – como para as massas – para as quais não são acessíveis os píncaros das divagações abstratas. Assim, a magia, por ser uma ciência perigosa, quebrantadora das mentes fracas, não pode ser acessível à turba, restringindo-se apenas a pessoas de mente e espírito fortes. Mas, para que a perfeição seja alcançada, o espírito humano deve possuir, em proporções iguais, os dois ramos de conhecimento; assim, os justos se dedicam, posteriormente, à ciência, enquanto os sábios se embrenham na busca do conhecimento, da abnegação e de amor a Deus e ao próximo.

Devo acrescentar, ainda, que aquele que se torna um adepto, não sendo um justo, tem muito mais riscos de tropeçar em seu caminho e exorbitar de seus conhecimentos, pois, nos recônditos de sua alma, ainda espreitam suas paixões terrenas. Ao contrário, um santo se despoja mais rápido de suas fraquezas humanas, e a auto-abnegação eleva-o mais alto nas límpidas esferas do que a ciência do adepto – pelo menos nos primeiros degraus do conhecimento –, pois ele há de se sacrificar, se quiser ascender pelo caminho íngreme da perfeição. Está satisfeito com a minha explicação?

— Perfeitamente, mestre, agradeço-lhe muito!

— Mas, diga o que exatamente o aflige e tentarei dissipar as suas dúvidas!

— Você me lê o coração, caro mestre. Certa vez, Nivara referiu-se a uma imagem impressa dos clichês astrais que nos ligam à nossa Mãe-Terra. Ele afirmou que essa imagem, com que foi agora agraciada a Terra, provém de um outro mundo semelhante, totalmente destruído e dissolvido a suas substâncias primordiais.

— O que há de espantoso nisso? Na grande economia do Universo, cada partícula ocupa o seu devido lugar e trabalha para a preservação do equilíbrio geral. A imagem ígnea com o clichê astral não pode ser destruída, porque contém a substância primeva, ou seja: as forças elementais. A película se espirala envolvendo o planeta em órbita, e os clichês astrais, nela impressos, vão se materializando, à medida que aparecem. É como se fosse um extenso programa escolar para as criaturas de diversas habilidades.

— Sim, isto está claro! No entanto, como tornar isso conciliável não só com o conceito da justiça – da forma que eu a entendo –, mas também com o princípio do livre-arbítrio, ou responsabilidade por nossos atos? Nesse segundo caso, os espíritos são impelidos – se for possível essa comparação – a desempenharem o papel de atores, obrigados a viver e a comportar-se com base no clichê traçado por um outro; também têm de suportar, fatidicamente, os efeitos dos atos realizados por "outros", tornando-se tiranicamente malfeitores ou santos, segundo o clichê gravado, malgrado sua própria vontade?

— Uuuh, onde você foi! Se tudo se processasse assim tiranicamente, como você se referiu, se alguém tivesse de desempenhar um papel segundo um roteiro, impresso no clichê, isso seria realmente injusto. Contudo, o destino apenas é traçado em linhas gerais; depois, você deve entender que uma matéria tão sensível, capaz de gravar até as oscilações de um pensamento, deve ser, ao mesmo tempo, suficientemente delicada para ceder a uma impressão fresca, sem prejuízo da primeira. As duas não se misturam, pois a composição química de cada individualidade é diferente.

Somente alguns clichês-gravuras, impressos pela vontade superior, permanecem de uma certa forma inalteráveis; cedo ou tarde são revelados, dependendo do desempenho do novo elenco dos atores do drama.

Por esta razão, desde tempos imemoráveis, havia predições, incrivelmente corretas, de certos acontecimentos do longínquo porvir; os eventuais erros diziam respeito somente à data de sua ocorrência.

Tanto os profetas, como os clarividentes, tinham e têm a faculdade de entrever os clichês astrais, sem compreenderem, não raro, alguns pormenores do quadro, pois o que viam ainda não estava descoberto na época, ou melhor, fora reencontrado, e eles o descreviam por metáforas.

Como sempre, tenho de trazer um exemplo de nossa velha Terra. Assim, o grande clarividente – autor do Apocalipse – reportou-se a um cavalo de cobre, chispando fogo, o que era na verdade uma locomotiva movida a vapor – uma descoberta nos séculos futuros. Outro clarividente, mais humilde, chamado Suffrano, tentando decifrar, por indícios existentes, o tempo do evento, disse: "Quando os homens voarem como pássaros com a rapidez de andorinhas, e as carroças se moverem sem os cavalos, acontecerá tal coisa...". Isso significa que ele não conseguia nomear – e não havia como – os automóveis e os aviões, os quais, entretanto, foram por ele divisados em funcionamento.

Analisemos, agora, a questão sob uma outra ótica, e decidiremos se, de fato, constitui-se de violência e injustiça aquela condição de os espíritos viventes se tornarem intérpretes de um roteiro impresso no clichê astral; ou, se não se formam, segundo os princípios da lei de magnetismo ou atração, através das encarnações – uma forma de avaliação geral das forças e habilidades adquiridas; ou, finalmente, com base na lei do carma e nas particularidades das existências anteriores, na qualidade de microorganismos em seres superiores e inferiores.

Toda alma é atraída à esfera fluídica, cheia de ímpetos vívidos, onde reina a influência atrativa preponderante de um dos elementos. O fogo e o ar são elementos superiores; a água e a terra, inferiores. Nenhum espírito com tendências e objetivos altaneiros será atraído ao plano inferior, e jamais se submeterá a influência que não lhe tenha a dominância.

De acordo com a harmonia perfeita de atrações fluídicas, cármicas etc., com base na unidade dos povos, agrupamentos de pessoas e constituição de famílias, cada espírito é atraído justamente para o meio ao qual suas habilidades e forças morais mais se adaptam; ao mesmo tempo, isto corresponde às existências de expiação ou provação.

Nos primeiros períodos da existência, as vidas dos espíritos são sempre menos complexas; mas no grande laboratório, a enorme oficina da vida planetária achar-se-ão vagas para todos, conforme suas habilidades, nível de desenvolvimento e necessidade de trabalho no caminho da ascensão.

É um equívoco seu achar que os espíritos são impelidos, contra vontade, na corrente de um certo clichê. Não, o espírito é atraído para o próprio campo de batalha onde ele deve medir as suas forças, segundo seus gostos e tendências. À semelhança de um tenor, que não pode cantar como um baixo, um trágico não pode interpretar o papel de cômico; um carregador de malas não pode ser um príncipe; um malfeitor não pode levar a vida de um santo – assim, também, cada um assume um papel, que ele pode, ou julga poder assumir para interpretar.

A peça é a mesma, o papel está marcado, mas o ator lhe pode dar um maior realce ou até, numa certa medida, alterá-lo, imprimindo-lhe sua individualidade. Se ele o interpretar bem, tanto melhor; se interpretar mal e ainda se achar o suprasumo, ele deve reiniciar... e é só.

Os povos, tal qual algumas individualidades, se submetem às mesmas leis; eles têm o seu próprio clichê, as suas condições cármicas e o seu temperamento nacional, cuja natureza já lhe delineei ao abordar as transmigrações de um espírito através dos três reinos.

Nas tendências e nos traços distintivos de um povo, é de grande importância o predomínio deste ou doutro elemento na composição de seu corpo astral.

Os povos melhores dotados são aqueles em que prepondera a influência do elemento fogo; nós os denominamos de povos solares. Eles são religiosos, crentes, cheios de ímpetos benfazejos, dadivados por habilidades em todos os campos da ciência, são artistas natos e dotados de coragem ímpar; ao mesmo tempo, eles são calmos e obstinados feito uma chama, eles não largam a sua presa. Sendo místicos, sonhadores e pensadores profundos por natureza, os povos solares fornecem o maior número de santos, homens de destaque, fleumáticos, ainda que por vezes de saúde debilitada.

Os povos que saíram das corporações aéreas almejam por regiões de luz. Eles também são dadivosos, possuem uma inteligência viva e jovial, ainda que licenciosa, pois são inconstantes e eventualmente passionais. Deles saem os inovadores, adeptos fanáticos de seitas religiosas ou livres-pensadores impassíveis.

Aqueles, nos quais predomina o elemento água, são calmos exteriormente como um oceano num dia tranqüilo; mas, em seu âmago, eles são traiçoeiros, ambiciosos e ladinos. Sendo a água o seu elemento pátrio, deles saem, sobretudo, navegadores intrépidos, comerciantes e cientistas, destacados no campo de ciências práticas.

O elemento "terra" atrai índoles vulgares; o povo, em cujo astral este elemento predomina, é normalmente formado de pessoas de corpo pesado, vorazes, cobiçosas, sedentas de sangue, interesseiras e cruéis; sua mente é pesada, rija, arrogante e malévola, suas atitudes com outros são de desdém. Tais povos são pouco religiosos, são os que mais fornecem ateus e apóstatas, e favorecem às forças do mal; entre eles pululam os feiticeiros e os servos de Lúcifer.

A formação das futuras nações dá-se com base nos atos de suas existências anteriores, de acordo com a lei cármica.

O clichê astral de um ou outro povo não é o resultado de sua obediência servil às impressões de seu clichê; as próprias impressões é que correspondem às tendências, caráter e temperamento daquela nação; por outro lado, as impressões vividas por aquela nação se ajustam tanto aos acontecimentos gravados, que praticamente a eles são idênticos. No que se refere às individualidades isoladas, está claro que cada uma tenta se arrumar no âmbito de seus gostos e idéias, procurando – como se escolhe, numa loja, um traje na medida certa – um clichê existencial no qual ele espera dar-se bem, ou expiar o passado que tanto lhe onera.

Entre os bilhões de espíritos que pairam na órbita de nossa velha Terra, e entre os espíritos elementais que trabalham para sua transformação, os regentes elegerão os povos planetários vindouros, com base nos seus atos passados. Essa será a população subseqüente a se aprontar para uma nova evolução; composta, justamente, pelo elenco de atores daquele mesmo clichê que está ligado com o mundo ressuscitado.

— Você me disse antes que o clichê, atrelado à Terra, vem de um outro mundo destruído. Por quantas vezes ele pode ser utilizado, e passa ele sempre diretamente de um mundo para outro?

— Dele se servem tantas vezes quanto se fizer necessário, e, depois de utilizado, ele volta a seu lugar nos arquivos do Universo, de onde, se for preciso, ele pode ser retirado. Devo acrescentar que a película do clichê astral é indestrutível, e, após a aniquilação do sistema planetário, retorna definitivamente aos arquivos, onde permanece como um documento do passado. Com as novas criações, as condições são outras, ou as impressões anteriores já não atendem às necessidades das humanidades em formação, as quais, ainda que passem por um curso de aprendizado, têm matérias diferentes.

— Meu Deus, como isso é interessante e complexo, no entanto simples e grandioso! Feliz é aquele que pode compreender ao menos uma partícula dos mistérios da criação.

— Cada um que possuir boa vontade poderá vir a conhecer a verdade através do trabalho obstinado – observou Dakhir.

— Será? Há pessoas que são incapazes de entender o sentido de uma rotina da mais simples e ordinária – exclamou Kalitin. – Lembro-me de um colega na Terra. Era uma pessoa finíssima, mas surda e cega a qualquer questão de natureza abstrata ou esotérica. Eu sempre gostava de mergulhar em livros velhos, pois o passado me excitava, na época totalmente inexplicável.

Casualmente veio parar em minhas mãos um livro muito antigo sobre ocultismo; falava de muita coisa incompreensível e, entre outros temas, sobre a reencarnação, a transmigração da alma por três reinos, sobre os ciclos e assim por diante. Essas três questões fascinavam-me; assim, depois, conversei sobre o assunto com o colega que trabalhava comigo no instituto astronômico. Meu Deus, como ele ficou furioso! Só de pensar que ele podia ter sido um seixo, uma cebola ou uma coruja – a relação, a propósito, é dele mesmo –, ficou indignado; da mesma forma ele não admitia os ciclos. Se eu não fosse uma pessoa de paz, a polêmica científica teria acabado numa briga; ainda assim, ele me criou certos embaraços com os colegas. Mas depois veio a catástrofe e ele provavelmente pereceu, sem mudar seu ponto de vista, já que ignoro se tomou a substância primeva.

Andrei silenciou e afundou-se em pensamentos tristes.

— Sim, como é teimosa a cegueira de alguns; mas isso é uma conseqüência cármica: é inútil convencê-los, pois sua existência anterior turva-lhes a razão. Nenhuma mente pensante livre pode rejeitar os fenômenos mostrados pela própria natureza com tanta clareza. Tomemos, por exemplo, como prova da passagem do homem pelos três reinos, o processo enigmático de sua formação. O infinitamente minúsculo núcleo do futuro ser humano é constituído de três elementos, os mesmos que constituem a Terra, sobre a qual é predestinado a viver. O espermatozóide assemelha-se a uma planta; uma de suas extremidades é a cabecinha esferóide, a outra, a cauda. Dissecandoo, vemos que a parte restante se parece com um bulbo, consistindo de uma série de tegumentos finos, encerrando uma substância líquida.

A seguir, o ser embrionário começa a projetar seus membros de dentro para fora e fica definido. Depois o embrião se desenvolve num fruto, adquire a forma de um girino, vivendo tal qual um anfíbio, e desenvolve-se nas assim chamadas "águas". Vez ou outra, o embrião adquire as propriedades de um ser humano, ele é tomado pelo primeiro estremecer do sopro eterno, move-se... e a essência divina incorpora-se no feto, onde permanece até o momento da morte física do homem, quando este se torna novamente um espírito.

Da mesma forma que um fruto se desenvolve no meio líquido do ventre da mãe, assim as terras amadurecem no éter mundial, ou fluido astral das entranhas do Universo.

Esses nascituros cósmicos, assim como seus habitantes pigmeus, constituem-se, inicialmente, de núcleos, e só depois em embriões. Aos poucos, eles vão amadurecendo, desenvolvem espécies minerais, plantas, animais e homens; eles nascem, crescem, envelhecem e morrem ao fim da existência. Dessa forma, os ciclos sucedem aos ciclos, abrangidos por abrangentes até o infinito.

O embrião desenvolve-se em sua esfera pré-máter; o indivíduo, em sua família; a família, na nação; a nação, na humanidade; a Terra, em nosso sistema solar; o sistema, em seu Universo; o Universo, no cosmo, e o cosmo – na causa primeira e única, impenetrável e infinita.

— Oh, como é grandioso esse conhecer da vida dos mundos e seres; quanta simplicidade nas leis básicas e diversidade nas conseqüências! E se essa diversidade já desconcerta, perscrutada dentro dos nossos minúsculos e restritos horizontes, que dirá das maravilhas incógnitas e insuspeitas de outros mundos e sistemas a navegarem no espaço infinito, feito arquipélagos translúcidos! Ah, como gostaria um dia de ir para um lugar desses!

Dakhir sorriu, melancólico.

— Quando você estiver pronto para ser um turista espacial, sem dúvida irá aos sistemas acessíveis, onde poderá ver muitas maravilhas.

E quanto mais ascender, tanto melhor compreenderá os mecanismos das leis a tornarem necessárias a fé, a prece e a prática do bem, ou seja: tudo que precipita o extravasamento puro e ardente – um contrapeso ao mal e um fator de equilíbrio em que se alicerça a existência do mundo.

Tais eflúvios servem de contenção contra as correntes das forças e dos seres caóticos e perniciosos que operam no âmbito de massas atmosféricas insubmissas.

Lá ruge e retumba a matéria primeira em seu estado vulgar, povoada de monstros espirituais, cujo aspecto horripilante seria difícil de descrever; lá, em seu estado de poder primitivo, enraivecem os elementos, impossibilitados de sair fora dos limites planetários. Mas, onde quer que seja retardada ou interrompida a atração que exerce a corrente divina – uma força obediente, harmônica e poderosa –, lá se forma uma brecha, pela qual se irrompem as forças desconexas do caos com seus elementos desenfreados, que, feito um furacão, aniquilam tudo em seu caminho.

— É isso que explica os chamados "milagres", as curas miraculosas...? Se entendi bem, as enfermidades físicas e morais assinalam o caos, a desagregação dos principais elementos do nosso minúsculo cosmo humano, enquanto que o êxtase puro da prece atrai a corrente dadivosa da graça Divina, proporcionando a cura de doenças, ou, em outras palavras, restabelece a harmonia e o equilíbrio.

— Sua observação é correta. Não só a poderosa prece dos seres superiores – os assim chamados santos –, mas também a dos mortais comuns, macerados de dor; o arrebatamento da alma crente faz o corpo astral separar-se da carne vulgar; em tais momentos o espírito do homem mergulha na corrente divina afluída, ou na aura do santo, pela qual ele clama, lá encontrando todas as substâncias químicas necessárias para ele, ou para aquele por quem ora.

Com base no que foi dito, você há de compreender a grande responsabilidade de sermos os legisladores, e o quanto é imprescindível enraizar firmemente as leis divinas, para assegurar a prosperidade do planeta. A ação correta das correntes astrais puras deve ser consolidada com a fé dos povos, com preces conjuntas das multidões, com persuasão de que todo o apoio deve ser buscado junto às forças do bem e que, para recebê-lo do alto, ele deve ser merecido.

Onde enfraquece a fé, desembestam paixões baixas, promovem-se orgias e profanações, e vicejam instintos animais lascivos; lá, sob o influxo do sopro desagregante do mal e desarmonia, estabelece-se um ambiente para espíritos caóticos, incapazes de sobreviverem fora das correntes desordenadas. Então, desencadeiam-se as tempestades, as inundações, as estiagens; descontrola-se a temperatura; as epidemias assolam. Diz-se então: "tal país foi atingido pela ira de Deus".

Um mensageiro enviado por Ebramar para convidar Dakhir para uma reunião dos magos interrompeu a conversa. Narayana, que acabara de chegar à cidade, queria pedir alguns conselhos aos amigos e seus superiores e relatar os últimos acontecimentos.

Na cidade fundada por Abrasack a vida corria em penosa monotonia, sobretudo para as prisioneiras, que pouco se interessavam pelos arranjos de guerra ultimados a todo vapor.

Para as jovens sacerdotisas, raptadas traiçoeiramente por Abrasack, e tornadas, a contragosto, esposas dos companheiros do rebelde insolente, o dia-a-dia era por demais duro, principalmente no primeiro ano de rapto. Elas foram atingidas como que por um furacão de sentimentos e correntes pesadas, materiais, eivadas de paixões vulgares, que modificou tudo externa e internamente.

Para Urjane, a provação era assaz penosa. Oprimia-a a longa separação de Narayana e de seus pais; mas, sem fraquejar, encontrava paciente a paz na atividade intensa. Se, num momento de fraqueza, a separação de seu amado parecia-lhe por demais torturante, ela repetia o mote do pai, quando fazia alusão à angústia de suas vidas seculares:

— Vamos trabalhar, amigos! Quem trabalha, devora o tempo!

O relacionamento de Abrasack com a jovem era um tanto curioso. Convencido de que suas investidas em possuí-la não lograriam êxito, ele também por nada concordaria em soltá-la; sempre desconfiado, ele a vigiava soturno, ainda que esta nem pensasse em fugir. Em seus raros encontros, Urjane recebia-o amistosa; conversava com a melhor boa vontade, e tentava elevá-lo. Justamente essa meiguice conciliadora irritava o orgulhoso e explosivo Abrasack: antes sua fúria intempestiva àquela docilidade impassível!

— Daria tudo por seu amor; não preciso de sua magnanimidade temperada com desprezo – atirou ele furioso, certo dia, ao se retirar.

Normalmente, depois de semelhantes cenas, ele se refugiava na casa de Avani; o olhar profundo e límpido da sacerdotisa tinha a propriedade de acalmá-lo.

— Como você é boa e paciente, Avani, e eu nem ao menos mereci isso! – falou-lhe ele, certa vez.

— Já que você me transformou numa diva, cumprirei esse papel, e a primeira virtude da divindade é a paciência – devolveu Avani, séria e pensativa.

Assim o tempo foi passando. Agora Abrasack contava com um exército bastante treinado; se bem que guarnecida de armas rudimentares, a monstruosa força dos gigantes representava um poder ameaçador.

Um incidente inesperado tirou Abrasack de seu estado relativamente tranqüilo. Um destacamento de seu exército, liderado por um dos seus amigos, foi vítima de um ataque de tropa desconhecida, cujos guerreiros se revelaram mais hábeis e mais bem armados, ainda que o inimigo perdesse em estatura para os gigantes de Abrasack, infligindo-lhes uma fragorosa derrota com grandes baixas.

Segundo as palavras do amigo, o comandante da tropa inimiga era uma pessoa alta, de tez vermelho-bronze, elmo pontiagudo e colar de pedras preciosas no pescoço; seus comandados, também de tez avermelhada, revelaram-se muito argutos. Armados de arcos e flechas, eles combatiam com competência e mobilidade incríveis.

Abrasack ficou desconcertado. Então os magos o enganaram, ao negarem a existência, no novo planeta, de povos relativamente cultos, e soltando contra ele aquelas hordas aguerridas?

Isso teria de ser averiguado o mais rápido possível. Porém, seu espelho mágico só lhe possibilitou divisar enormes agrupamentos de homens de pele vermelha, descritos por Clodomiro; quanto à sua origem – fosse ou não aquilo um caso fortuito, ou a vontade dos magos –, ele nada pôde descobrir. Como no decorrer das semanas consecutivas os choques se repetiram, normalmente a favor dos vermelhos, sendo até tomada e queimada uma das aldeias dos gigantes na fronteira com a floresta, Abrasack alarmou-se.

Ele resolveu, então, antecipar a sua incursão sobre a cidade dos magos e, sem perder tempo, iniciou os últimos preparativos. Todo o seu exército regular seria enviado ao local no qual se esperaria a chegada dos monstros, comandados pelo próprio Abrasack. Para defender a cidade com as suas prisioneiras, ficaria um destacamento de reserva, bem provido de munição e comandado por um dos amigos.

Finalmente, numa manhã, o espantoso exército deixou a cidade. Abrasack e Clodomiro dirigiram-se às ilhas rochosas atrás dos monstros chifrudos, cuja tarefa era destroçar a cidade dos magos.

Enquanto se processavam os preparativos de Abrasack, Narayana também não perdia tempo. Ele montou seu quartel general junto aos povos civilizados por Udea, que, divididos em tribos, dedicavam-se essencialmente à pecuária e cultivo de trigo.

Com seu característico talento de organização, Narayana soube treinar rapidamente as massas, desenvolvendo-lhes o espírito guerreiro e a coragem. Em pouco tempo ele selecionou os mais dotados e deles fez comandantes: justamente os que lideraram os ataques bem sucedidos contra as hordas selvagens de Abrasack.

Seu exército estava pronto a sair em campanha contra os "macacos", quando Narayana recebeu de repente uma ordem dos magos superiores de levar as forças armadas até os arredores da cidade divina, lá acampando.

Uma notícia súbita correu pela cidade, anunciando a iminente ameaça à paz reinante. Ao voltarem do trabalho, de lugares afastados, os operários contaram assustados terem visto por entre os bosques exércitos de gigantes peludos, parecidos aos que haviam raptado Urjane e suas companheiras, acompanhados por monstros insólitos, de estatura imensurável, chifrudos e horripilantes. Pelo que tudo indicava, aquelas hordas asquerosas se dirigiam à cidade divina.

Dois dias depois, foi possível ouvir claramente o retumbar surdo das massas em movimento e o vozerio longínquo e desconexo; nuvens negras como que se assomaram no horizonte, espalhando-se em ondas revoltas pela planície, emoldurando o platô em que se localizava a cidade divina.

Até onde alcançava a vista, só se viam as massas inimigas emergindo. Feito uma avalanche incontida, as hordas avançavam arrancando árvores em seu caminho; a terra tremia sob as passadas troantes, e os gritos desconexos, ao se fundirem, lembravam o urro de ondas quebrando-se aos estrondos nas margens rochosas; um cheiro nauseabundo envenenava o ar por longas distâncias.

Na frente das massas negras de gigantes simiescos, vinham os lendários seres monstruosos – criaturas rudes e asquerosas de natureza primitiva.

Os enormes colossos eram cobertos por pêlo longo; em alguns a pele desnudada era pintalgada como nos répteis; a maioria possuía chifres curvos e todos tinham rabos que se arrastavam pela terra.

Com as mãos, antes patas com unhas ou garras curvas, eles levantavam e lançavam longe, feito brinquedos, blocos enormes de pedra e troncos de árvores, arrancadas pela raiz. Esse mar de criaturas rolava cercando aos poucos a cidade.

Em cima, montados nos dragões alados, adejavam os companheiros de Abrasack, comandando as massas, e acima de todos pairava o próprio audaz rebelde.

Vestido de branco e visível a todos, Abrasack montava o Tenebroso; bem treinado, ele obedecia a qualquer sinal das pernas. O comandante-em-chefe empunhava uma lira de cristal a fulgir em centenas de brilhantes; de seu pescoço pendia, unido pela corrente de ouro, uma espécie de clarim mágico, cujos sons levavam à fúria o espírito guerreiro de seus combatentes.

Dakhir, que acompanhava o avanço dos atacantes, ordenou aos ajudantes abrirem uma portinhola no parapeito da plataforma da torre. Do lado de fora balouçava um barco aéreo de tamanho mediano, dotado de aparelhos nas extremidades, de onde pendiam feixes de finas varetas metálicas.

Embarcaram quatro pessoas, e a nave ganhou altura. Dakhir e um adepto acomodaram-se junto dos aparelhos; Kalitin e um outro discípulo receberam a ordem de pilotar a embarcação de acordo com as instruções do mago.

Praticamente ao mesmo tempo, das demais torres alçaram vôo outras aeronaves de construção idêntica, espalhando-se em várias direções.

Tão logo os monstros chifrudos começaram a galgar as rochas íngremes das encostas do platô onde se localizava a cidade, acima das primeiras fileiras do inimigo surgiu a nave de Dakhir; teve início, então, um espetáculo estranho e assombroso. As varetas metálicas cuspiram feixes de fagulhas, atingindo aos silvos insólitos as fileiras cerradas do inimigo.

Quase simultaneamente, no bojo das massas atacantes, formaram-se lacunas; os monstros pareciam ter se evaporado, sem deixar nenhum vestígio.

À medida que o barco deslizava, e as armas dardejavam as fagulhas mortíferas, sumiam ou se derretiam no ar os monstros inimigos. Por todo e qualquer lugar onde os projéteis acabavam caindo, as massas urrantes simplesmente sumiam junto com os blocos de pedra ou troncos de árvores que carregavam. O solo, em compensação, cobria-se por uma fina camada de cinzas brancas.

O terror apossou-se dos sobreviventes. Gritando e urrando, eles voltaram para trás, de encontro às massas dos gigantes simiescos, levando desorganização às suas fileiras.

A cena foi medonha. As criaturas ensandecidas, na confusão geral, começaram a empurrar e pisotear uns aos outros, desaparecendo em nuvens de faíscas que jorravam.

Os amigos de Abrasack estavam perplexos e mudos de terror ao verem o aniquilamento de seu exército. Seus cavalos alados começaram a revelar uma atitude perigosa, atirando-se em várias direções e recusando-se a obedecer; por fim, meio acuados, eles partiram em desabalado vôo em direção às florestas.

Neste ínterim, o exército de Narayana começou a descer das montanhas, animado por ímpeto guerreiro. Assim que surgiram os novos combatentes, os barcos espaciais cessaram seu trabalho de devastação, aliás já concluído. Iniciou-se um combate sangrento. O exército dos "macacos", totalmente abatido, mais pensava em fugir; no entanto, o instinto de preservação fazia com que eles repelissem o ataque, e o confronto teria custado muito sangue, se uma circunstância inesperada não colocasse um termo à luta. Nuvens escuras cobriram rapidamente o céu, e desencadeou-se uma tempestade; a escuridão era tamanha que nada se podia enxergar, e neste furacão dos elementos enfurecidos o combate cessou por si mesmo.

Finalmente os trovões e os rugidos da tempestade sossegaram; um pálido lusco-fusco alumiou o campo de batalha e os sobreviventes do exército de Abrasack, dignos de dó, debandaram, urrando de pavor, em direção a suas florestas. Por si só, a locomoção pela terra provocava neles um enorme desconforto e medo, e, tão logo se viram sob as copas das frondosas e gigantescas árvores seculares, treparam-nas e, pulando de galho em galho, dirigiram-se às suas aldeias.

Abrasack resistiu o quanto pôde. Ele logo atinou a terrível força posta a serviço dos magos para derrotá-lo; ouviu os outros falarem dela, mas como dominá-la? – era um mistério.

Um louco desespero dele se apoderou. Ele execrava a hora em que tinha tomado a substância primeva; a imortalidade pela qual ele tanto ansiava parecia-lhe agora uma maldição, ela o fazia render-se, amarrado pelos pés e mãos, à autoridade dos juízes implacáveis que zombaram de sua insurreição. Subitamente, numa nave exterminadora, ele avistou Dakhir. Um ódio furioso estremeceu-lhe todo o ser, e em seu cérebro excitado raiou um pensamento. Quem sabe, já que imune à morte ordinária, aquela força desconhecida, que pulverizava até os gigantes primitivos e as rochas maciças, poderia proporcionar-lhe também a morte desejada, livrando-o da punição iminente? Dominado por essa vontade, ele quis manobrar o Tenebroso para descer naquele turbilhão de feixes; mas, pela primeira vez, este se rebelou em acatar a sua ordem, iniciando-se então um confronto entre os dois, e o animal saiu ganhando.

Fungando e rasgando o ar com a poderosa cauda, o dragão alçou as alturas e precipitou-se em direção às florestas, ameaçando despojar-se de seu cavaleiro.

Nem Abrasack seria capaz de explicar como chegou à cidade; sua cabeça girava, e só um instinto cego de preservação fez com que se agarrasse firmemente no animal ensandecido.

Já recuperado, viu-se deitado na terra perto da entrada do templo. A noite já descera. Pela cidade ouviam-se gritos e urros de dor; figuras peludas corriam saltitando e sem rumo.

Num esforço sobre-humano, Abrasack levantou-se e arrastou-se até o templo. Sua roupa esfarrapada estava suja de barro; todo o corpo doía, a respiração era intermitente, mas ele nada parecia perceber.

Um pensamento só martelava-lhe a cabeça latejante.

"Fui derrotado, estou impotente. Fui obrigado a continuar a viver e a submeter-me à punição diabólica planejada."

O templo estava vazio. No altar ardiam ervas, flores e um feixe de ramos resinosos; algumas lâmpadas fixadas ao paredão rochoso espalhavam uma fraca luz azulada.

Avani acabou de arrumar o fogo sobre o altar, fez orações e recolheu-se ao seu nicho.

Urjane, que há pouco estivera com ela, confiou-lhe que, aparentemente, Abrasack e seus companheiros tinham sofrido um revés, a julgar pelo fato de que haviam retornado abestalhados, trancando-se em suas casas. Entre os "macacos", segundo as suas palavras, reinava um pânico desesperante; nenhum deles sabia dizer o que teria acontecido a Abrasack.

— Já sabíamos antes sobre a derrota dos infelizes. Tinha ele que intentar uma guerra justo contra aqueles de quem conhecia o poder? Tenho muita pena! – concluiu Urjane.

— À semelhança de Ícaro, imaginava ele alcançar o céu nas asas de cera... Entretanto, nele habita um espírito forte e valoroso, e seria uma pena deixar que essa força se extinga em vão – observou Avani.

— Tem razão! Narayana não teria insistido em protegê-lo, caso não pressentisse nele um espírito eleito, eclipsado por desditosas circunstâncias. Bem, já vou indo para casa, algo me diz que logo seremos libertadas.

Ela despediu-se meigamente da amiga e deixou a gruta. No momento em que Avani subia ao nicho com a intenção de voltar para o quarto e rezar, no templo entrou Abrasack.

Pálido e cambaleando como ébrio, ele se aproximou do altar, mas desfaleceu no primeiro degrau.

Avani precipitou-se para baixo e, ao se convencer de que Abrasack perdera os sentidos, umedeceu no reservatório uma toalha e com ela esfregou o rosto empoeirado de Abrasack. Depois, tirou um frasco detrás do cinto, dele verteu algumas gotas sobre as chamas que tremulavam sobre o altar, e um aroma vivífico invadiu a gruta. Tomando uma taça, cheia de líquido vermelho pela metade, ela se voltou para Abrasack; este, já de olhos abertos, soergueu-se com muito esforço.

— Estou com sede – balbuciou.

Avani levou-lhe aos lábios a taça, e ele avidamente bebeu. Súbito ele agarrou a cabeça com as mãos e, sufocando-se, gritou em voz entrecortada:

— Eles venceram, não passo de um fugitivo em seu poder.

— Faz parte da vida humana tropeçar pelo caminho. Seu orgulho e sentimento impuro fizeram com que usasse para o mal os seus conhecimentos; arrependa-se, pois, e reconheça a sua impotência, assim terá a indulgência de seus juízes.

— Indulgência? – ele riu secamente. – Ela se expressará, sem dúvida, numa punição diabólica.

— Envergonhe-se, e não se esqueça de que os seus vencedores são seres superiores, incapazes de sentimentos mesquinhos e cruéis. A punição aplicada servirá apenas para sua ascensão; quanto mais sincero for o seu arrependimento, mais indulgente será a sentença. Só a revolta e a teimosia merecem castigo severo. Sei que você teme a ira justa de Narayana, mas nenhuma vingança vil orientará um adversário tão digno como ele, e se você se mostrar sinceramente arrependido, ele perdoará, como um pai perdoa ao filho pródigo.

— Você não tem noção de como é difícil ter de me humilhar e me reconhecer um joguete impotente, sujeito à destruição pela mão de seu dono – sussurrou sombriamente Abrasack.

Avani estremeceu e afastou-se dele.

— Então você não percebe, Abrasack, que são os espíritos das trevas que o norteiam? São eles que lhe murmuram o orgulho e a rebeldia. Expulse os lúgubres conselheiros, gerados por paixões, instintos impuros, prepotência exacerbada e ambição pelo poder. Afaste esses servos ignominiosos! Que eles morram de inédia, privados do alimento da exalação de suas paixões.

Domine seu orgulho, purifique-se e reze! Você ergueu um templo para os seres inferiores aprenderem a venerar a Divindade, mas se olvidou de si.

Ou você deixou em esquecimento a importância de orar, haurindo a luz, o calor e a força do foco do Plenipotente? Por que não recorrer a essa graça sublime, beneficiável a toda alma? Por que não se utilizar desse talismã concedido a todos os fracos e deserdados, mas que lhe foi arrebatado pelo orgulho e fatuidade imensuráveis? Os próprios magos e os hierofantes superiores submetem-se respeitosos ante a Divindade, para haurirem a força e a sabedoria da fonte da luz sublime. E quanto mais alto estiverem na escada da perfeição, tanto mais humildes eles se tornam, pois a verdadeira grandeza consiste na consciência da imensurabilidade do caminho para a perfeição. Acredite, só lhe desejo o bem; resigne-se e ore, e as forças do bem o irão proteger, inspirando-o e levando-lhe a luz.

Abrasack continuou calado, sua terrível excitação deu lugar a um grande desânimo. Avani se pôs de joelhos diante do altar e começou a rezar ardorosa.

Na cidade divina, os elementos desenfreados logo se acalmaram e o sol ascendente cobriu de raios o campo de batalha, onde milhares de criaturas vivas pereceram sem deixarem vestígios, tirante uma camada fina de cinzas.

Os magos reuniram-se para discutir o futuro. Narayana, que se encontrava presente, não parecia estar no melhor de seus humores.

— Tinham vocês de desencadear a tempestade e a escuridão, atrapalhando o meu exército de ter uma participação decisiva no combate? Para que eu me esforcei no recrutamento do exército, se tudo poderia ser feito com o auxílio da força etérea?

— Quando é que você vai parar de ser leviano? – revidou Ebramar. – Você bem sabe que ninguém atrapalhou seus guerreiros a medirem forças com o inimigo e testarem a coragem. Além disso, tudo o que era inútil e perigoso foi aniquilado. Uma carnificina maior seria desnecessária, pois a população de" macacos", como Abrasack intitula os seus súditos, foi reduzida. Quanto a seus soldados, já com alto nível de desenvolvimento intelectual e físico, estes servirão para a formação de futuros reinos.

Os feridos serão recolhidos e receberão medicação; os cadáveres devem ser eliminados para evitar o risco de contaminação. Acalme-se, pois, e mande os seus comandados voltarem pacificamente para suas casas; depois, pegue duas aeronaves e vá resgatar Urjane. Traga também as nossas discípulas com suas famílias. E não se esqueça de seu ex-discípulo. Vamos ter de reeducá-lo, já que você o agraciou com a imortalidade.

Algumas horas depois, duas aeronaves desciam numa pequena clareira diante do palácio de Abrasack. Imensa foi a alegria do reencontro de Urjane com Narayana, após tanto tempo de separação. Acalmada a primeira emoção, eles conversaram à vontade. Narayana se informou de suas companheiras e anunciou que, caso elas quisessem, os magos lhes devolveriam a liberdade, tirando-as de seus maridos impostos. Urjane sorriu.

— Duvido que elas queiram isso. Foram grandes os seus sacrifícios para apurar e desenvolver seus homens; além disso, elas têm filhos com eles e já se adaptaram a essa vida. Conheço-lhes, entretanto, um desejo: elas querem que a união seja sagrada pelos magos mediante um ritual apropriado, e que os filhos freqüentem escola.

— Bem, os magos decidirão sua sorte; minha ordem é levá-las com a família para a cidade divina, assim, vou enviar gente para buscá-las.

Sombrios, mudos e cabisbaixos, vieram os companheiros de Abrasack com suas esposas, pálidas e alarmadas. Narayana, que conhecia as mulheres desde a infância, abraçou-as, assim como os seus filhos, e depois anunciou que, atendendo às ordens dos magos, elas deveriam voltar para a cidade divina, onde os mestres decidiriam seu futuro.

— Bem, agora preciso procurar o seu digníssimo líder – disse Narayana, e seu semblante cobriu-se de nuvens.

Era-lhe difícil olhar para o discípulo, cuja perfídia lhe subtraíra a felicidade de fascinar-se pelo êxito, revelando-o indigno de sua proteção. Urjane leu-lhe o pensamento, e premeu-lhe a mão meigamente.

— É verdade, foi grande a decadência de Abrasack, ofuscado pela prepotência e sentimentos lúbricos que escravizam homens imperfeitos. Não de tudo, porém, foi inútil ele ter sido seu discípulo. Ele é uma alma forte e poderosa, dona de inteligência ativa. Sendo assim, acabará por sacudir sua impetuosidade cega, arrepender-se-á e sairá vitorioso, reconquistando-lhe a confiança; e, se for incumbido de alguma missão, sem dúvida a cumprirá condignamente.

— Esperemos que você esteja certa! Intercederei por ele junto aos mestres; eles decidirão.

Quando Narayana, Urjane e outros adeptos entraram no templo subterrâneo, encontraram Avani ajoelhada diante do altar, sobre o qual pairava uma cruz radiosa.

Estava ela imersa numa prece extasiante; os raios prateados, a se irradiarem da cruz, envolviam-na numa névoa azulada. Junto aos degraus, jazia imóvel Abrasack; a terrível agitação e luta interior, pelas quais passara no dia anterior, deixaram-no em estado cataléptico.

Narayana ordenou que ele fosse levado para a aeronave e, após conversar um pouco com Avani, todos se dirigiram de volta à cidade dos magos.

Capítulo XII

Quando Abrasack acordou de seu longo desmaio, o corpo readquirira as forças anteriores, sua alma, porém, parecia cansada, a cabeça pesada; a angústia e o desânimo sentidos eram fruto de um enorme abalo moral e físico. Ele estava na cama, num lugar totalmente ignorado, e vestia o "traje dos arrependidos".

Ele se levantou célere para se familiarizar com o lugar. Era uma gruta ampla, esculpida num maciço rochoso e iluminada por uma lâmpada dentro de uma saliência. Era uma instalação desprovida de conforto, ainda que não fosse totalmente austera. Além da cama, havia uma mesa grande cercada de cadeiras, alguns livros, manuscritos, papiros antigos e outros materiais de escritório. Contígua àquela gruta, encontrava-se uma outra gruta de tamanho menor; lá, do paredão jorrava um filete cristalino de água que caía dentro de um tanque grande, destinado para os banhos; junto a outro paredão, via-se uma estante e um enorme baú de madeira aromática, atulhado de trajes brancos e negros, de linho.

Nos fundos da primeira gruta, à altura de um degrau do solo, estava instalado um altar; entremeavam-lhe as extremidades dois castiçais de ouro, com velas de cera vermelhas, e ali mesmo jazia um cálice de ouro de fino acabamento, adornado por gemas. Sobre o altar, junto ao paredão, divisava-se uma gravura artisticamente trabalhada, cuja superfície de fundo branco, matizada por uma substância lembrando madrepérola, se agitava como se estivesse sob a ação do vento e reverberava todas as cores do arco-íris.

A única saída daquele recinto era através de uma arcada que levava a um grande balcão com parapeito de madeira.

Ao sair para o balcão, Abrasack viu que a sua moradia se achava num alto rochedo pontiagudo beirando um abismo; do outro lado, por toda a extensão, erguiam-se curiosas escarpas. Um rio despencava-se aos estrondos para as entranhas do abismo insondável.

Ele se apoiou no parapeito e divisou com o olhar sombrio aquele panorama funesto; apenas o urro da cachoeira ou o eventual grito de um pássaro noturno, provavelmente nidificado no rochedo, quebravam o silêncio mortal.

— Primeiro a prisão, e depois a forca! – soltou-se de Abrasack, num esgar de riso seco.

Ele retornou à gruta, deixou-se cair na cadeira e agarrou a cabeça com as mãos; um minuto depois, lembrou-se da mesa cheia de livros. Provavelmente eles me deram alguma tarefa! De que trata esta literatura?

Aproximando a cadeira, começou a folhear os manuscritos e, então, compreendeu que dele se exigia um trabalho mental saneador antes de comparecer diante de seus juízes.

Subitamente, de um rolo levantado de manuscritos caiu uma folha, cujo título em letras garrafais dizia: "A Purificação de Adepto Delinqüente".

"Constitui-se no mais grave crime relativo à iniciação o abuso do poder, favorecido pela ciência sagrada, no intuito de satisfazer paixões abjetas e imorais. O adepto que incorreu neste ato culposo, provido do saber, mas que maculou a alma e saqueou-lhe as virtudes, se submeterá ao trabalho de purificação para que lhe seja restabelecida a força límpida perdida.

"Deverá este se entregar à meditação e desenvolver a maior sensibilidade possível, para apreender a força radiosa e reproduzir mentalmente as preces abaixo descritas.

"Ao adquirir o poder suficiente para erguer com a mente uma cruz clarífica sobre um altar e contatar os espíritos elementais, protetores do símbolo sagrado, ele deverá, com sua ajuda e trabalho obstinado, abrir o caminho ao espírito Divino de Cristo.

"Se por uma tríplice aspiração a profundo arrependimento, fé ardente e êxtase da prece, ele conseguir invocar em sua alma a imagem do Salvador e, depois, imprimi-la na substância da gravura, o cálice se encherá da essência divina, o adepto dele tomará, e as más excrescências, acumuladas por seus atos, serão calcinadas pelas chamas celestes. Então ele readquirirá a pureza da carne e espírito, com suas virtudes anteriores, e recuperará os poderes supremos".

Abrasack imóvel, respirando pesado, não despregava os olhos da mensagem que apresentava o programa das provas impostas pelos juizes.

Instantes depois, ele se levantou febricitante. Sua cabeça ardia, a alma fervia de desespero amargo. O que se lhe exigia estava além de suas forças, jamais ele conseguiria fazê-lo... Com aquele programa impossível, zombavam de sua impotência... Aquilo não passava de forma hipócrita de sentenciá-lo à reclusão eterna.

Sua respiração tornou-se difícil, imaginou-se sufocar. Quase instintivamente, correu para o balcão e apoiou-se no parapeito.

O ar fresco da noite revigorou-o; na alma, a tempestade ainda se agitava; ele lançou um olhar lúgubre sobre a paisagem desoladora, agora iluminada por duas luas. Os rochedos pontiagudos lançavam aqui e ali sombras esdrúxulas; somente o retumbar vago das águas quebrava o silêncio.

Sentia-se realmente derrotado. O véu de orgulho, presunção e rebeldia, a ocultar-lhe os equívocos, partiu-se em pedaços; lágrimas de vergonha e arrependimento cintilaram em suas faces.

— Perdoe, ó Juiz Todo-Misericordioso, minhas faltas pecaminosas contra as Suas leis sagradas – balbuciou ele, fitando esperançoso a cruz.

Este ímpeto de fé e arrependimento esgotou por completo as forças de Abrasack; ele caiu sobre o degrau do altar, e sua extenuação deu lugar a um sono profundo e reparador...

Já era bem tarde quando ele acordou. Ao se levantar, ele se espreguiçou e quis ir à gruta anexa, quando sua atenção foi chamada para uma mesa pétrea, que não notara na véspera. Ao se aproximar, divisou uma folha de papel, onde estava escrito: "Coma o quanto precisar seu organismo acostumado a alimentos fartos e pesados, pois você precisará de muitas forças no futuro".

Sobre a mesa havia dois cestos: um com pão e outro com ovos, frutas, manteiga e mel; havia também dois jarros: com vinho e leite.

Percorrendo com o olhar meio melancólico, meio irônico, aquelas iguarias fartas, ele foi à gruta contígua e tomou um banho. Trocado numa túnica de linho, Abrasack ajoelhou-se diante do altar e começou a rezar.

Depois da oração, comeu um pedaço de pão e tomou uma taça de leite, retornou à mesa com os livros e releu o programa de purificação do adepto delinqüente. Relendo-o mais uma vez, apoiou o rosto nos cotovelos e o cobriu com as mãos.

Já não era nem a fúria e tampouco a indignação que se lhe transbordava da alma – mas um desânimo profundo, a consciência da fraqueza e impotência.

Unir-se ao espírito divino de Cristo, evocar a sua imagem e, ainda, com tal força que ela fique impressa na substância da gravura... Que pureza e força seriam necessárias para tanto! Não, não, jamais conseguirei isso!..

— Tente! No início tudo é difícil, mas a vontade e a paciência superam qualquer dificuldade – sussurrou-lhe uma voz vibrante, como se vinda de longe.

Abrasack soergueu-se e seus olhos brilharam. Então ele não estava sozinho naquela provação; alguém compartilhava de sua sorte... o apoiava naquele momento de infortúnio... Quem seria essa alma amiga? Ele parecia reconhecer a voz de Avani... Fosse quem fosse, esse alguém acorria, encorajava-o, desejava-lhe sucesso.

A partir de então Abrasack iniciou o trabalho. Ele lia, estudava os livros e os manuscritos que lhe forneciam subsídios preciosos; e se, eventualmente, era acometido de fraqueza ou cansaço, uma voz amiga encorajava-o.

Finalmente chegou a noite que se tornou memorável ao adepto arrependido. Todo fremente em êxtase da prece, ele, num ímpeto sincero de humildade e arrependimento, rejeitou para sempre todas as ambições mesquinhas, suplicando apenas pela graça de poder seguir constante pela senda de ascensão à luz divina e ao conhecimento sublime. Súbito sobreveio um fenômeno incrível.

Ondas etéreas rodopiaram-lhe em volta com velocidade estonteante, raios cintilantes entrecortaram o ar em direção à gravura. Um rolar de trovão estremeceu os paredões, o interior do quadro encheu-se de luz esplendente, e, naquele fundo radioso, divisou-se a figura do Redentor, em todo o Seu esplendor sobrenatural.

Com docilidade divina e amor infinito, os grandes olhos, desmesuradamente profundos, contemplaram o adepto prostrado; mão translúcida ergueu-se para abençoar o pecador arrependido; a outra segurava o cálice...

De súbito, a visão esmaeceu e apagou-se por completo. A luz no interior da gravura se extinguira, mas, no fundo oscilante da substância nacarada, estava, como viva, a imagem do Filho de Deus.

Com a alma palpitando, ficou Abrasack contemplando aquela imagem divina, a sorrir-lhe misericordiosa. Então ele mereceu a graça de assimilar com todas as suas fibras a imagem translúcida e imprimi-la! Ele suportara plenamente a provação prescrita, pois o cálice de ouro sobre o altar estava cheio de líquido purpúreo. Abrasack tomou daquela substância misteriosa, que se espalhou em corrente vivífica por todo o corpo, proporcionando-lhe uma sensação jamais vivida de força, leveza e bem-estar, não obstante sentir tontura. Involuntariamente ele se apoiou sobre a cadeira mais próxima. A terra parecia fugir-lhe dos pés, os paredões da gruta balançavam e pareciam afastar-se; de chofre, num deles abriu-se uma porta em arco, revelando a escada pela qual vinha subindo um grupo de meninos da escola de adeptos. Eles carregavam certos objetos que Abrasack não conseguia distinguir por causa da agitação; eram trajes alvos, semelhantes aos usados pelos magos. Os jovens tiraram de Abrasack suas vestes velhas e ataviaram-no com a recém trazida.

Atordoado, Abrasack ofereceu-se mudo a seus préstimos. Tão logo lhe colocaram um cinto de prata de fino acabamento, no umbral da porta apareceu sorrindo Narayana. Ao vê-lo, Abrasack caiu de joelhos e depositou-lhe aos pés a sua cabeça. Arquejante de vergonha e arrependimento, murmurou a muito custo:

— Mestre, perdoará você algum dia a minha vil ingratidão?

Narayana apressou-se em erguê-lo e o beijou.

— Nada tenho a perdoar-lhe. Esta hora tudo redimiu, justificando diante dos meus mestres a proteção e a confiança em você. Agora, compareça perante os seus juízes.

Abrasack nem sequer imaginava que estava recluso numa ala afastada do palácio dos magos.

Eles desceram a escada, passaram por um longo corredor e deram numa ampla galeria abobadada. Ouvia-se uma música melodiosa e um canto alegre e triunfante; meninas da escola de magas atiravam flores a seus pés.

O tribunal dos legisladores era um salão espaçoso em arcos. O teto, as colunas e as paredes pareciam um rendado de madeira; as inscrições nos entalhes, executadas em pedras preciosas, diziam pensamentos de suprema sabedoria.

O salão findava num grande semicírculo, onde, em forma de um anfiteatro, estavam dispostas cadeiras. Ali presidiam os juízes: na fileira de cima acomodavam-se os hierofantes, cujos semblantes estavam envoltos em névoa azulada; um pouco abaixo, encontravam-se os demais magos, e, no patamar inferior, estava Ebramar, o qual deveria pronunciar a sentença.

Pálido e fremente, Abrasack postou-se diante do tribunal, esperando, as mãos cruzadas no peito. Ebramar parecia rodeado de névoa leve e transparente; seis fachos formavam sobre a sua fronte uma coroa ígnea. Seu olhar profundo fitou perscrutador os olhos ansiosos de Abrasack; por fim, ele pronunciou-se em tom afável:

— Bem-vindo, filho pródigo. Você lançou por terra as peias das trevas, retornando à luz e ao trabalho dignificante da morada de Deus. Livrar-se das excrescências de tantas paixões impuras foi uma tarefa árdua, mas um trabalho espiritual magnífico. Parabenizo por tê-lo cumprido como se esperava; com sua alma purificada e enobrecida, você pôde assimilar a imagem do Redentor; sua fé e o amor foram suficientemente fortes para imprimir, de forma indelével, a imagem divina na matéria radiosa da gravura. Aceite, pois, o símbolo visível que o colocará na mesma fileira dos servidores da verdade.

Abrasack ajoelhou-se, Ebramar tocou-lhe a testa com a espada mágica de gume ígneo. Imediatamente, sobre a fronte de Abrasack fulgiu uma estrela brilhante envolta em símbolo cabalístico, como que desenhado por fogo.

— Enredado em trevas de orgulho e ambição, você queria se tornar um rei; agora que isso rejeitou, doa-se-lhe este reinado, como prova de seus poderes. Existem no planeta muitos povos amadurecidos que terão de ser governados com justiça, receber as leis, assimilar a idéia de Deus e outros fundamentos de iniciação. Um deles fica-lhe confiado, e espero que você o governe com a isenção sábia de sacerdote, rei e legislador; lá, por você será fundada a primeira dinastia divina – uma das que existiram no despertar da humanidade, conforme testemunham as lendas populares de todas as nações. Você receberá instruções detalhadas ao iniciar os preparativos para a nova missão.

Venha agora receber nossos ósculos, e depois festejaremos o retorno do irmão que reconquistou a nossa confiança.

Após abençoarem Abrasack, os hierofantes superiores e a maioria dos magos que presidiram o areópago se retiraram; um grande grupo de discípulos e amigos de Ebramar, e os ex-colegas de escola de Abrasack, dirigiram-se ao palácio do mago.

Junto com Nara, Edith, Olga, entre outras pessoas, estava presente também Urjane.

Narayana pegou a mão de seu antigo pupilo, levou-o até a esposa e, sorrindo maliciosamente, pilheriou:

— Você se esqueceu rápido de sua ex-paixão treslouca-da, tanto que a cumprimenta apenas com uma reverência indiferente?

— Não quero de Abrasack senão uma amizade boa e duradoura, ainda que proteste que me trate com indiferença –

retrucou com bonomia Urjane, estendendo a mão para seu "raptor".

Um rubor escuro cobriu o rosto pálido e emagrecido de Abrasack.

— A provação imposta curou-me de todas as sandices. Se a digníssima Urjane me presentear com sua inestimável amizade e aceitar a promessa de minha lealdade, este dia será o mais feliz de minha vida, e uma prova de que o seu nobre coração perdoou o meu ato ignóbil – discorreu ele em voz baixa, beijando respeitosamente a mão de Urjane.

O almoço correu num clima de muita animação; no final, Ebramar, em companhia de Narayana e Supramati, levou Abrasack para o seu gabinete de trabalho e anunciou que a partir do dia seguinte se iniciariam os preparativos para a sua nova posição, sob a direção de Supramati e Narayana.

— Antes, porém, devemos tomar certas diligências quanto a seus companheiros, intimados do espaço e materializados com o auxílio da substância primeva; como também, quanto ao destino do povo simiesco, que você soube subordinar a si.

O jeito que você imprimiu ao exercício de domínio das tribos selvagens, lançando as primeiras sementes da civilização, é uma prova de suas habilidades de governador, e seria uma pena não as aproveitar.

— Algumas tribos ainda sobreviveram? – indagou Abrasack, inquieto.

— Sim, apenas as desfalcamos; uma explosão de seu número seria perigosa e desnecessária. Os sobreviventes serão divididos em duas partes e mais tarde transferidos para a outra região do continente. Como as mudanças climáticas influíram muito sobre o crescimento da raça, uma região de clima frio temperado acelerará sua extinção. Com uma miscigenação intensa, mais tarde melhoraremos significativamente a espécie.

Por enquanto, esse povo simiesco está aos cuidados de Jan d'Igomer; achamos, entretanto, que é de seu desejo levá-lo consigo – uma atitude justa e natural. Uma vez que seus companheiros sempre trabalharam sob a sua orientação e conhecem seu sistema, estarão aptos a prosseguir na tarefa por você começada. Selecione seis deles para as funções de responsabilidade, de tal modo que um par dirija os destinos das duas populações de nativos, e os dois restantes o ajudem no governo da cidade e dos vilarejos a serem fundados.

Os demais companheiros você pode levar junto com as respectivas consortes que você cuidou de lhes providenciar; elas contribuirão no desenvolvimento das aborígenes.

Devo dizer que as uniões perpetradas sob constrangimento foram legalizadas e sagradas por rituais divinos, com a anuência dos cônjuges. A propósito, está na hora de você também arrumar uma companheira – uma rainha para o futuro reino e mãe da dinastia divina. Ofereço-lhe a oportunidade de escolher uma de nossas jovens e receber o consentimento de sua eleita.

— Já tenho a minha eleita, desde que você a aprove e eu possa merecê-la por esposo. Gostaria de me casar com Avani. Ela foi o bondoso gênio que me auxiliou com seus conselhos; além do mais, foram as suas orações que me ajudaram a purificar a alma, iluminar a razão e domar-me a "fera". Sou o que sou graças a ela. Nutro um grande amor por ela e sou infinitamente grato; se não houver nenhum impedimento, buscarei obter a aprovação dela. Não sei se o consigo, mas pelo menos tentarei.

— Tem a minha permissão, e espero que vocês se unam. O amor e o reconhecimento são os melhores cúmplices na jornada da vida – concluiu Ebramar, com ar de aprovação.

Depois de discutidos ainda alguns detalhes relacionados às decisões tomadas, eles se separaram; Narayana levou Abrasack à sua casa.

— Acho que Avani está com Urjane; vou lhe arrumar um encontro com ela para resolver logo a questão. Não fique nervoso, sei que tudo vai dar certo! Quando uma mulher se interessa tanto pelo destino do homem, e preocupa-se com sua recuperação, é que gosta dele. Sua gratidão é uma bela oportunidade para consolidar a autoridade dela sobre o marido.

Nunca se esqueça, Abrasack: a despeito da eminência espiritual da maga, ela jamais deixará de ser uma "filha de Eva", por isso não tente traí-la; um dia, você há de dar razão às minhas palavras.

Abrasack não conseguiu conter o riso.

— Bem, a lição que eu tive provavelmente me curou de toda a leviandade. Avani está tão acima de mim que será difícil não me submeter à sua autoridade. Deus queira que ela concorde! – suspirou Abrasack.

Deixando-o numa das salas do andar térreo, Narayana foi ao quarto da esposa, quinze minutos depois ele retornou alegre.

— Vá até a varanda, lá você encontrará Avani, pronta para conversar!

Visivelmente perturbada, Avani estava acomodada na cadeira junto ao parapeito; ao lado jazia uma prenda, displicentemente largada. Era um pano que bordava com fios sedosos e metálicos, um ornato de flores e borboletas do planeta extinto.

Abrasack aproximou-se célere, puxou uma cadeira e tomou-lhe a mão.

— Pedi permissão para conversar com você sobre um assunto do qual dependerá o nosso futuro. Eu a amo e ficaria infinitamente feliz tendo você como companheira de minha vida. Espero não ser condenado por minhas palavras depois de você testemunhar a louca paixão que tive por Urjane. Juro-lhe que aquele sentimento impuro e criminoso foi domado e esquecido; você, da qual ousei fazer uma divindade, escravizou-me o coração. Eu aprendi a dar valor à sua paciência, bondade, nobreza e inteligência notável, enquanto que sua autoridade dócil me tratou as feridas espirituais nos momentos mais difíceis.

Ele silenciou e fitou-a com olhar ansioso. Avani cobriu-se de rubor.

— Não me venha censurar por ter tomado as dores de Urjane, a quem adoro. Se eu tivesse refletido melhor, como faria qualquer mulher sensata, não me teria oferecido ao inconseqüente homem amado, no lugar dela. E, por sinal, a troca não o seduziu.

Aliás, devo reconhecer que você se saiu surpreendentemente bem dessa situação toda: renunciou a uma esposa normal, tornando-a uma "divindade". Foi uma idéia genial!

Avani largou uma risadinha; Abrasack também não se conteve.

— Uma vez que o meu orgulho foi poupado – continuou ela séria – não sinto raiva de você.

Aliviado e feliz, Abrasack atraiu-a nos braços e deu-lhe um beijo, selando o consentimento.

No dia seguinte, conforme o combinado, ele foi à casa de Supramati para receber as devidas instruções de sua futura atividade. Aquele trabalho o excitava; a missão confiada lhe abriria um vasto horizonte de obras dignificantes.

O mago o recebeu jovialmente e o fez sentar-se junto à mesa atravancada de manuscritos e aparelhos, cuja aplicação ignorava.

Depois de fazer algumas observações preliminares, Supramati abriu diante de Abrasack um mapa e disse:

— Estude esse mapa de seu futuro campo de ação! O país, como vê, é recortado por um grande rio; a terra é fértil, rica e boa para ser povoada. Lá habita um povo primitivo, ainda que apto para receber os princípios da civilização. Para auxiliá-lo, além de seus antigos companheiros, você levará alguns terráqueos; designe-lhes as tarefas que julgar necessárias e mostre-lhes o caminho a trilhar. Todas as ordens virão de você e eles deverão obedecer-lhe incondicionalmente.

Vamos lhe deixar um código de leis gerais que servirá de base para a futura legislação; cabe a você aplicá-lo conforme as características do povo nascituro, herdadas de suas existências anteriores nos três reinos, e resultado das influências planetárias, cósmicas, cármicas, clichê astral etc. Sendo sacerdote, rei e legislador, você deve estudar todos esses detalhes para utilizá-los no âmbito da religião, ciências e artes, de forma que eles lhe sirvam de subsídio para o aprimoramento do povo. Não será preciso dizer que tudo isso exigirá muita energia e paciência obstinada. Devo acrescentar que no amparo da legislação se devem alicerçar a veneração à divindade, a consciência da vida além da morte e a responsabilidade pelos atos realizados. O que é o *bem* e o que é o *mal* deve ser claramente definido, para que os homens tomem conhecimento de que provocarão a ira Divina, se desobedecerem as leis. Sendo editadas para reprimir as paixões animais, responsáveis pelas desordens cósmicas – à semelhança da sujeira jogada no poço e que deixa a água fétida e saturada de miasmas nocivos –, estas leis devem ser tidas como divinas ou como mandamentos da Divindade.

Os ofícios religiosos, baseados num ritual especialmente desenvolvido, devem incluir atos de purificação. É de seu conhecimento a importância que desempenham, nestes casos, os cantos, os aromas, as recitações, cuja composição é direcionada para criar uma conjugação de sons que venham a atrair do espaço os eflúvios benéficos sobre homens, animais e plantas.

— Creio, mestre, que determinados momentos da vida humana devem ser marcados com rituais cerimoniosos, principalmente o passamento, como um basta à impunidade terrena – observou Abrasack.

— Você está totalmente certo, meu filho! Todos os momentos importantes do ser humano devem ser devidamente marcados com um ritual; isso não é uma patranhada humana, mas se reveste de um profundo sentido arcano.

Assim, em primeiro lugar, é o nascimento, a junção do espírito com o seu novo corpo, que necessita da bênção, à semelhança de uma nova habitação que quer se ver acessível para receber os eflúvios das forças do bem; a segunda fase é a morte, uma separação do corpo terreno com o astral, que se desprende e começa a viver em novas condições, resultantes dos atos terrenos do homem.

Quanto às artes, necessárias para refinar os povos, as instruções lhe serão fornecidas por Narayana, assim como o manual arquitetônico.

A partir daquele dia, Abrasack pôs-se a trabalhar com entusiasmo. Seu desejo era cumprir ciosamente todo o programa elaborado, como forma de corresponder às expectativas de seus mestres.

Certa tarde, repassando o mapa de seu futuro reino, Abrasack disse a Narayana:

— Você notou que esta região é muito parecida com uma de nosso velho mundo – o Egito, para ser mais específico –, e que foi inundado na catástrofe, logo depois de você terme resgatado?

Narayana sorriu.

— Sem dúvida, existe uma certa semelhança. De fato, esse sítio merece possuir uma civilização do mesmo modo grandiosa, uma ciência monumental e, sobretudo, que dure muito, pois nenhuma religião, nenhum sistema de governo, na nossa velhota Terra, jamais alcançou tal fôlego como o Egito. Segundo certos cálculos incompletos – e muito confusos por sinal – de alguns historiadores egípcios e gregos, o Egito teve seus monarcas nacionais – os faraós – por vinte e três mil anos; e o que é mais curioso: nos arquivos secretos dos templos, ainda se preservaram dados, bastante precisos, sobre as dinastias divinas, cuja origem data dos reinados seculares dos primeiros soberanos...

Capítulo XIII

Chegou finalmente o dia da partida de Abrasack, marcado também por duas consagrações: a de rei e a de seu casamento.

Ao interior do gigantesco templo da cidade dos magos, afluíram todos os seus habitantes; dois hierofantes introduziram Abrasack.

Após a missa cantada e as preces dos presentes, os hierofantes levaram Abrasack ao *Sancta-Sanctorum*, onde Abrasack recebeu a misteriosa sagração mágica que o qualificava a carregar o pesado fardo de rei.

Abrasack saiu de lá concentrado e visivelmente nervoso. Trajava agora uma indumentária alva, orlada em púrpura; a cabeça adereçava uma larga coroa cravejada de gemas preciosas, do pescoço pendia um colar de várias voltas, e no peito luzia uma insígnia de ouro.

Nesse ínterim, dois jovens adeptos colocaram sobre um estrado, no centro do templo, um altar transportável, sobre o qual, numa taça de cristal encimada por crucifixo, tremeluzia uma chama.

Enquanto o novo monarca se encontrava no sacrário, Nara e Urjane trouxeram Avani. Vestindo uma larga túnica simples, cingida por uma faixa dourada e encoberta por um véu prateado como névoa, a jovem estava encantadora, ainda que séria, pensativa, sem parar de orar.

Abrasack tomou-lhe a mão e ambos galgaram os degraus que conduziam ao altar. Lá eram aguardados por um dos grandes hierofantes; este juntou sobre a chama as mãos dos noivos e recitou as fórmulas que os fundiram por laços fluídicos indissolúveis.

A chama de súbito se extinguiu e a taça se encheu de um líquido púrpuro, emitindo vapor. Degustado o seu conteúdo, o hierofante lhes pôs as alianças.

Novamente, juntando-lhes as mãos, percorreu com eles três vezes em torno do altar, pronunciando solenemente:

— Como o Universo que gira em torno do centro arcano, morada do Inefável, assim vocês, partículas do Divino, orbitam pelo seu destino. Que seja então a estrada da vida, a ser a trilhada em conjunto, eternamente inundada da luz clarífica do bem, e que ela os guie para o degrau seguinte da escada da perfeição!

Ao término do ritual, Avani desceu do estrado; um dos adeptos substituiu a taça pelo Código das Leis – um livro pesado e volumoso, encadernado em ouro maciço.

Com a mão deitada sobre o livro, Abrasack pronunciou em voz alta, ouvida nas últimas fileiras, o juramento de cumprir, na medida de suas forças, as prescrições dos mestres, seguir escrupulosamente os mandamentos divinos, tanto na vida particular como na social, punindo severamente seus infratores, ou os que utilizassem os conhecimentos e o poder para o mal.

À cerimônia sucedeu-se um banquete e os presentes juntaram-se num repasto fraternal atrás de longas mesas, colocadas no pátio do palácio.

Abrasack e seus amigos, junto com as esposas, sentaram-se ao lado dos magos. Ao término do almoço, Abrasack prostrou-se diante de cada mestre e agradeceu exaltado as graças recebidas.

Ao se despedirem, os recém-casados receberam um beijo fraternal de todos; o de Urjane em Abrasack deixou o novo monarca feliz e reconhecido.

Os viajantes acomodaram-se em várias aeronaves e a frota aérea alçou as alturas em direção ao novo campo de trabalho.

Certa tarde, no gabinete de Ebramar, estavam reunidos alguns de seus amigos e discípulos, aguardando o retorno de Narayana e Udea de uma expedição importante.

Os dois chegaram logo; Narayana, como sempre, alegre e animado; Udea, sério e pensativo.

— Cumprimos a incumbência, mestre – anunciou Narayana, com ar de satisfação. – Acabamos de dividir, com o auxílio de nossos agrimensores, aquele território em dois grandes reinos: um para Udea, outro para mim.

Ao examinarem os planos do reino de Narayana, este apontou um local marcado com lápis vermelho e disse:

— Veja, Ebramar, aqui será lançada a pedra inaugural da capital. O local é incrível e a localização é maravilhosa. Das margens do mar sobe uma altiplano com florestas na altura de quinhentos metros; mais para frente, estende-se uma cordilheira e há um enorme lago que pode abastecer toda a cidade; as montanhas podem abrigar templos e grutas para a guarda dos arquivos. De cima, o panorama é grandioso, e, bem no alto, eu erguerei um palácio para mim. Oh, espero que vocês gostem da capital "Urjane", quando forem visitar o meu reino.

— Acredito que você vai se dar bem – assegurou Ebramar, com sorriso matreiro.

— Não ria, caro mestre! Conhecem o meu gosto pelas artes e sempre me apoiaram nessa paixão. E agora, gostaria de fazer-lhes um grande pedido.

Temos a sua promessa de visitarem nossos reinos para avaliar o trabalho feito. Queria que aproveitassem a ocasião para abençoar o lançamento da primeira pedra da minha capital, e do templo a ser consagrado às forças cósmicas, manifestação visível da obra do Inefável. Qual é a sua resposta, Ebramar?

— Levarei o seu pedido à apreciação dos hierofantes e, mais tarde, darei a resposta. E você, Udea, tem algum pedido especial?

— Não. Estou inteiramente entregue à vontade dos mentores e ficarei honrado com sua visita – respondeu Udea.

Apoiado sobre os cotovelos, Udea parecia mergulhado em pensamentos profundos; Ebramar, ao observar-lhe o rosto pálido e preocupado, perguntou:

— Está pensando na partida? De fato, acho que você deve assumir rápido o seu papel de rei e legislador – observou Ebramar.

— Estou praticamente pronto. A propósito, gostaria de um conselho seu quanto aos terráqueos que planejo levar.

Ele leu alguns nomes.

— Sua escolha é acertada; melhor nem eu faria. Mas você se esqueceu do principal assistente: a sua rainha e mãe dos reis divinos, que se responsabilizará pelas escolas de mulheres e todos os assuntos femininos. Você já a elegeu? Como é que você poderá governar sem uma companheira de vida e ajudante em seu trabalho? – observou, severamente, Ebramar.

Udea suspirou.

— Não tenho ninguém em vista; ademais, é uma escolha muito difícil, ainda que necessária. Suplico-lhe, Ebramar, ajude-me nessa questão delicada! Temo que a minha longa e dura expiação me embruteceu a alma... sou insociável... de pouca conversa... e enfadonho, ou seja: serei um marido insuportável. Que mulher vai me querer, tanto mais por séculos a fio, quando mais são necessárias a tolerância e muito afeto?

— A existência dos defeitos denota, apenas, que o mago deve corrigi-los – replicou Ebramar. – Mas voltemos ao assunto principal! Pareceu-me que você tem um especial interesse por Ariana, filha de Sunacefa, a julgar pelo tempo que você lhe dispensa nas conversas, em comparação com às outras jovens.

— É verdade! Ariana é encantadora e sabe ser alegre ou séria, quando as circunstâncias o exigem; achava, contudo, que ela se destinava a Sandira, filho de Supramati.

— Não nego que isso se cogitou, porém os planos foram mudados. Tenho razões para achar que a jovem se interessa por um outro.

— Ah, então isso também se aplica a mim? – deixou escapar Udea, com uma expressão no rosto um tanto indefinida.

— Sem dúvida! Mas imagine que pendor estranho o de Ariana! Aquele de quem ela gosta é insociável, taciturno, até enfadonho, e decididamente será um marido insuportável; apesar de tudo, eu sei que ela ficará feliz em aceitar a proposta do seu admirador de pouca conversa, e o futuro não lhe sugere o menor temor – disse Ebramar, fitando com um olhar malicioso o rosto afogueado de Udea.

— Obrigado, Ebramar! Já que Ariana é tão intimorata, não custa pedir-lhe a mão. Se ela aceitar um marido mocho, o problema está resolvido, e após o casamento poderei partir... – concluiu Udea, visivelmente perturbado.

Dois dias depois, no palácio de Sunacefa festejou-se o noivado de Udea com Ariana e, um mês mais tarde, deu-se a cerimônia de casamento; poucos dias depois, as aeronaves levavam a terceira colônia de legisladores para o seu campo de atividade.

Capítulo XIV

Era um entardecer maravilhoso, tépido e calmo. Os raios do sol poente brincavam aurifulgentes sobre os palácios coloridos da cidade dos magos; o ar recendia suaves fragrâncias de seus vastos jardins floridos.

No amplo terraço de Ebramar estava reunido um grupo bastante numeroso. Além do anfitrião, lá se encontravam Supramati e Dakhir, alguns discípulos e amigos do grande mago, membros do colegiado dos hierofantes egípcios e representantes femininas da escola superior de iniciação, entre as quais Nara, Edith e Olga.

Terminado o jantar frugal, discutiam-se os detalhes da excursão planejada.

— Iniciaremos a visitação a partir do reino de Udea – dizia Ebramar. – Hoje de manhã, recebi uma comunicação de que ele nos estará aguardando nas montanhas, perto da cabeceira do rio que irriga a maior parte de seus domínios. Depois vamos até Narayana, que me informou em sua carta estar ultimando os preparativos para nossa recepção.

O sol erguia-se inundando de luz o vale verdejante, recortado por um largo rio já navegável, a julgar pela existência de inúmeras embarcações atracadas na margem. Pintadas de branco, proa alta curvada, elas estavam equipadas de baldaquins de pano para proteger os viajantes do sol abrasador.

Na margem, ajuntava-se um grupo de homens em trajes simples e escuros, cingidos por cintos de couro com fivelas finamente trabalhadas.

Sobre um montículo, divisava-se Udea, trajando uma túnica alva, orlada em ouro, cingida por cinta dourada. Seu belo semblante mudara muito. Tal como antes, ele esbanjava força e juventude, mas sua anterior expressão de cansaço e abatimento deram lugar a uma serenidade enérgica; seu olhar continuava severo, mas, nas profundezas dos grandes olhos claros, luzia aquela tranqüilidade que só uma vida feliz poderia proporcionar.

— Estão vindo! – regozijou-se Udea, apontando para a aeronave que se aproximava célere; logo esta pousou perto do grupo de homens.

No balcão da proa estava Ebramar, em companhia de diversos magos e hierofantes.

Udea apressou-se em sua direção e ajudou-os a desembarcarem.

— Bem-vindos, meu amigo e todos vocês, estimados mestres! Estou muito feliz por me terem honrado com a visita para ver a minha obra – discorreu ele, ajoelhando-se para receber a bênção dos mentores.

Ebramar ergueu-o e o beijou; todos os outros depositaram-lhe também seus ósculos. Udea apresentou seus companheiros, que se prostraram diante dos hierofantes. De todos eles, sobretudo de Ebramar, emanavam luzes esplendente; suas vestes pareciam cobertas de pó de diamante.

Ao término do cerimonial de recepção, Ebramar indagou:

— Bem, meu amigo Udea, como é que você nos pretende transportar? É para isso que são os barcos, ou você prefere ir de aeronave?

— Se não se opõem, gostaria de levá-los até a capital pelo rio. É a melhor maneira de conhecerem uma parte do país com as suas cidades; mais tarde, poderemos visitar outras províncias para terem melhor noção do sistema de governo vigente e seus resultados.

— Por mim, está bem, e acho que os irmãos também estão de acordo – disse Ebramar.

Assim, quando todos se acomodaram nos barcos, fortes remadores impulsionaram-nos céleres pela mansa superfície caudalosa, que aos poucos se alargava.

Ao longo de uma das margens, agrupava-se uma baixa cadeia de montanhas; no lado oposto, até onde a vista alcançava, estendia-se uma infindável planície. Ampla rede de canais de irrigação recortava terras bem lavradas. De tempos em tempos, viam-se aldeias de características uniformes, e casinhas de telhado chato, isoladas por jardins viçosos. As aldeias eram circundadas por enormes cinturões de árvores frutíferas, vergando sob o peso dos frutos mais diversos. No centro de cada povoado, via-se, normalmente tingido de branco, um prédio de alvenaria com um obelisco ostentando uma placa de inscrição; ao lado, sempre se localizava um prédio bem maior.

Na margem montanhosa, pedreiras alternavam-se com extensos vinhedos; nos relvados, pastava o gado.

Era época da colheita de trigo e uva; por todos os cantos, o trabalho fervia: uns ceifavam e juntavam grandes fardos, outros colhiam as uvas. Apenas esporadicamente, algum grupo de moradores olhava curioso para a frota, saudava o rei e prostrava-se diante daqueles "deuses" desconhecidos que o acompanhavam.

— Tenho a satisfação de ver que os seus súditos não são basbaques aparvalhados por qualquer motivo para largar o trabalho – observou Ebramar.

— Dei ordens para que o trabalho não fosse interrompido, assim vocês podem ver o povo na sua atividade diária. Os mais curiosos são as mulheres, velhos e crianças – ajuntou ele, apontando para um grupo mais numeroso.

Parados na margem, os representantes daquela raça não primavam pela beleza. Os homens, trajando camisas de linho, eram altos, fortes e atarracados, rostos largos e imberbes, olhos pequenos e espertos, de tez escura, um pouco avermelhada. As mulheres, de saias coloridas, também eram horríveis.

— Pelo menos você sabe ser obedecido, o que é um sinal de muito trabalho – considerou Supramati.

— Sim, esforcei-me ao máximo, e trabalho é que não me falta, graças a Deus! Ainda bem que conto com o meu pessoal que me ajuda nas tarefas. Mesmo assim, receio ter esquecido de algo. Talvez eu não tenha compreendido todas as instruções dos mestres; ficaria, entretanto, infinitamente feliz se a minha obra for aprovada.

— Pelo que acabamos de ver, você soube instalar a ordem, infundir a obediência e fomentar o progresso, levando o país à fartura, condições indispensáveis para solidificar a futura prosperidade da nação – manifestou-se um dos hierofantes.

Entrementes, os barcos avançavam rio adentro, a se alargar recebendo numerosos afluentes. Agora, a corrente caudalosa, empurrada por uma fresca brisa matinal, já rolava com um rumor audível.

A orla montanhosa aconchegou-se ao leito e os morros deram lugar a rochedos graníticos de contornos insólitos.

— Estamos perto do principal santuário do país, onde se veneram os quatro elementos do pensamento visível do Onipresente – anunciou Udea. – Todos os anos, para lá se encaminham grandes romarias, buscando a cura e outras graças dos deuses e espíritos cósmicos, que o povo adora. Gostariam de conhecer o lugar ou preferem fazê-lo numa outra ocasião, caso me honrem?

— Sem dúvida agora! – quase em uníssono devolveram os magos.

Os barcos atracaram à margem, os magos desceram e foram recebidos em meio a profunda reverência pelas pessoas presentes; um grupo de mulheres entoou um melodioso hino solene.

Com Udea na frente, seguido de sacerdotes e sacerdotisas do templo, adentraram os magos o interior do rochedo, por uma entrada estreita que se trancava por fora com uma pesada travessa de metal. Um corredor sinuoso natural conduzia a uma gruta de aspecto estranho. Uma abóbada de colossais proporções perdia-se na escuridão; através de quatro fendas, dispostas em forma de crucifixo e correspondendo aos quatro pontos cardinais, filtravam-se feixes de luz de diferentes tonalidades: vermelhos, azuis, brancos e amarelo-laranja, passando a verde. Todas essas luzes se concentravam em torno de uma coluna de mármore branco; ela sustentava uma enorme esfera que tremeluzia feito mercúrio, cuja superfície oscilava e reverberava multicolor.

Nos fundos da caverna, à altura de alguns degraus do solo, erguia-se uma espécie de altar com estátuas ornadas de flores e envoltas em cortinas. Os sacerdotes e as sacerdotisas, postados nos degraus e em torno do altar, entoaram um hino aos deuses – senhores das forças cósmicas e servos do Grande Deus Invisível, executores de Sua vontade e encarnação de Seu sopro vivífico.

Terminado o hino, Udea acendeu no altar ramos resinosos, verteu incenso sobre as chamas e depositou em oferenda frutas, mel e leite.

Era com grande reverência que os magos assistiam àquela primeira liturgia. Udea cedeu o lugar para Ebramar e um hierofante.

Após uma prece silenciosa, Ebramar ergueu a mão, pronunciando palavras místicas e, no nicho sobre o altar, assomou-se ao ar uma cruz branca reluzente. Depois foi a vez do hierofante, que ergueu as mãos para cima e entoando, em tom pausado, uma prece sagrada, fez aparecer, de súbito, em torno da cruz, uma faixa larga de sete cores.

Udea agradeceu emocionado aos mestres a graça recebida; os magos, depois de abençoarem o público presente, retornaram aos barcos.

Por fim, eles chegaram à capital, espalhada por ambas as margens do rio. Assenhoreando-se sobre a metrópole, erguia-se o palácio real e os enormes prédios das escolas de iniciação, de construção simples mas sólida. As moradias, feitas de tijolos, também eram humildes, porém bastante amplas, possuindo quintais cercados por jardins, pelo visto, obrigatórios até aos habitantes mais pobres. Aliás, toda a cidade parecia um jardim viçoso, tal era a profusão de plantas e flores.

Toda a população estava de pé, espremendo-se no caminho do cortejo que se dirigia ao palácio real. Lá, por eles aguardava Ariana em companhia de dois filhos e uma filha; esta última e o seu irmão mais velho já eram casados e tinham crianças.

Após um repasto oferecido pela anfitriã, a maior parte das visitas se recolheu aos aposentos especialmente reservados para descansar. No gabinete de Udea reuniram-se Ebramar, Supramati, Dakhir, Sunaseph e outros íntimos do rei, encetando-se então uma conversa amigável.

— Todo o seu rosto é uma expressão só de contentamento por ter derrotado as sombras do passado – observou Ebramar, sorrindo.

— Tem razão, meu mestre e amigo, estou tão feliz quanto o pode ser um mortal ou até um imortal – ajuntou ele, rindo. – Em Ariana não só encontrei uma excelente esposa e bondoso gênio do meu lar, como uma colaboradora previdente e conselheira em meu trabalho. Depois, adoro esta vida intensa; o país prodigaliza riquezas que quero ver usufruídas pelo povo trabalhador.

Estou encantado como esta nação infante progrediu. Agora aqui é um paraíso, comparado à época em que vim! E aquele terrível isolamento em meio aos pântanos nevoentos, a luta inumana contra as forças da natureza! Agora tenho situação privilegiada; graças à ajuda de amigos e companheiros muito já foi feito, mas há muito mais por se fazer, tanto é que sinto vergonha de descansar – confessou Udea.

— O que nós vimos hoje já diz por si mesmo o quanto você trabalhou e avançou nesses últimos tempos – disse Supramati. – Aparentemente sua obra é magnífica; nada, porém, sabemos da estrutura interna e das leis que sustentam a ordem na própria construção – acrescentou ele.

— Entendo. Vocês estão curiosos com os aspectos éticos da minha obra. Amanhã mostrarei aos mentores os estatutos legislativos e, na viagem pelo país, vocês terão a oportunidade de ver a máquina em funcionamento. Com a permissão de vocês, gostaria de relatar sucintamente as minhas realizações e aproveitar para pedir alguns conselhos.

— É claro, faça isso! Seu depoimento nos ajudará a compreender alguns detalhes – asseverou prontamente Ebramar.

— Agradeço. Assim iniciarei a minha história. Quando vim para cá com os meus ajudantes, encontramos uma terra estéril e virgem, povoada por selvagens, seres no mais baixo nível da civilização. Andavam nus, matavam a qualquer pretexto e eram canibais. A situação era pior do que eu imaginava.

Entre os meus súditos selvagens, havia remanescentes das populações dos continentes afundados, criaturas ainda mais primitivas, cujo aspecto medonho e ferocidade assustavam todos. Minha primeira preocupação foi a de promover uma limpeza; assim, decidi aniquilar aquele povo inútil e incapaz, pela sua natureza física, de assimilar uma cultura mais elevada. Era a parte mais difícil dos meus projetos e, então, resolvi iniciar uma guerra.

Ainda que eu soubesse do axioma básico que proibia a prática de morticínios, não tinha como evitá-los em mundos tão ínferos, onde a guerra lhes era um atributo. O gosto pela briga, o desejo cruel de tirar a vida de outros, remontam a tempos antigos e suas origens perdem-se no passado infinito. Se, já numa gota de sangue, enfrentam-se ferozmente batalhões de glóbulos brancos e vermelhos, devorando-se uns aos outros, a guerra entre os humanos é inevitável.

Meu intento obteve o resultado esperado; os monstros primitivos foram dizimados e os meus súditos benignos se refestelaram com os corpos dos feridos e até mortos. Decidi aproveitar aquele "banquete" canibalesco para dar o primeiro passo na difícil e grandiosa transformação. O expediente era cruel, mas eu não podia delongar, se quisesse atingir os objetivos.

Fiz com que proliferasse uma repugnante doença contagiosa, que cobria de ulcerações todo o corpo, causando sofrimentos terríveis. Achei um momento propício para consolidar o poder. Todo o país foi dividido temporariamente em províncias, governadas por meus auxiliares, que, após enfeitiçarem a imaginação dos silvícolas com os fenômenos paranormais, começaram a me enviar ajuda. A metodologia era a seguinte: os que se serviam da carne humana morriam; os que não a utilizavam em sua dieta acabavam sobrevivendo, ainda que fracos e doentios. Sugeria-se que a causa das mortes era a utilização da carne humana, e que os cadáveres eram particularmente tóxicos. As mentes obtusas puderam finalmente entender a mensagem: não há nada como sofrimentos físicos para mudar as atitudes. Assim, para a geração seguinte, a carne humana tornou-se aversiva.

Subdividindo as populações em tribos, concentramos nossos esforços para desenvolver a agricultura, pois era o meu objetivo educar os súditos seguindo uma dieta baseada em alimentos vegetais, tornando-os pessoas pacíficas, ativas e trabalhadoras, num ambiente sadio e limpo, preservado das influências demoníacas do mundo astral. O alimento de origem animal é extremamente nocivo para a saúde do corpo e também o é sob o aspecto ocultista, pois o sangue dos animais sacrificados permite aos espíritos umbrosos condensarem seus corpos fluídicos, e, nos humanos, excita a crueldade em relação aos irmãos inferiores. Tal condição é particularmente perigosa em relação às espécies animais mais evoluídas, uma vez que a ferocidade humana faz com que elas se convertam em seres satânicos, fervendo em ódio e ávidas de vingança.

O meu povo é vegetariano. A agricultura, bem desenvolvida, propicia uma fartura de produtos; alcançamos grandes progressos no cultivo de frutas, vinicultura, flores e fabricação de laticínios; vocês devem ter notado a quantidade de gado pastando, que nos fornece leite e lã para tecido. Da pele dos animais perecidos, fabricamos calçados, cintos e outros artefatos.

Graças a tudo isso, a criminalidade é um fenômeno raro; para tanto, também contribui o sistema legislativo implantado, que impede a progressão de delitos. As leis são severas, até crudelíssimas, em casos de abuso e desobediência; mas, na minha opinião, um sentimentalismo benevolente seria maléfico para um povo neste patamar de progresso, ainda suscetível aos instintos sanguinários animalescos. Assim, a primeira medida aplicada a quem pratica um ato faltoso é a sua expulsão da tribo, pois todo crime contamina, o respirar do criminoso exala miasmas putrefatos de desejos impuros, raiva, rebeldia contra as leis vigentes e hostilidade em relação ao próximo. Tais indivíduos disseminam o contágio dos delitos; ao violarem as leis cósmicas, propagam-se as doenças hereditárias; torna-se então necessário isolar os agentes desta difusão. Assim, em cada província existem instituições onde os criminosos ficam reclusos e coagidos a se arrependerem; só retornam para casa os que conseguem dominar as paixões e corrigir as faltas.

Uma atenção toda especial foi dada à religião, à devoção e fé nas forças divinas. Lembram que disse que em cada aldeia há um pequeno templo pintado de branco? Pois ao seu lado sempre reside um funcionário, cuja atribuição é a de ser sacerdote, médico e mentor; dois ou três outros funcionários, dependendo da necessidade, administram a agricultura e a pecuária, cuidam dos assuntos de mineração, de ofícios etc.

Diariamente, ao alvorecer, antes do início dos trabalhos, os habitantes se reúnem no templo e, juntamente com o sacerdote, fazem as orações; em seguida, o superior ou o padre – como é chamado o sacerdote – lê aos presentes os 21 mandamentos divinos, gravados no obelisco, que rezam todas as obrigações do homem em relação ao seu próximo e à Divindade, de modo que os preceitos sempre estejam frescos na memória do povo. Em sua função de médico, o sacerdote cuida da saúde dos paroquianos; como mentor, ele os provê de noções sobre as plantas medicinais; aos que demonstrarem aptidão para a aprendizagem ele ministra as primeiras regras da escrita.

Os mais evoluídos intelectualmente são enviados para as escolas superiores, onde se formam funcionários de carreira.

Todo o país é subdividido em 21 províncias, cada uma administrada por um governador e seus auxiliares; todo mês ele efetua uma ronda pelos seus domínios para inspecionar os trabalhos realizados, resolver litígios e, se for o caso, aplicar punições conforme a lei.

Vocês terão oportunidade de ver a tranqüilidade pública e como cada um desenvolve uma atividade segundo a sua aptidão; a vadiagem não é tolerada.

— Você nada nos disse da importância que se dá em seu reino às artes, ao poder de cura das cores, aromas... – interpelou Dakhir, ao ver Udea mudo e pensativo.

— Devo reconhecer que em função da pouca cultura do povo, as artes não têm se desenvolvido como deveriam. A pintura é incipiente, a escultura e a arquitetura já evoluíram de modo significativo, pois tenho trabalhado muito para isso.

Cuidei que a música, essa faca de dois gumes, ficasse bem restrita a certas ocasiões. Canta-se e toca-se harpa nas liturgias, festejos, danças, e após o término do trabalho, mas a musicalidade deixa a desejar. Qualquer ritmo novo é submetido a regulamentação, para evitar que se excitem prematuramente tantos sentidos diferentes.

Para extrair os aromas, usamos flores. Elas vicejam por todos os cantos; seu cultivo – obrigatório – é restrito às espécies permitidas, com base no critério da salubridade das fragrâncias. Tanto no templo principal como aqui, no palácio, cultivamos as plantas que são usadas na magia superior. Assim, há pouco tempo consegui produzir um curioso arbusto cujas flores irisantes cantam, ou melhor, geram vibrações melódicas; seu olor parece exalar respiração, condensando-se em gotículas de orvalho. Preciso, entretanto, melhorar-lhe a tonalidade; falta, também, aprimorar a transparência das gotículas aromatizantes. Devo ter-me descuidado de algo e peço-lhes que me ajudem a solucionar o problema.

— Sem dúvida, faremos o possível para ajudá-lo neste trabalho tão útil e interessante, e que aprovo – assegurou Ebramar.

— Obrigado. Todas estas atividades me dão muito prazer; tenho dó dos ignaros, para quem a natureza é surda e muda.

Que visão maravilhosa vislumbra aquele que alcança o saber e desenvolve os seus cinco sentidos, tornando-se capaz de apreender e enxergar tudo a sua volta! Para ele, toda a natureza transborda de vida; cada plantinha respira, exala o seu colorido, o aroma e a luz; e quanto mais você aprende, mais descobertas faz e se fascina com a sabedoria inesgotável do Onipotente.

O dia seguinte iniciou-se com a visita ao templo principal – uma edificação imponente e majestosa –, sustentado por colunas tetraédricas. Seu interior era decorado por objetos sacros, no sacrário encontrava-se a imagem da Divindade, abscôndita do povo.

Multidões densas de moradores apinhavam-se nas ruas e no templo, prostrando-se de joelhos com a passagem dos hierofantes, julgados divinos.

No centro do templo, as águas do reservatório eram tidas como consagradas por deuses. Lá eram batizados os recém-nascidos, após o que se lhes davam os nomes; a mesma água era levada para curar os enfermos e benzer as casas. Enfim, naquele templo se atendiam a todas as necessidades espirituais do povo.

Agradáveis e suaves aromas impregnavam o local sagrado. Adentrada a procissão, Ebramar ergueu a mão; chamas radiosas irisaram-se imediatamente em todas as trípodes.

Procedeu-se, então, à solenidade de oferendar flores, leite, vinho, manteiga e outros produtos da terra, entoando-se hinos à glória dos deuses. O canto dos sacerdotes e sacerdotisas destacava-se pela imponência da melodia séria e agia como calmante sobre o público presente.

Ao fim da cerimônia, enquanto Udea levava os magos para as escolas de iniciação masculinas, a rainha foi mostrar para as magas as escolas femininas, em que ela era a mentora superior e onde se ministravam aulas de canto e harpa, juntamente com os primeiros ofícios e os fundamentos básicos de ocultismo.

— E então, meus ilustres mestres, terei cumprido suas prescrições sem omitir nada de importante nesta minha incumbência?

— Em nome de todos, meu filho, devo dizer que você solucionou, com muita sabedoria, o problema da educação da jovem nação – começou Ebramar. – E em muitas questões fez mais do que esperávamos. Assim, com pequenos recursos e muita simplicidade, seus súditos alcançaram um progresso incrível na arte da tecelagem, produzindo tecidos resistentes e bonitos. Da mesma forma, podemos elogiar as artes aplicadas, a cerâmica, as técnicas de tingimento. Quanto a seus pomares, os resultados são ainda mais notáveis. A árvore frutífera sem as sementes, que você desenvolveu, é uma prova de seu trabalho perseverante. Tenho a impressão de que você se inspirou nas bananeiras do nosso planeta extinto, a julgar pela forma da multiplicação rizomática, ausência de sementes e de bulbo, e com uma raiz arboriforme.

Resumindo: só podemos elogiar-lhe o trabalho. Seu povo, religioso, humilde e ativo, e extremamente asseado, sobreviverá a muitos outros, ainda que o sobrepujem em termos de bem-estar material e riquezas.

Receba, pois, o galardão por seu trabalho secular! Com a permissão dos hierofantes-mores, faço-lhe fulgir na fronte o segundo feixe de mago.

Emocionado, Udea pôs-se de joelhos e, quando sobre a sua face flamejou o segundo facho dourado, Ebramar beijou o discípulo e disse:

— Que receba os meus louvores o primeiro monarca divino deste século de ouro; essas lembranças viverão na memória das lendas populares por tempos imemoráveis, rezando que houve um tempo em que os povos prosperavam e eram felizes, quando os deuses desceram dos céus para conversar com os humanos, governando-os e prodigalizando-lhes ensinamentos!

Capítulo XV

No pináculo da montanha refulgente ao sol, como uma colossal safira em ouro, resplandecia o palácio real ao lado do templo de colunas vermelhas, como se esculpidas de rubi, a entreverem-se por entre o verde exuberante dos jardins.

Três muros fortificados cingiam a cidade, dividindo-a em três partes concêntricas; aos pés de cada muro, largos canais alimentavam-se das águas, cujo curso, iniciando no alto da residência real, descia em cascata.

Além dos limites do muro inferior, espalhavam-se por todos os cantos as ricas vilas coloridas dos homens públicos, variegando feito inflorescências as alturas arbóreas do horizonte.

Era um dia de festa em Urjane. Todas as casas – até as mais humildes, ribeirinhas, engalanaram-se em verde; as casas mais ricas foram decoradas com flâmulas multicores e coroas de flores, a cobrirem portas, paredes e telhados.

Toda a população estava de pé e as multidões alindadas reuniram-se nas margens do porto marítimo, agora riscado por numerosos barcos.

Outra parte dos moradores se apinhava ao longo de larga via e das escadarias que subiam do vale até a residência real, magicamente decorada. No alto da torre astronômica do palácio tremulava a bandeira azul, tendo bordada em ouro um cálice encimado por cruz, que resplandecia, naquele momento, sob os raios do sol nascente.

Logo, no horizonte apontou um barco à vela, aproximando-se rapidamente do porto.

Era uma embarcação de beleza peculiar: toda entalhada em madeira, com desenhos em ouro, parecia uma jóia com velas vermelhas.

Na frente da ponte de comando, estavam em pé os magos e as magas, Udea com a esposa e outros viajantes, olhando curiosos para a margem a se delinear.

— Que vista maravilhosa! Como é linda esta cidade que sobe em terraços por entre os jardins e as cachoeiras, encimada por um palácio mágico. Não se compara à nossa, onde tudo é tão simples e bronco – observou Ariana.

Udea sorriu.

— Você tem razão. Mas o que há de se fazer, já que você escolheu um marido tão prosaico que prefere praticidade à beleza; agora você terá de se contentar com o que temos. Narayana, como já lhe disse, é um mimo do destino; ele é um artista atraído pelo belo, como as abelhas por néctar. É um verdadeiro herói legendário do porvir, cuja lembrança pairará na imaginação dos povos, envolta pelo véu enigmático dos contos de fada.

— E lá está o próprio herói, vindo ao nosso encontro – ajuntou Ebramar, e, voltando-se para Ariana, completou – não compartilho de sua opinião sobre o reino de vocês. Lá há muitos locais pitorescos de beleza selvagem.

Ele silenciou; o barco de Narayana acabou de se aproximar deles naquele instante.

Em dois pulos Narayana se viu na ponte e saudou respeitosamente os magos; beijou Ebramar, Dakhir, Udea e Supramati. Estava radiante. Sua felicidade se refletia nos grandes olhos negros; os trajes de cavaleiro do Graal, que tão bem lhe caíam, acentuavam ainda mais a sua beleza clássica. Aliás, ele fizera algumas alterações na indumentária trivial da irmandade. Assim, no peito da túnica prateada estava bordada uma espécie de águia ou falcão de asas abertas e em cima de um elmo fulgia uma coroa pontiaguda.

— Se o seu reino, ou a capital que daqui estamos vendo, for tão gracioso, rico e confortável como o barco que nos veio buscar, é sinal de que a sua civilização é um sucesso – observou Ebramar, em tom brejeiro.

Mas, em sua agitação, Narayana não lhe notou a brejeirice.

— Sim, mestre, fiz todo o possível e o impossível para evoluir rápido o povo. Que raça maravilhosa! Ela lembra os meus velhos conterrâneos: os gregos, um povo ricamente dotado, passional, guerreiro e impulsivo, que terá um futuro brilhante. Quanto à riqueza e ao conforto, isso é o de menos. O solo nos fornece produtos em abundância; os metais, a pedraria, na maioria dos casos, encontram-se em estado maleável, facilitando o uso. Bem, já chegamos! – disse ele, aproximando-se da borda do barco e erguendo o braço.

Imediatamente, um coral de inúmeras vozes fez retumbar um hino de boas-vindas; a complexa melodia foi executada com rara perfeição. No porto, perfilavam-se os guerreiros magnificamente adereçados em armaduras leves, reverberando em escâmulas, em seus elmos dourados e armados de lanças, espadas curtas de lâmina larga, arcos e aljavas de flechas.

As crianças cobriam de pétalas de flores o caminho das ilustres visitas; estas logo tomaram os assentos em liteiras transportadas por oito carregadores, e a procissão pôs-se a caminho, protegida por escolta e seguida por enorme multidão.

Em cada trecho da cidade, fortificado pelos muros, a procissão dos sacerdotes, sacerdotisas e magos era recebida com cânticos sob os acordes de harpas; os moradores prostravam-se de joelhos com aquela passagem.

Finalmente eles alcançaram o cimo e dirigiram-se inicialmente ao templo – um prédio monumental, construído de material transparente, lembrando rubi.

Na entrada, eram esperados por Urjane com seus dois filhos. Ricamente vestida e irradiando a felicidade de reencontrar os pais e os amigos, ela estava mais encantadora que nunca.

Ao término da missa, todos se dirigiram para ver a cidade. Muitas coisas pareciam ter sido inspiradas nas lembranças do planeta extinto, ainda vivas na alma de Narayana. Assim, nos limites do muro superior, logo abaixo do palácio real, ele construiu um campo de hipismo, uma série de jardins públicos e um outro edifício – uma idéia antiga, à qual dera uma solução diferente.

Era um hotel, um abrigo para viajantes estrangeiros, ou para os que por ali passassem vindos de províncias afastadas do reino, onde se hospedavam como visitas do governo. O prédio era colossal, com todo o conforto possível e adaptado para receber cerca de um milhar de viajantes, que ali poderiam hospedar-se em sua viagem de negócios, de uma semana a um mês.

Na cidade alta morava a maior parte dos funcionários públicos e localizavam-se as escolas de artes e ciências.

Atrás da murada seguinte, concentrava-se a vida industrial da cidade, já bastante desenvolvida. Lá ficavam as escolas de ofícios e centros fabris de vestuário, tecidos, utensílios domésticos etc.; lá, também, encontravam-se as casernas, pois Narayana contava com um numeroso exército. Aliás, dentro da cidade, aquartelava-se somente a guarda real, bem equipada e armada; uma parte dessa guarda possuía suas guarnições perto do palácio e seus destacamentos revezavam-se em vigilância. O restante do exército era distribuído nas províncias e fronteiras.

Finalmente, dentro da murada inferior, assim como no vale e nas regiões à beira-mar, vivia a parte mais pobre da população, que ganhava o sustento da pesca e navegação. Suas casas, construídas mais próximas uma da outra do que nas fortificações de cima, eram mais humildes e não tinham tanto luxo; mas, de qualquer forma, eram bem limpas e possuíam jardim próprio, bem cuidado.

Para abastecer com água a imensa cidade, contando com cerca de cem mil habitantes, os engenheiros de Narayana valeram-se de um sistema bem engenhoso.

Do lago vulcânico, puxou-se um duto até o reservatório especial, junto à base do altiplano em que se localizava a cidade.

Deste depósito principal, suspenso na rocha escavada, partia um outro duto, de quinhentos pés de altura, que elevava a água com pressão fortíssima até o local onde se encontrava o palácio real, sendo dali distribuída para diversas partes da cidade, suprindo as casas dos moradores e os chafarizes públicos.

Os templos, todos identicamente majestosos, eram servidos por uma casta especial de sacerdotes; o povo venerava o disco solar como símbolo do deus superior e invisível. Esse disco, em ouro maciço, fora instalado de forma que nele incidisse o primeiro raio de sol do equinócio da primavera.

À noitinha, entabulou-se no terraço uma animada conversação a respeito das impressões dos magos sobre a cidade; estes inquiriam a Narayana dos detalhes do sistema de governo, dos aspectos relacionados com a liturgia e a fé professada.

— Para a casta de sacerdotes, ou seja, iniciados de nível inferior, introduzi o culto ao fogo e ao sol, pois a luz e o calor constituem-se de símbolos mais adequados para a inteligência do povo infante intuir a causa da criação do Universo. Não obstante o grau incipiente da iniciação da casta sacerdotal, a esta foi sugerida uma simbologia mais significativa, profunda e precisa. Assim, sem revelar a própria essência do mistério da trindade no Uno, aqueles símbolos se lhe representam o Ser Superior, em seu poder cósmico como Criador, Protetor e Destruidor. Acredito que eu não extrapolei os limites do meu mandato, revelando-lhes isso?

— Absolutamente! Gostaríamos até de conhecer melhor esse seu programa de pré-iniciação.

— Elaborei-o de forma que os mais desenvolvidos em relação à multidão restante, os mais ativos e os mais ávidos de ascensão, tenham a oportunidade de se enriquecerem com conhecimentos maiores. Acabei também com os sacrifícios sanguinolentos. As oferendas à divindade resumem-se a flores, frutos, leite e essências aromáticas; não consegui, como o fez Udea, proibir o uso da carne na alimentação. A fartura de peixe no mar e nos rios é uma sedução para os meus pescadores; da mesma forma as florestas, repletas de aves, atraem os caçadores e fornecem ao povo carne de aves barata e sadia.

Não compartilho a opinião de Udea de que a carne seja tão nociva, e acredito que no futuro, não tão longínquo, seu povo dela também se utilizará.

— É possível, mas, por enquanto, eles passam sem esse alimento que excita os instintos animais e a perversidade; espero que no decorrer de séculos de vegetarianismo frutifique uma geração respeitada e pacífica. Com o tempo, todo o nosso trabalho será esquecido e a vida humana tomará um novo rumo – sustentou Udea.

— De qualquer forma eu consegui enfraquecer o hábito à carne, ao instituir períodos de jejum; sem dizer que as próprias refeições são rigorosamente reguladas. Não adiantava prescrever uma abstinência da carne, tal qual era na nossa pobre Terra; por conta da gula, criavam-se as iguarias das mais requintadas, e as pessoas enchiam o bucho imaginando manter o jejum. Além disso, no período da iniciação, a alimentação vegetariana é obrigatória.

Tudo que no país existe, pertence a mim, ou seja: as colheitas, os pastos, o gado etc., são uma propriedade do rei. A nação é subdividida em trinta e duas províncias, cada uma tem o seu governador, por mim designado, responsável pelo bem-estar de seus súditos.

O governador é assessorado por um conselho de camponeses, representantes locais de trabalhadores e um colegiado de iniciados, formado por um astrônomo e alguns cientistas na arte ocultista de invocação de chuvas e prevenção de cataclismos, ou seja, os controladores dos agentes que influem na vida vegetal e animal.

A maior parte dos produtos da terra é consumida na própria província que os gera, mas há também o escambo.

Uma parcela do que é produzido é colocada à disposição do rei e governo central; em seguida, a colheita da província é distribuída entre os seus moradores; cada qual, desde o último dos camponeses, incluindo o governador, recebe o seu quinhão de acordo com a posição, o que lhes assegura o devido bem-estar. Qualquer aumento do volume da produção agrícola ou dos recursos naturais é distribuído proporcionalmente entre todos, assim o povo fica interessado no trabalho.

Até hoje esse sistema se tem mostrado eficiente e, em conseqüência disso, a pobreza inexiste no meu reino – muito menos a miséria, ou uma classe proletária, existente na nossa Terra extinta.

— Deus permita que o sistema governamental instituído continue a florescer duradouro! Fazemos votos, também, que a classe governante continue ainda, por muitos séculos, imbuída de seu dever sagrado de servir ao povo, não largando desleixada a grandiosa missão sobre os ombros dos medíocres, entregando-se à rapinagem e à busca exclusiva de seu bem-estar e prazeres.

No dia seguinte, os magos promoveram visitações a várias províncias de Narayana, assim como o fizeram no reino de Udea, e convenceram-se da ordem e da abastança reinantes; não lhes escapou também o fato de ser a população mais evoluída e agitada que os pacíficos camponeses e pastores de Udea.

No caso, a música tinha um papel de muita influência. Em cada bairro havia pelo menos uma escola, onde se lecionava o canto e diferentes instrumentos. O dia de trabalho findava, normalmente, com cantos e danças; as festas eram marcadas por procissões religiosas cantadas; os bailados surpreenderam os magos pelo ritmo apurado e beleza plástica.

Na véspera da última viagem, à noite, Ebramar e Narayana encontravam-se sozinhos num dos aposentos do mago. Narayana ficou observando o amigo e protetor recostado sobre o parapeito da janela e mergulhado em profundos pensamentos.

— Querido mestre – disse ele após um silêncio angustiante –, por que essa sombra de tristeza a anuviar-lhe os olhos – estrelas que guiaram minha vida? Está aborrecido comigo? Empenhei todas as minhas forças para fazer progredir o meu povo, concentrei todos os meus conhecimentos para apresentar-me diante de você dignificado pelo dever cumprido.

Ebramar voltou-se, olhando com amor infinito para aquele seu "filho pródigo", arduamente conduzido pelos sorvedouros das tentações e fraquezas humanas; quanta alegria ele sentira ao ver surgir na fronte do filho espiritual o facho de mago!

— Não, meu querido filho, nada lhe tenho a reprovar, senão elogiar-lhe o enorme trabalho. Gostaria apenas de fazer um pequeno reparo por certo descuido...

— Qual, mestre? Perdoe-me então essa falta involuntária! – exclamou alarmado Narayana.

Ebramar lhe pousou a mão no ombro e disse em tom amigável:

— Tolo! Já lhe disse que nada tenho a reprová-lo, pois como culpar-lhe a alma ígnea, arrebatada pelas belas-artes, pairando sobre a turba que você foi obrigado a governar. Eu mesmo gosto de pintar, e entendo o poder do belo e da fascinação que este exerce sobre a alma; não serei eu, então, a julgá-lo por não resistir ao acercamento das obras de arte, cujas marcas você ainda carrega. Somente este compreensível e... perdoável enlevo fê-lo se esquecer das normas de segurança. Pense na quantidade de novos sentimentos que você despertou, prematuramente, na alma de seu povo!

— Entendo. Você fala de música, aromas e efeito das cores? Acha que exorbitei dessas três poderosas forças, tendo em vista o despreparo do meu povo? Mas eu reitero, mestre, esta raça é extremamente dotada e só precisava de um empurrãozinho. Pensei estar agindo certo ao despertar-lhes a razão, sacudir-lhes os sentidos, criar-lhes novos desejos, para obter os efeitos desejados. Exemplo disso são as mulheres: belas e formosas, pareciam estátuas vivas; não davam a mínima para sua aparência externa ou intenção de serem amadas, tampouco tinham noção de sua graciosidade e beleza. Por isso, pus para funcionar as vibrações sonoras que pudessem penetrar através do revestimento rudimentar e agitar a alma, despertando nela novas imagens, e os aromas contribuindo com as vibrações.

Ebramar sorriu maliciosamente.

— Vejo que os tentáculos do passado ainda o envolvem; antes de qualquer coisa, você cuidou de desenvolver o belo sexo... concordo que a alma feminina deve encarnar os ideais em todas as suas formas. Bem, isso não vem ao caso! O problema é que você despertou cedo demais este povo de seu sono embrionário, nele semeou desejos refinados e sensações além de seu nível. Daí hão de nascer as paixões e as lutas perniciosas, cuja conseqüência é a catástrofe cósmica.

Esqueceu você, por um acaso, que as colossais forças por você desencadeadas são uma faca de dois gumes? Você sabe que a música – seu ritmo e sons – deve ser escrupulosamente dimensionada com a densidade do corpo astral, no intuito de evitar os malefícios; no caso das massas humanas, este princípio básico deve ser ainda mais rigoroso, pois uma excitação exagerada pode levar ao desequilíbrio e a toda espécie de efeitos nocivos, cuja enumeração seria por demais longa.

As vibrações musicais, pela ação que exercem sobre o corpo astral, podem tanto ser terapêuticas como danosas, acarretando enfermidades de pele, loucura e até a morte.

Ao mesmo tempo, benéficos e traiçoeiros são os aromas; não é por acaso que a produção e uso de certos aromas, especialmente fortes, eram segredos dos templos no nosso velho planeta.

Quanto à luz, esta dispensa qualquer comentário. Até um pobre mortal sabe que sem ela a vida perece e que ela é capaz de cegar e matar. Na nossa magia aprendemos a lidar cuidadosamente com essas duas poderosíssimas forças.

— Você está certo! Agradeço pelo aviso e tentarei no futuro não me entusiasmar e agir conforme os princípios de razoabilidade e cuidado.

No dia seguinte, em sua última visitação, os mestres foram levados para uma ilha; de tão afastada que era, viam-se apenas o céu e o oceano. Lá Narayana instalara uma colônia de correção bastante original. Enviavam-se para aquele local os infratores pelos crimes graves, dos mais incorrigíveis, sendo submetidos à coação moral, baseada exclusivamente na conjugação das vibrações sonoras, aromas e cores, dentro de recintos especialmente adaptados nas grutas e celas.

Exaustivamente reexaminados, os resultados de tal sistema eram porém contraditórios. Havia casos de recuperação moral indiscutivelmente positivos: uma grande quantidade de bandidos de alta periculosidade tornaram-se equilibrados emocionalmente, certos instintos nefastos, vícios ignominiosos e toda uma sorte de perversões foram erradicados. Às vezes, porém, o tratamento redundava em demência, idiotismo, doenças estranhas e mortes súbitas.

Os magos apenas sorriram e balançaram a cabeça, nada comentando sobre o espantoso sistema correcional.

À noite, Supramati passou no aposento de Ebramar e encontrou-o pensativo e preocupado. Eles trocaram algumas opiniões sobre a inspeção feita e, principalmente, sobre o método engendrado por Narayana de recuperar os delinqüentes.

— Ele está exagerando em se adiantar no tempo, fazendo experiências perigosas. Quantas outras tolices ainda terá perpetuado, não estando eu aqui com vocês?! Sem dúvida, tudo que ele faz é original e engenhoso, como ele próprio, mas agora está se excedendo, repito. Ele precisa de um amigo que lhe freie os excessos e guie esta força poderosa, inspirada nas melhores das intenções.

— Concordo. Com sua permissão, terei prazer de ficar aqui com ele e assumir a função de sumo sacerdote e hierofante. Ele me confidenciou que ficaria feliz em ver um mago, hierarquicamente superior a ele, chefiando a sua escola de iniciação e a casta sacerdotal.

Ebramar estendeu-lhe a mão, fitando-o com olhar de gratidão.

— Aprovo a sua oferta e aprecio-lhe o sacrifício, resultado de seu amor por mim. Consta-me ter você preparado para o seu futuro reino uma legislação tão sábia quanto erudita, e seria um sacrifício de sua parte desistir de uma atividade tão ampla e interessante.

— Não é sacrifício; é uma enorme felicidade proporcionar-lhe, meu grande mestre e benfeitor, ainda que um minuto de alegria, afastando-o de qualquer preocupação, justamente quando você está por nos deixar.

Além disso, será uma forma de retribuição a Narayana. Devo a ele o que sou hoje; é a ele que devo agradecer por ter você como meu orientador. Quanto à atividade de iluminador no país a mim designado, ela poderá ser exercida por outro mago. Pessoas dignas e capazes não nos faltam, graças a Deus!

Ebramar levantou-se e abraçou-o.

— Agradeço, Supramati! Você realmente me proporcionou um minuto de grande felicidade, provando ter dominado qualquer mesquinhez humana. Ainda hoje conversarei com os mentores, e não tenho dúvidas de que aprovarão a escolha. Seu substituto será o seu filho mais velho, Sandira, de cuja educação cuidei desde o nascimento. Você lhe passará todos os seus projetos. Mas aí vem vindo o nosso ventoinha – acrescentou ele, interrompendo as manifestações de agradecimento de Supramati.

De fato, do recinto contíguo ouviram-se os leves e apressados passos de Narayana e a sua voz pedindo permissão para entrar.

Mal este acabara de sentar, disse:

— Pelas suas expressões radiosas, porém nubladas, vejo, mestre, que os meus métodos correcionais não lhe agradaram. Aliás, eu já estava prevendo a bronca, assim deixei a visita da ilha como surpresa derradeira.

— Já que você mesmo sabia de antemão que sua obra não agradaria, deixe-me fazer alguns comentários. De um modo geral, a técnica empregada merece ser elogiada, contudo... só poderia ser implantada daqui uns cem mil anos e, mesmo assim, entre uma geração de povo evoluído, tanto no plano físico, como moral e intelectual, principalmente.

Como prova disso, vamos recapitular os fatos. As curas observadas, ou melhor, as recuperações morais, foram raras, e todas se processaram nos descendentes dos terráqueos – rebentos de raças um tanto evoluídas; as que apresentaram melhores resultados foram justamente a de pessoas pertencentes às famílias dos iniciados de nível inferior, ou seja: os que já alcançaram algum progresso intelectual e físico, ainda que prematuro. Quanto ao grosso de aborígenes, submetidos ao tratamento, você há de concordar que os resultados são lastimáveis. Nos casos em que predominava a técnica de vibração sonora, ocorreram muitas mortes súbitas, resultado do rompimento do elo entre o corpo físico e o astral, de flexibilidade e dilatação insuficientes.

Os fortes aromas, agindo sobre um cérebro obtuso e denso, incapaz de os absorverem, levam ao idiotismo ou loucura. Um cérebro evoluído, habituado através do intenso trabalho mental à rápida e constante troca de substâncias, teria absorvido os aromas e assimilado os efeitos benéficos.

O que se refere às cores, cujo poder é suave, porém perigoso, elas podem desencadear moléstias de pele e outras manifestações estranhas.

— Ah! Acabei cometendo uma gafe; jamais pensei que era tão difícil dimensionar o conhecimento com a sua aplicação! – exclamou, visivelmente decepcionado, Narayana. – Pobres dos meus sucessores, são eles que sofrerão as conseqüências! – sentenciou ele, meio condoído, meio debochado.

— Ninguém está livre de cometer gafes ao longo de sua longa e árdua ascensão. Mas, com o objetivo de resguardá-lo de ocasionais erros futuros, deixo-lhe aqui um orientador, um amigo leal; seu amor iluminado e enormes saberes o assistirão. Supramati aceita a função de sumo hierofante, que você desejava que fosse exercida por um mago superior – anunciou Ebramar.

— Você quer ficar comigo, Supramati? Mas você ultimava os preparativos para ser o rei e o legislador de um povo já eleito! – exclamou surpreso Narayana.

— Outra pessoa se incumbirá disso. Como Ebramar me considerou digno desse cargo e não há ninguém que me substitua, serei seu conselheiro, tão logo ele for embora. Além disso, na qualidade de seu sucessor, tenho certas obrigações em relação a você – completou Supramati jovialmente.

Com o arrebatamento que lhe era característico, Narayana lançou-se em direção à Supramati e abraçou-o fortemente.

— Obrigado, obrigado, meu amigo e meu melhor sucessor! Não acho palavras para agradecer-lhe; minha felicidade seria completa se não fosse o peso da separação iminente de Ebramar. Não me conformo com a idéia de não vê-lo mais, nem de só alcançar, ainda que mentalmente, aquelas longínquas esferas por onde ele ficará, como um ser perfeito!..

— Engano seu, Narayana, considerar-me um ser perfeito – observou Ebramar com sorriso melancólico nos lábios. – Apenas nessa terra ínfera eu posso parecer algo elevado devido à nossa ridícula vaidade de nos intitularmos de filhos da Razão ou de Luz; depois de deixá-los e estando num sistema planetário superior, em relação ao nosso, muita coisa inesperada pode acontecer, como a de tornar-me um reles ignorante diante dos obreiros que serão meus mestres e me iluminarão.

Lá, os meus conhecimentos de pouco valerão, pois terei de pesquisar e aprender a controlar um aparelho cósmico bem mais complexo de que os nossos elementos, ainda muito rudes e pesados. Nos sistemas superiores, a matéria cósmica é tão complexa em sua composição que terei de passar por um curso completo de aprendizado científico.

Sim, meus filhos, é inconcebível, grandiosa e enigmática a morada do Onipotente e, no crepitar da criação ininterrupta e da devastação incomensurável, pululam bilhões de obreiros no espaço insondável. Jamais alguém intuíra a amplitude daquela Sapiência e Oniconhecimento que parecem ter-se infundido nas mais ínfimas das partículas. Até a luz de uma estrela, que percorre distâncias incalculáveis antes de atingir, milhares de séculos depois, a nossa pesada atmosfera, não é uma obra de acaso. Mensageira arcana de um mundo talvez extinto, ela carrega consigo as substâncias cósmicas das quais aqui necessitamos...

Ebramar calou-se e seu olhar inspirado parecia fitar uma visão longínqua.

Só de imaginarem a lonjura árdua a ser trilhada e o enorme trabalho a ser feito, uma opressão tomou conta dos corações de seus ouvintes. Eles se sentiram débeis, cegos e ignorantes – como átomos, perdidos na imensidão das humanidades, cujo calcanhar do tempo os pisoteia feito formigas em sua caminhada; parecia até que eles ouviam o crepitar da roda da eternidade.

Lançando um olhar sobre os discípulos, Ebramar entendeu-lhes o estado espiritual e disse afável:

— É claro, ficaríamos tontos só de imaginar o infinito que nos cerca, mas devemos sacudir energicamente esta fraqueza e conscientizarmo-nos de que entre as bilhões de almas somos bastante bem-aventurados pelo destino. Apreendemos muitas leis, ignoradas e inacessíveis aos profanos; já deixamos para trás as árduas transmigrações da inevitável ascensão, que conduz a faísca indestrutível desde o seu átomo até o radioso ponto central, onde habita o Inefável, de Cuja partícula nos compomos.

Assim, ergam a cabeça, meus amigos! Vou deixá-los para galgar mais um degrau; prometo, entretanto, não perder tempo e preparar-me condignamente para recebê-los, meus queridos discípulos, da mesma forma como me aguardam agora os meus leais mentores. Sem dúvida, o meu ser será regido por condições etéreas diferentes; mas o laço que nos une jamais romperá.

— Mestre – murmurou surdamente Narayana – tenho um pedido a fazer. Gostaria de presenciar a sua partida, e consideraria esse momento como uma das lembranças mais caras e sagradas. Poderei ter essa graça? Talvez eu não seja digno disso, ou não poderei suportar aquela luz extraterrestre.

— Prometo-lhe que você estará comigo nessa hora solene, e que me verá ficar livre do invólucro terreno. Trabalhe com todo o seu empenho para unir-se a mim e aproximar o tempo, quando, meus filhos, eu os receberei em minha nova morada.

No dia seguinte os magos partiram, em companhia de Narayana, para visitar o reino de Abrasack.

Capítulo XVI

A aeronave rapidamente se aproximava dos domínios de Abrasack. Os magos viajavam sem tê-lo avisado; tampouco seus mensageiros foram enviados pedindo aos mestres para inspecionarem o reino. Como nenhum dos dois monarcas recebeu o convite, Udea esquivou-se de acompanhar os magos e preferiu voltar para casa com Ariana.

Narayana juntou-se ao grupo de Ebramar, reportando-se a seu direito inalienável de participar da verificação dos êxitos de seu ex-discípulo.

Da altitude de seu vôo, via-se abaixo estendido um panorama maravilhoso. Um caudaloso rio rolava em seu leito e, por ambas as margens, estiravam-se largas faixas de terras férteis e vegetação exuberante, ladeadas no horizonte por uma cordilheira dentada de montanhas nuas.

No largo estuário divisavam-se algumas ilhas; uma delas – a maior e toda granítica – avançava feito sentinela.

Continuando o seu vôo estonteante, a nave logo começou a pousar suavemente; divisou-se, então, uma enorme cidade espalhada nas duas margens do rio. Seus prédios enormes, cercados de vastos jardins, perdiam-se ao longe.

Todos os magos estavam reunidos na ponte de comando, quando a nave diminuiu a marcha. De súbito, Narayana, largando o seu telescópio, pôs-se a rir.

— Mestres, estamos sendo esperados! Há até ancoradouro para a nossa nave. Há-há-há! Bravo, Abrasack! Eis o que significa uma polícia organizada!

Agora se distinguia claramente um mar de cabeças humanas a se agitarem na margem, e as comitivas perfiladas em volta do porto, onde a nave acabou por atracar. Uma vasta escadaria coberta por esteiras coloridas conduzia a uma elevação, onde estava Abrasack com Avani e uma família numerosa: cinco filhos e três filhas. Todos trajavam vestes de linho ricamente bordadas; seus rostos exprimiam muita resolução e mente desenvolvida.

Todo o povo se prostrou, quando Abrasack e seus familiares saudaram respeitosamente os magos. Em seguida, levados de liteira até o palácio, um magnífico almoço aguardava os visitantes. Os magos elogiaram o rei por ter-lhes adivinhado a chegada inesperada, com isso provando que ele mantinha comunicação magnética com a cidade divina.

No dia seguinte, os magos reuniram-se no salão de trabalho de Abrasack.

Sentado no centro do semicírculo formado pelos magos, o rei delineou no mapa os contornos de seu reino, antes que se iniciasse a inspeção do país e suas instituições.

O belo semblante másculo de Abrasack mudara muito nesses últimos séculos; agora nele se refletia uma dignidade serena e aquela consciência da força que só o poder e o hábito de comandar proporcionam.

— Permitam-me, caros mestres, relatar sucintamente o que aconteceu desde o momento em que desembarquei com meus companheiros nesta terra estéril e pantanosa, onde tiritava um povo numeroso, rude, selvagem e rebelde. Está claro que os nativos não tinham a menor noção de leis, obrigações, divindade ou qualquer outro afã sério. Para poder modelar esse barro humano, a mim fornecido, tive de diluí-lo com uma dose de medo. Com os poderes que eu tinha à disposição, domestiquei-os e subjuguei-os à minha vontade. Mais tarde, instalei-os mesclados em ambas as margens.

Segundo o plano geral, a futura civilização deveria basear-se em três pilares: a religião, com seus rituais; o poder régio implacável, envolto em mistério divino e, finalmente, as leis sociais, que pudessem manter o povo dentro dos limites desejados, assegurando-se-lhe um caminho ao progresso por muitos séculos.

O poder do monarca, assistido por um Conselho de Iniciados, seria o cerne de todo o sistema governamental.

Vocês, caros mestres, leitores de pensamentos alheios, para os quais uma alma tosca não representa mistérios, hão de acreditar não terem sido nem o orgulho, tampouco a vaidade, que me moveram a elevar a virtude régia a uma altura inacessível, e cercá-la de adoração divina.

Não, sempre considerei a monarquia, pela sua simplicidade, como o sistema mais perfeito e adequado de governar os povos, ainda que o rei, naturalmente, deva corresponder a esses ideais. Até hoje, a minha alma transborda do desejo exaltado de justificar a confiança em mim depositada nos meus propósitos de proporcionar a esse povo os maiores benefícios possíveis, fundindo-me a ele em seus interesses. Julgarão vocês mesmos, se eu logrei o intento, porém, o meu maior medo sempre foi o de me tornar um monarca medíocre, um desses que permearam pela nossa Terra extinta, na época de sua decadência.

As minhas leis são rigorosas. Ciente do mal que causavam as injustiças, cuidei de colocar a verdade acima de tudo; perante a justiça, todos são iguais: sejam eles meus filhos, ou o último dos camponeses.

O material humano mais precioso à minha disposição constituía-se, sem dúvida, do grupo de terráqueos revividos graças à substância primeva. É claro, nem todos eles eram capazes de utilizar plenamente a capacidade de seu cérebro, ainda que bastante flexível; porém o corpo era desenvolvido e os órgãos bem especializados.

Subitamente, entre esses semi-imortais começaram a ocorrer casos de morte. Segundo constataram os nossos cientistas iniciados, a mortalidade devia-se às emanações, especialmente nocivas, da terra primitiva, que absorviam e destruíam o elo criado pelo elixir da longa vida, entre o corpo físico e o astral.

Isso me deixou desolado. Com o aumento da freqüência dos casos, eu me vi fadado a ficar, no meio dos selvagens, sem meus instrutores, artistas, artífices, ou seja: despojado de uma raça superior imprescindível.

Se em nosso meio começassem a se encarnar os espíritos da espécie primária, seria impossível cuidar de sua rápida evolução, e a civilização teria se estacionado por um longo tempo.

Confesso que, na época, quase fraquejei e por pouco não lhes pedi ajuda; sabendo que eu tinha uma plena autonomia, fiquei procurando uma solução juntamente com os meus iniciados e, finalmente, encontrei-a. Era necessário atrasar, em determinados lugares, os espíritos desencarnados mais evoluídos e obrigá-los a nascerem em condições apropriadas.

Vocês sabem que a magia torna isso possível, e é de seu conhecimento, também, o número de desgraças que ocorrem em conseqüência de nascimentos acidentais, quando seres inferiores, de instintos baixos, se hospedam em condições sociais acima de seu nível ético e intelectual. Não basta nascer herdeiro de trono para saber governar. Tais intrometidos abominam tudo que lhes seja súpero, vivem acercados de nulidades iguais ou de gentalha inculta e devassa, cuja omissão é a causa da ruína geral.

Dispensei uma atenção especial à educação. Fiz que cada criança aprendesse que atrás dela havia uma Divindade, que a agraciara com a grande dádiva – a vida –, e esta dádiva divina ela deveria respeitar em todos, e jamais a subtrair de outrem gratuitamente, pois restituir-lhe a vida seria impossível. O homem deve preservar sua existência com um modo de vida correto, equilibrado e higiênico. Toda e qualquer enfermidade em conseqüência de abusos, perversão, falta de asseio, gula etc., é tida como criminosa e severamente punida com base nas leis; os pais são responsabilizados, se, por sua negligência, os filhos vierem a adoecer.

— Ah, que idéia maravilhosa! Vou aproveitá-la no meu reino – interpôs o fogoso Narayana, arrancando risos dos magos.

Tal interferência inesperada interrompeu a fala de Abrasack e encetou-se uma animada troca de idéias sobre o que ele acabara de contar.

O dia seguinte foi dedicado à inspeção da cidade. Abrasack levou suas visitas para um enorme prédio, onde eram guardadas numerosas estátuas de personalidades que se distinguiram em vida por sabedoria, conhecimento e prática do bem. Chamavam-no de Templo da Glória; ali, servidores da casta sagrada revezavam-se, em plantões, no afã de relatarem ao público visitante a vida de grandes homens e seus feitos imortalizados. A entrada era franca; no caso de castas superiores, estas eram obrigadas a freqüentarem o templo junto com seus filhos, desde sua tenra idade, para que se iniciassem em fundamentos de uma vida útil e digna e se conscientizassem de que a menor injustiça, ou ato desonesto, os privaria de assegurarem um lugar entre os eleitos, venerados pelo povo.

Um interesse muito vivo despertara nos magos o método imaginado por Abrasack, de selecionar as almas para preenchimento de fileiras de sua casta superior. Narayana manifestou sua impaciência em ver, o quanto antes, a "necrópole viva" – o que, segundo sua opinião, seria o mais interessante no reino do seu ex-discípulo.

— Agüente um pouco! A "necrópole viva" é a minha obra principal e eu a deixei para o fim.

— Como você resolveu a questão de sepultamentos? – indagou Ebramar.

— Confesso que o problema deu muitas dores de cabeça. Devido ao calor intenso e clima muito úmido, sabia que o simples enterro dos corpos poderia gerar miasmas perigosos; abrir sepulturas em rochas graníticas era um trabalho enorme e improducente. Tampouco queria incinerar os cadáveres, tendo em vista as conseqüências danosas para o corpo astral, a destruição do corpo físico pelo fogo. Assim, optei por outra fórmula.

Os aborígenes – que se destacam da massa geral, suficientemente evoluídos para receberem certas iniciações e capazes de se tornarem, nas futuras existências, seres úteis, tais como: funcionários miúdos, artistas ou mestres de ofícios – têm um enterro especial, nos moldes da raça superior. Fazemos seus espíritos encarnarem no seio de famílias de maior desenvolvimento intelectual, miscigenadas através de casamento com os representantes da raça superior.

Quanto à massa básica – ainda no limiar da evolução –, para esta eu estabeleci uma forma mais simples de enterro.

No estuário do rio, cujas águas abastecem o país, vocês devem ter observado uma série de ilhas vulcânicas. Numa dessas ilhas, escavamos um gigantesco templo subterrâneo, com salões, jazigos e galerias, para onde são levados os defuntos da capital e dos arredores.

Templos semelhantes espalham-se por outras regiões do país. A família do morto traz para um desses templos o corpo do falecido, deixa-o lá por setenta dias e paga uma pequena taxa pelas despesas iniciais. Uma casta especial de sacerdotes e servidores toma conta daqueles templos. O corpo é levado a um gruta circular, onde é mantido artificialmente um ambiente seco e quente; no centro do recinto há um enorme reservatório, não fundo, cheio de líquido resinoso e acre. Impregnado um lençol com este líquido, enrola-se com ele, feito múmia, o corpo do defunto, que é depois mergulhado junto com os outros cadáveres no tanque. Uma tabuleta, trazida no peito de cada um desses embrulhos, identifica o defunto e a data de seu falecimento.

Sobre altos braseiros, ali queimam ervas resinosas, impregnadas por essências especiais, que espalham uma fumaça de odor sufocante. A cada dois dias o material fumegante é substituído por novo; o tanque é completado com o líquido que fora absorvido pelos cadáveres. Os servidores, ou melhor: os sacerdotes subalternos, incumbidos desse trabalho, usam vestes especiais e cobrem o rosto com máscaras para se protegerem dos gases nocivos do ambiente.

Ao término de setenta dias, os outrora robustos corpos se encolhem ao tamanho de uma boneca; seus rostos continuam bem reconhecíveis, os cabelos e as unhas permanecem intactos. Os cadáveres assemelham-se a figuras flexíveis de cera. Devo dizer que, com o passar do tempo, eles se deterioram, tornando-se pardos ou amarelados, lembrando raízes de plantas. Mas, ao serem retirados da gruta, seu aspecto é aprazível; à família é fornecido um frasco de essência, com a qual, depois de um certo tempo, o corpo deve se esfregado, no intuito de lhe preservar um aspecto bem-apessoado. Os familiares vêm munidos de estojos, e, nessa espécie de ataúde menos ou mais decorado, eles podem levar os mortos para casa ou enterrá-los na ilha. Muitas famílias abastadas constroem dentro das paredes de suas casas uma espécie de nicho com gavetas, luxuosamente guarnecido, tornado seu sepulcro familiar. Lá se fumegam essências aromáticas e realizam-se rituais fúnebres. Dizem que naqueles pequenos jazigos, por vezes se ouvem suspiros, gemidos e até gritos.

Ocorre, também, que os familiares apavorados esvaziam aqueles jazigos e levam os mortos para as regiões de vales afastados, despenhadeiros, ou desertos palustres, e lá os semeiam como tubérculos, pois, segundo a crença popular, a terra úmida mitiga os sofrimentos dos pobres defuntos.

A magia já faz parte de nossa civilização; assim, temos feiticeiras que prestam seus serviços às famílias dos mortos. Elas afirmam que naqueles insólitos sepulcrários viceja uma flora muito estranha: os cadáveres, enterrados na terra úmida, transformam-se em verdadeiras raízes, emergindo em tufos de folhas verde-escuras; em noites de luar, sobre eles paira uma sombra azulada de cabeça humana. As feiticeiras juram que as sombras se comunicam entre si; as raízes daquelas estranhas plantas são tidas como talismãs poderosos, associados com demônios submetidos, utilizados a serviço daqueles que deles dispõem.

Abrasack calou-se. Um minuto depois um dos magos comentou:

— O que dizem as feiticeiras tem um fundo de verdade. Apesar de alguns aspectos positivos, seu método é cruel, pois que permite manter parcialmente um elo com o astral. Mais tarde, direi como evitar este perigo.

Abrasack agradeceu.

No dia seguinte, os magos iniciaram a vistoria detalhada do país e suas instituições, evitando fazer qualquer julgamento daquilo que viam, deixando isso para o final da inspeção.

Finalmente chegou o dia da visitação da necrópole dos vivos, aguardada impacientemente por Narayana. Um grande barco pintado de preto, proa alta e curvada, lembrando a egípcia, aguardava pelos magos. Doze vigorosos remadores fizeram-no deslizar pelo rio com a rapidez de uma flecha.

Logo, eles se aproximaram da ilha fúnebre, cujo maciço granítico se assomava funesto por sobre as ondas espumosas, a se quebrarem com estrondo nos ressaltos escarpados, eriçados feito cerdas.

Manobrando entre os recifes, o barco adentrou um longo túnel, ora iluminado por archotes resinosos; depois de numerosas curvas, o barco deu num lago interno, cercado por rochas desnudadas e pontiagudas. Na margem do lago, frente a frente, localizavam-se duas entradas; sobre os seus pórticos viam-se desenhadas em hieróglifos duas inscrições idênticas: "Morrer para Renascer".

O barco acostou ao lado de uma das entradas; os magos galgaram uma escada até se virem dentro de um salão espaçoso e abobadado, a partir do qual algumas galerias rochosas se distribuíam em várias direções, perdendo-se ao longe.

— Aqui os corpos são embalsamados; toda esta parte da ilha é destinada para a preparação das múmias – explicou Abrasack. – Ninguém pode passar além deste salão, exceto os parentes mais próximos que acompanham o morto, ou, quando a múmia estiver pronta, para se despedirem dele. Se desejarem, caros mestres, posso mostrar-lhes todo o processo e, talvez, vocês queiram prescrever algumas modificações.

Com a aquiescência dos magos, Abrasack levou-os até o local onde trabalhavam os sacerdotes sagrados especialmente para embalsamamento dos corpos.

Visto tudo, Abrasack retornou com os visitantes para o primeiro salão e convidou-os para atravessarem até a margem oposta, onde se encontrava a "necrópole dos vivos" – uma genuína cidade dos mortos.

Todos retornaram ao barco, atravessaram o lago e acostaram perto da entrada oposta; lá, nos degraus, protegia-se-lhe o acesso por esfinges de basalto negro; nos vasos pétreos, de boca larga, queimavam substâncias resinosas.

Através de um corredor largo, findado em dez degraus, descortinou-se-lhes um largo templo subterrâneo, cuja abóbada era sustentada por maciços colunares quadriédricos. Nos fundos, sobre pesados pedestais, erguiam-se duas enormes esfinges esculpidas no rochedo; seus olhos, marchetados na rocha, fulgiam de luz fosforescente, como se perscrutando, vivazes, os presentes. Entremeando as patas do animal-símbolo, localizavam-se portas de bronze, toldadas de símbolos cabalísticos; numa depressão aprofundada por entre as duas esfinges, à altura de alguns degraus, erigia-se uma espécie de altar pétreo, sustentando uma figura humana em pé, como que envolta numa manta longa.

Das paredes laterais, distribuíam-se acessos para numerosas galerias. Junto ao altar e às esfinges, perfilavam-se os sacerdotes e as sacerdotisas, portando harpas prateadas. Todos trajavam vestes alvas, cingidas de cintos pretos e mantos. Nas trípodes ardiam essências aromáticas.

Após um solene canto em homenagem aos visitantes ilustres, Abrasack apontou para as duas esfinges e disse:

— As múmias são levadas aos sarcófagos por aquela porta à esquerda, enquanto o corpo astral, intimado a encarnar-se, vem pela porta da direita.

Neste templo realizamos o funeral mágico, através do qual, inicialmente, o "sósia" é confinado a este lugar e, mais tarde, é levado ao novo invólucro carnal.

Com a aproximação de Abrasack, a porta da esfinge esquerda abriu-se silenciosamente, e através de uma longa galeria, levemente inclinada, eles chegaram até uma série de jazigos dispostos lateralmente, fracamente iluminados por luzes azuladas. Nas paredes, numa sucessão de nichos, viam-se numerosas múmias em posição vertical, e, no centro, alguns sarcófagos graníticos abertos. Alguns jazigos estavam vazios, outros, cheios. Entrando num deles, o que estava lotado, Abrasack deteve-se e apontou para uma série de sarcófagos:

— Aqui repousam meus ex-companheiros – disse, levemente emocionado. – Evoquei-os do espaço e dei-lhes da matéria primeva, mas, por pura ignorância e presunção, não administrei a quantidade certa. Ao invés de viverem tanto quanto eu, vi suas vidas extinguirem-se dois séculos depois; suas almas amigas e corajosas, entretanto, hão de retornar, um dia, para obrar em benefício do meu povo. Através de rituais complexos, que lhes descreverei mais tarde, conseguimos evocar as forças astrais da região celeste, onde se encontra a estrela polar, as quais incorporamos nos "sósias", temporariamente encarnados em múmias. Os nossos jazigos são verdadeiras cidades subterrâneas povoadas de astrais vivos – forças poderosas e realmente dinâmicas –, que nos permitem o controle sobre o pólo terrestre, necessário para solidificar o nosso país.

Para mantermos a vida nos "sósias", utilizamos de aromas poderosíssimos; feitiços mágicos viabilizam a ação dos nutrientes e proporcionam aos entes astrais uma vida confortável, num ambiente afeito – tal qual vocês vêem aqui, nas reproduções artísticas e esculturais nas paredes dos jazigos. Eles se comunicam entre si; aliás, eu lhes construí um local especial: uma câmara lá em cima, onde, através de aberturas, penetra o luar, e, em cujas irradiações eles se banham, refrescando o corpo astral e fortalecendo as forças espirituais.

Diariamente, à meia-noite, dispara um sinal sonoro, anunciando aos que aqui repousam a hora de acordar. Estamos perto da hora, e vocês serão as testemunhas desse acontecimento.

Agora, vêem aquela pequena gruta lateral com dois sarcófagos de granito vermelho? Reservei o local para mim e Avani; meus sucessores, entretanto, ocuparão as câmaras régias. Agora vou levá-los para onde repousam os terráqueos. Lá, você, Supramati, encontrará os que me havia confiado, atingidos pela morte prematura.

Narayana olhou surpreso para Supramati, mas nada disse e seguiu os outros por uma galeria estreita à gruta indicada.

Era um subterrâneo comprido repleto de múmias, tanto nos nichos, como em longos tanques executados em madeira ou pedra.

Os magos e Abrasack pararam no centro, examinando o ambiente. Alguns instantes depois, o ar foi recortado por um som metálico trêmulo, como se por todo o lugar, nas proximidades e ao longe, repicassem centenas de sininhos de prata; num átimo, a luz azulada que iluminava o ambiente esmaeceu e sobre os nichos e tanques ignizaram-se as chamas fátuas, derramando clarões desbotados.

Neste instante, as múmias pareciam se mover e cobrirem-se de uma névoa cinzenta, que se densificou oscilante e começou a tomar a forma humana, envolta em manto; algumas figuras eram escuras, outras, claras e fosforescentes. Agora já se podia distinguir que eram homens e mulheres, e até crianças; seus rostos, de contornos imprecisos, eram alegres e surpresos. Pairando sobre o solo, os seres dirigiram-se à saída.

— Eles estão indo para a câmara de luar – sussurrou Abrasack, convidando os magos para acompanhá-lo.

A câmara de luar era um recinto amplo, esculpido dentro da rocha. Pelas aberturas na abóbada, era espargido por feixes largos do luar, a variegarem em clarões prateados nas águas de um reservatório, escavado no centro da caverna. Em volta, via-se uma vegetação estranha, salpicada de flores de arbustos, e até algumas árvores. Debaixo de suas sombras se escondiam bancos de musgo; toda aquela vegetação parecia sólida, imóvel – um verdadeiro jardim de sombras.

Em frente do paredão, sobre algumas mesas, viam-se vasos chatos de boca larga, cheios de líquido incolor, e um prato com um pó fino vermelho; um odor resinoso e ao mesmo tempo agradável recendia no ar, como que de essência de flores, e servia de alimento para os corpos astrais.

As figuras que ali se apinhavam se apressavam em banhar-se no reservatório e, em seguida, tomavam o líquido dos vasos e absorviam o pó; todas aquelas iguarias parecia não se esgotarem. Entrementes, as sombras densificavam-se, os rostos se animavam e os olhos embaçados reacendiam-se.

Neste instante, os magos e Abrasack se preparavam para deixar a câmara; Ebramar fez um sinal para que Supramati e Narayana o seguissem.

Eles seguiram novamente para um enorme templo subterrâneo, envolto na semi-escuridão cinzenta. De ambos os lados da porta da esfinge direita, perfilaram-se sete sacerdotes e sacerdotisas, todos em vestes alvas e com harpas de cristal nas mãos. Bem adiante da porta, erguia-se uma trípode alta, em torno da qual, em semicírculo, postavam-se sete adeptos de grau elevado. As chamas trêmulas rosa tosco iluminavam, por vezes, seus semblantes severos e concentrados, e os mantos brancos, aurifulgindo em insígnias peitorais.

Quando os magos e Abrasack tomaram seus lugares para ver o que iria acontecer, um dos adeptos fez um sinal e imediatamente se ouviu um canto pausado e harmônico, sob o acompanhamento dos sons trêmulos das harpas.

A melodia era estranha, ora suave e rápida, ora lenta e profunda, de notas que dilaceravam a alma e arrepiavam o cabelo.

Decorrido algum tempo, a porta entre as patas da esfinge escancarou-se silenciosa e dos fundos escuros da galeria, pairando, surgiu uma sombra nebulosa, detendo-se diante da trípode, cujas chamas imediatamente se apagaram. Do espectro foi se desprendendo um fio nítido fosforescente, a se perder no fundo escuro da galeria.

No ar, desenharam-se os contornos ígneos dos sinais cabalísticos e a câmara mortuária imediatamente estremeceu pelo rolar de trovão. Um raio cintilante recortou em ziguezague o ar e partiu o fio radioso, enquanto uma névoa fosfórica, reverberando todas as cores do arco-íris, matizada por clarões ígneos, foi envolvendo a sombra suspensa e tomou a forma de um míssil, que, crepitando, se projetou para as alturas, perdendo-se na sombra da abóbada.

— O espírito transferiu-se para o corpo de uma criança nascitura; os adeptos registrarão, em documentos arcanos, um novo capítulo do histórico do indivíduo novo. Aos atos praticados, aos registros de nascimentos e às mortes subseqüentes, eles adicionarão uma nota da nova reencarnação, o nome da nova família e um parecer do que se pode esperar dele em termos de sua contribuição para o bem do povo, seu sucesso em artes, ciência, e assim por diante.

Enquanto Abrasack falava, algumas lâmpadas se acenderam; após uma breve conversa com os adeptos, abordando o fenômeno realizado, os magos deixaram a ilha mortuária.

No dia seguinte houve uma reunião solene no grande salão do palácio. Os magos transmitiram a Abrasack suas considerações quanto à sua atividade iluminadora.

Após detalhada discussão sobre aspectos do governo e da vida social, e dadas algumas advertências sobre as transformações futuras, o hierofante-mor deu a palavra a Ebramar.

— Apesar dos pequenos deslizes isolados, só podemos elogiar-lhe o trabalho colossal, que, entretanto, não o impediu de ampliar os conhecimentos e de aperfeiçoar-se – declarou Ebramar. – Seu método de embalsamar, a implantação das escolas de iniciação, o progresso nas artes e ofícios, são testemunhos de trabalho sério e incansável.

Suas leis são rígidas, por vezes severas, porém claras e justas; seu povo é sábio, obediente e laborioso, habituado a conceber a vida terrena como uma preparação para a existência no além, e florescerá por muito tempo; a civilização fundada, que você soube implantar, por assim dizer, na alma do povo, será particularmente longa. Aquilo que você atingiu, empregando na prática o empreendimento tão complexo como o da reencarnação, ou seja, subordinou à vontade e ao controle humano uma das leis mais terríficas do mundo invisível – é uma prova do mais intrépido vôo de sua inteligência e vontade férrea. Através da ciência, você desafiou as forças do destino.

Pálido de emoção, Abrasack ajoelhou-se; lágrimas de felicidade e agradecimento fulgiram em seus olhos, quando Ebramar o tocou com a espada mágica e sobre sua fronte brilhou uma larga faixa de luz.

Ebramar, então, beijou-o; os magos repetiram o gesto e cumprimentaram-no; em seguida, todos se dirigiram ao grande templo, onde foi feita uma missa solene pelas graças recebidas.

No dia seguinte, os magos despediram-se, e a nave espacial levou-os de volta à cidade divina.

Epílogo

A cidade dos magos mudou pouco no passar dos últimos séculos. Com seus majestosos templos, palácios mágicos, jardins vastíssimos – um oásis de plantas e flores – a cidade era um verdadeiro canto do paraíso terrestre.

Os palácios de Udea e Narayana, por longo tempo vazios, novamente acolheram seus donos. Há algumas semanas, todos os discípulos de Ebramar reuniam-se em sua casa para passarem, junto ao grande mago, os seus últimos dias de estada naquela terra.

Jamais Ebramar prodigalizara tanta meiguice e atenção aos seus filhos espirituais. Junto com todos, ou a sós com alguém, ele promovia longas conversas, ensinando e dando conselhos, que se tornariam muito úteis no futuro. Todos o ouviam reconhecidos, gravando profundamente no coração as valiosíssimas instruções; seus olhos, porém, mal conseguiam conter as lágrimas, e um sentimento amargo oprimia-lhes o coração.

Mesmo Ebramar ressentia-se da separação da família espiritual, daqueles seus filhos de luz, mas o grande obreiro necessitava de repouso. A todo ser, criado pelo Inefável, o sono é uma dádiva para poder suportar as provações carnais e juntar novas forças para enfrentar o longo caminho, e esta condição se aplica a tudo.

Após tantos milênios de existência, dedicados ao extraordinário trabalho que lhe iluminou a fronte com sete fachos de mago, Ebramar ansiava mergulhar em luz de repouso para recuperar as forças e, mais tarde, ainda prosseguir na jornada de ascensão a mais um nível, que nem sequer pode ser intuído pela razão da humanidade terrena. Sabia ele que a luz, dele imanante, chegaria àquela região e àqueles que lhe eram caros, não só a estes acalentando, mas a qualquer ser, por mísero que fosse – que diria, então, dos que lhe eram íntimos!

Certa tarde, após o almoço, todos se reuniram no terraço do palácio de Ebramar e a conversa estendeu-se além do tempo habitual. O grande mago estava calado e pensativo, seu olhar vagava pelos presentes.

— Devo dizer-lhes, meus filhos, que a reunião de hoje é a última; a hora de nossa separação já soou – balbuciou ele, em voz surda.

Ao ver que todos empalideceram, ele acrescentou:

— Percebo, meus amigos, que a fraqueza humana do medo da separação ainda habita seus âmagos. Sei que gostariam de me ver por perto, o que é um certo egoísmo por parte de vocês, ainda que movido por amor. Bem o sabem que a vida de um mago é uma tenção constante da volição? Assim, eu estou exausto de querer e anseio pelo repouso; devo fortalecer-me para mais tarde seguir o meu rumo e continuar o trabalho; o caminho que tenho pela frente é ainda muito longo...

São tantos os mistérios que tenho a pesquisar, tantos os poderes que tenho de adquirir e tantas as forças poderosas que tenho de aprender a governar, que preciso renovar as minhas forças espirituais.

Por isso, queridos filhos, deixem-me repousar naquela morada de beleza celeste, de sono sem cansaço, banhar-me dentro da harmonia e da luz, gozar de paz absoluta e sossego, com plena consciência de que este repouso terei merecido. Não me evoquem, tampouco perturbem a bem-aventurança de meu sono mágico, com seus pensamentos angustiosos ou lamentações.

— Mestre, ao menos poderemos saber para onde você vai? – manifestou-se Supramati. – Poderia nos dizer, para que os nossos corações e pensamentos possam dirigir-lhe preces tranquilizantes?

— Irei para o astro que denominamos "Estrela dos Magos"; vocês a conhecem, estudiosos que são do mapa celeste. Ela sempre surge no momento em que um grande missionário, filho da luz, depois de ter ali repousado e se preparado para a missão excelsa, desce à terra para envolver-se das vestes pesadas da carne e aceitar um fim sanguinário e doloroso. Este astro abençoado me enviará um raio e eu ascenderei até lá.

Ebramar levantou-se; todos que ali estavam, um por um, dele se aproximaram, então ele abençoou todos e dirigiu a cada um alguma palavra amiga.

Quando chegou a vez de Narayana, o mago lhe pousou a mão na cabeça.

— Seja razoável e firme, meu "filho pródigo", e jamais deixe que o orgulho ou outra fraqueza humana empanem os frutos da vitória conquistada. Deixo-lhe Supramati, como o meu legado mais precioso, e ele lhe será um orientador confiável e afetuoso.

Por fim, dele se aproximou Nara; Ebramar fitou com olhar enigmático e pensativo aqueles olhos claros, cheios de amor.

— Agora eu posso marcar a hora da minha retirada. Afastar-me-ei por nove dias no sacrário, para os últimos preparativos; o sumo hierofante instruirá a hora, quando vocês deverão reunir-se junto aos seus portões. Somente vocês, suas consortes e aqueles que forem indicados pelos grandes hierofantes poderão participar do evento. Assim que eu sair, agora, vocês podem se retirar.

Ele fez um gesto e tornou-se invisível.

Profundamente emocionados, os discípulos de Ebramar decidiram passar aqueles nove dias em jejum absoluto e orações contínuas. Todos se retiraram em silêncio, a fim de se prepararem para o momento em que se reuniriam numa das grutas para uma solene vigília combinada.

Nara ficou por último, com Supramati e Narayana, e fez um sinal para que estes permanecessem.

— Gostaria de passar-lhes o desejo de Ebramar. Ele quer que vocês enterrem tudo que dele sobrar, no túmulo já escavado perto do santuário. Quero também jejuar, mas sozinha, e farei isso na câmara mortuária de Ebramar; mais tarde me juntarei a vocês. E agora, meus amigos e fiéis companheiros da vida multissecular, perdoem-me se nem sempre fui bastante humilde e paciente e... aconteça o que acontecer, tenham de mim boas lembranças – e ela estendeu as mãos para ambos.

— Você está pensando em nos deixar? – inquiriu Supramati, mal contendo a perturbação, enquanto Narayana a fitava, misto de tristeza e surpresa.

— Não é uma questão de deixá-los, mas livrar-me deste corpo que há tantos séculos carrego, e voltar para o meu lar. Além disso, ficar aqui sem o meu mestre e benfeitor, seria demais difícil. Vocês entendem, é claro.

— Naturalmente, entendemos, mas é que esta notícia de sua retirada foi tão súbita... – murmurou Supramati.

— Ainda não estou certa de que vou, embora Ebramar tenha admitido, certa vez, a possibilidade desta libertação – não para acompanhá-lo, é claro – pois não sou digna –, mas para que eu descanse no espaço. Ele não me disse quando isso aconteceria, não custa, porém, esperar – acrescentou ela, despedindo-se.

Finalmente, chegou o dia marcado por Ebramar e, com a vinda da noite, iniciaram-se os últimos preparativos. Os magos, as magas e todos que haviam sido convidados pelos grandes hierofantes se vestiram em alvos trajes de gala, e ficaram perfilados ao longo da galeria que ligava os portões do santuário com um promontório isolado entre as rochas graníticas, em cujas profundezas fora escavada a cidadela subterrânea. No centro do promontório havia um pedestal em ouro, em torno do qual tremeluziam luzes azuladas; em suas quatro laterais estavam postados os grandes astrólogos que falavam a língua dos astros.

Perto das duas horas da madrugada, um estrondo de trovão ecoou sacudindo os paredões dos templos subterrâneos, os portões do santuário abriram-se, uma intensa luz despejou-se de dentro e surgiu Ebramar, como que envolto em esfera transparente. Sete fachos de luz formavam sobre a sua cabeça uma espécie de coroa radiosa; em seu belo semblante resplandecia uma expressão de júbilo e bem-aventurança, ao peito ele apertava a espada mágica. Seus pés não tocavam o solo e ele parecia flutuar pela galeria, feito uma aparição; então, todos se puseram a acompanhá-lo.

Ao chegar até o pedestal, Ebramar deteve-se, ou melhor: ficou pairando sobre ele; os presentes entoaram, então, um hino imponente e majestoso.

Seguiu-se o silêncio; até a natureza parecia estar na expectativa. No ar não se sentia menor movimento; era uma noite maravilhosa, quente e perfumada; apenas um crepitar, quase imperceptível, traía que algo de extraordinário estava acontecendo.

Os quatro astrólogos iniciaram, então, um cântico maravilhoso em língua misteriosa, compreensível aos astros; subitamente, no céu azul-safira brilhou uma luz dourada que se foi aproximando e aumentando de tamanho, inundando o promontório de raios rutilantes.

No ar fervilhavam seres translúcidos e radiosos, protetores daquela nova terra – os espíritos das esferas; finalmente, os quatro grupos de espíritos elementais – servidores do poderoso iniciado – e as quatro películas ígneas, que se fundiam no peito de Ebramar, ataram-se.

Erguendo a espada mágica, o grande mago partiu num golpe aqueles elos, dizendo:

— Agradeço, espíritos elementais superiores, por sua lealdade, submissão e serviços prestados.

Neste instante, o olhar de Ebramar deteve-se nos que ali estavam.

— Saúdo-os, meus mestres, amigos e discípulos, e agradeço a todos.

— Vá repousar, amigo e obreiro incansável, na morada do Inefável – pronunciou o hierofante-mor, erguendo a mão.

No mesmo instante, um raio cintilante pareceu atingir o peito de Ebramar e acender-lhe em labaredas os fachos da coroa. Todos os presentes, com exceção dos astrólogos, caíram de joelhos, e aos seus olhos apresentou-se um espetáculo terrível.

O corpo terreno de Ebramar consumia-se em chamas e o astral radioso liberto projetou-se para o alto pelo raio dourado.

Ao mesmo tempo, o manto de uma das magas inflamou-se, seu corpo tombou na terra, e dele se separou um espectro lustroso, parecido com uma borboleta prateada. Era Nara, que seguia o seu mestre adorado. Um minuto depois, o espectro esmaeceu; os seres luminosos diluíram-se na névoa e o raio extinguiu-se.

No pedestal de ouro só restara um punhado de cinzas fosforescentes, que os discípulos recolheram respeitosamente numa urna de cristal, encimada por crucifixo.

O corpo de Nara não se consumira, porém ficou leve, flexível e incrivelmente transparente, conferindo-lhe espantosa semelhança com uma estátua de cera irisante.

A câmara mortuária de Ebramar, sem ser grande, alindava-se, entretanto, de esculturas admiráveis e incrustações cor de safira; uma luz, cuja origem era desconhecida e que lembrava o luar, iluminava-a suavemente.

Nos fundos, dentro de nicho fundo, sobre um bloco azul em forma de altar, repousava a urna com as cinzas de Ebramar. O corpo de Nara, tremeluzente em clarões pálidos azulados e emanando um odor perfumoso, fora sepultado por Supramati e Narayana embaixo do altar com a urna.

Apenas os iniciados superiores e os discípulos de Ebramar eram autorizados a entrarem na câmara mortuária, onde se encontrava a urna e o corpo de Nara, para a realização de ofícios religiosos.

A porta, desprovida de chave ou cadeado, abria-se sozinha, somente para os dignos; um mortal comum não conseguia atravessar-lhe o umbral.

Certa noite, uns sete dias depois de Ebramar se retirar para a Estrela dos Magos, num dos terraços do palácio de Supramati dois homens de branco estavam de pé, recostados no corrimão.

Um deles, aparentemente o próprio senhor da casa, tão absorto em seus pensamentos, parecia nada notar ao seu redor.

Narayana, que estava a seu lado, aparentemente nem lhe reparava a presença. Seu olhar sério errava meditativo ora pelo quadro maravilhoso da natureza, ora pelo firmamento azul-lazúli densamente salpicado por estrelas, e que se assemelhava a uma cortina urdida em ouro.

Após um longo silêncio, ele virou-se para Supramati e disse:

— Você pode me tirar uma dúvida que tanto me intriga? Sei que, por várias vezes, você acompanhou o mestre para diversos mundos; algum dia ele lhe mostrou essa Estrela dos Magos em que agora ele se encontra? Caso positivo, diga-me então, se não houver impedimento: de que forma ela é?

Supramati continuou por algum tempo calado; em seus lábios vagava um sorriso, e os olhos pareciam contemplar uma visão radiosa.

— É verdade, já vi esse lugar maravilhoso e terei prazer em compartilhar as minhas impressões. Aquele mundo é inundado de luz, impossível de ser imaginada; é uma região de incrível beleza e vegetação luxuriante, que não pode ser descrita ou comparada com nada que conhecemos. Tudo por ali vibra, tudo é som harmônico, aroma suave, gama de cores inéditas, cuja combinação gera a luz misteriosa de que lhe falei.

Lá, embalados por ondas de éter, repousam em total relaxamento e bem-aventurança os espíritos dos magos.

Aquele refúgio de tranqüilidade e luz, em que os espíritos mergulham em "manvantara", gerou a noção equivocada sobre o nirvana. Imaginaram – veja só! – que o espírito mergulha em luz cósmica, perdendo o seu individualismo e fundindo-se com a Divindade. O certo é que o nirvana é uma conhecidíssima forma de descanso, um estado de repouso, do qual a alma sai revigorada para obrar na região da eternidade.

A um mortal não é dada a capacidade de ver o caminho e conhecer o objetivo pelo qual almeja a alma de um grande iniciado; a região onde termina o marchar do movimento perpétuo, dirigido atrás dos muros flamejantes, governando o cosmo – isso é um mistério do Inefável.

Nós, meu amigo Narayana, que galgamos um insignificante degrau dos conhecimentos e do bem, deslumbramos aos nossos pés um formigueiro humano pululante; acompanhamos, entristecidos, como a cega e ignara turba, padecendo em conseqüência dos instintos da carne e odiando-se mutualmente, se dilacera ou se mata, apenas para granjear alguns bens terrenos fugazes, jamais alcançados. Os seres humanos não se dão conta de que eles vieram à terra como hóspedes temporários, que a morte varre, como a areia é varrida pelo vento forte; eles se esquecem do grande mandamento do Amor – o único que torna possível a paz. "Amai-vos uns aos outros" – preconizara o Filho de Deus.

— Como somos bem-aventurados, que graça maravilhosa temos por entender as leis divinas e podermos sacudir a pior das fraquezas e equívocos humanos – sussurrou Narayana, tomado de júbilo de louvor, e erguendo os olhos para a abóbada celeste.

Supramati apertou-lhe a mão.

— Continuemos, então, em direção à luz, mostremos o caminho aos nossos irmãos, errantes na escuridão, confinados na "terra" humana, e trabalhemos incansavelmente para nos tornarmos dignos da missão sagrada a nós confiada: a de sermos os legisladores nesta terra jovem.

Eliana Machado Coelho
romances de Schellida

Despertar para a Vida

Márcia é uma moça bonita, inteligente e decidida. Orgulha-se de sua capacidade profissional e do êxito alcançado no trabalho em uma empresa multinacional. Independente financeiramente, ama a vida. Porém, a influência dos espíritos em nossas vidas é maior do que imaginamos. Um acidente acontece e Márcia, sem perceber, passa a ser envolvida pelo espírito Jonas, um desafeto que, por vingança, inicia um processo de obsessão contra ela.

584 páginas | 14 x 21 cm

ISBN 85-86474-85-1 | Código de Barras 9788586474859

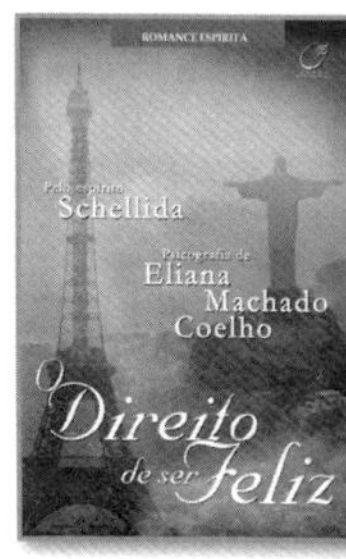

O Direito de Ser Feliz

Fernando e Regina apaixonam-se. Ele, de família rica, bem posicionada. Ela, de classe média, jovem sensível e espírita. Mas o destino começa a pregar suas peças. Movido pela ambição material, Fernando decide ir trabalhar na França, caindo na rede sedutora de Lorena, uma prima que mora em Paris.

432 páginas | 14 x 21 cm

ISBN 85-86474-58-4 | Código de Barras 9788586474583

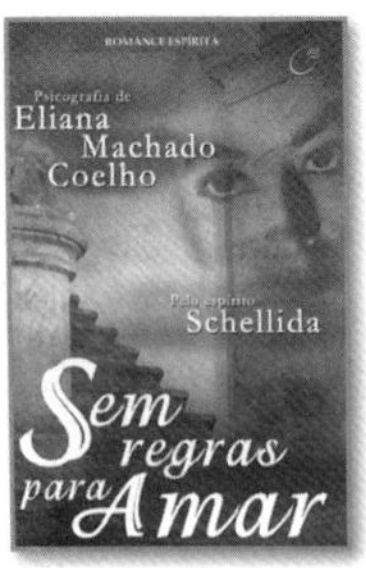

Sem Regras para Amar

Gilda é uma mulher rica, casada com o empresário Adalberto, mãe de Lara, Eduardo e Érika. Arrogante, prepotente e orgulhosa, ela sempre consegue o que quer graças ao poder da sua posição social. Mas a vida dá muitas voltas.

504 páginas | 14 x 21 cm | ISBN 85-86474-62-2 | Código de Barras 9788586474620

Um Motivo para Viver

Raquel nasceu em uma fazenda numa pequena cidade do Rio Grande do Sul. Morava com o pai, a mãe, três irmãos e o avô, um rude e autoritário imigrante polonês. Na fazenda vizinha, seu tio Ladislau, a mulher e duas filhas. O drama de Raquel começou aos nove anos, quando então passou a sofrer os assédios de Ladislau, um homem sem escrúpulos, mas dissimulado e gozando de boa reputação na cidade.

536 páginas | 14 x 21 cm | ISBN 85-86474-72-X | Código de Barras 9788586474729

Vera Lúcia Marinzeck de Carvalho
obras do espírito Antônio Carlos

Rosana, a Terceira Vítima Fatal

Suspense, morte e o reencontro, na espiritualidade, de Rosana e Rafael, dois personagens vítimas da violência.

160 páginas | 14 x 21 cm | ISBN 85-86474-12-6 | Código de Barras 9788586474125

Amai os Inimigos

O empresário Noel é traído pela esposa. Esse triângulo amoroso irá reproduzir cenas do passado. Após seu desencarne ainda jovem, Noel vive um novo cotidiano na espiritualidade e se surpreende ao descobrir quem era o amor de sua ex-esposa na Terra.

144 páginas | 14 x 21 cm | ISBN 85-86474-48-7 | Código de Barras 9788586474484

Escravo Bernardino

Romance que retrata o período da escravidão no Brasil e apresenta o iluminado escravo Bernardino e seus esclarecimentos.

152 páginas | 14 x 21 cm

ISBN 85-86474-13-4 | Código de Barras 9788586474132

Véu do Passado

Kim, o "menino das adivinhações", possui intensa vidência desde pequeno e vê a cena da sua própria morte.

184 páginas | 14 x 21 cm

ISBN 85-86474-01-0 | Código de Barras 9788586474019

O Rochedo dos Amantes

Um estranha história de amor acontece no litoral brasileiro num lugar de nome singular: Rochedo dos Amantes.

144 páginas | 14 x 21 cm

ISBN 85-86474-14-2 | Código de Barras 9788586474149

espírito Rosângela (infantil)

O Pedacinho do Céu Azul

História da menina cega Líliam cujo maior sonho era ver o céu azul.

32 páginas | 21 x 28 cm

ISBN 85-86474-20-7 | Código de Barras 9788586474200

espíritos Guilherme, Leonor e José

Em Missão de Socorro

Histórias de diversos resgates realizados no Umbral por abnegados trabalhadores do bem.

176 páginas | 14 x 21 cm | ISBN 85-86474-37-1 | Código de Barras 9788586474378

Tanya Oliveira espírito Eugene

Longe dos Corações Feridos

Estamos em 1948. Após o fim da Segunda Guerra Mundial, dois militares americanos da Força Aérea vão viver emoções conflitantes entre o amor e a guerra.

336 páginas | 14 x 21 cm | ISBN 85-86474-67-3 | Código de Barras 9788586474675

O Despertar das Ilusões

A Revolução Fancesa batia às portas do Palácio de Versalhes. Mas dois corações apaixonados queriam viver um grande amor.

360 páginas | 14 x 21 cm | ISBN 85-86474-80-0 | Código de Barras 9788586474804

Obras do médium Roberto Diógenes

Casa do Auxílio (espírito Jaqueline)

O espírito Jaqueline está em nova morada. Depois de viver um tempo na Colônia Bom Jardim, local onde pode fazer sua adaptação de vida após a morte, nossa amiga espiritual habita agora a Colônia São Tarcísio, uma cidade repleta de novidades e novos aprendizados.

364 páginas | 14 x 21 cm

ISBN 85-86474-76-2 | Código de Barras 9788586474811

Lições para uma Vida Feliz (espírito Demetrius)

Paz de espírito, serenidade, confiança, alegria, desapego, paciência e muita fé. Quem não gostaria de viver cotidianamente com essas virtudes no coração e sentir a felicidade em toda a sua plenitude?

112 páginas | 11 x 15 cm (bolso)

ISBN 85-86474-69-X | Código de Barras 9788586474699

Relato de uma Católica (espírito Jaqueline)

Jaqueline é uma jovem de 16 anos de idade. Em um dia como outro qualquer, levanta-se, vai à escola e, na saída do colégio, um tempestade cai sobre sua cidade no interior de Goiás. Molhada, correndo pelas ruas, o pior acontece: um acidente banal, um escorregão, e Jaqueline bate a cabeça, vindo a desencarnar.

264 páginas | 14 x 21 cm

ISBN 85-86474-76-2 | Código de Barras 9788586474767

UFO – Fenômeno de Contato (espírito Yehoshua ben Nun)

Um livro que aborda temas intrigantes deste assunto sempre interessante como antimátéria, abduções, teletransporte, faixas dimensionais e a polêmica dos mundos habitados, entre outros.

336 páginas | 14 x 21 cm
ISBN 85-86474-75-4
Código de Barras 9788586474750

Pedro de Campos

Universo Profundo – Seres inteligentes e luzes no céu (espírito Erasto)

Nesta obra, Pedro de Campos, sob a orientação do espírito Erasto, nos oferece uma visão espírita da Ufologia, desmistificando e facilitando o entendimento deste polêmico assunto. Como você entende os enigmáticos avistamentos de naves espaciais e de seres extraterrestres? De onde você acredita que eles vêm? Eles existem mesmo? Eles estão entre nós?

240 páginas | 14 x 21 cm
ISBN 85-86474-64-9
Código de Barras 9788586474644

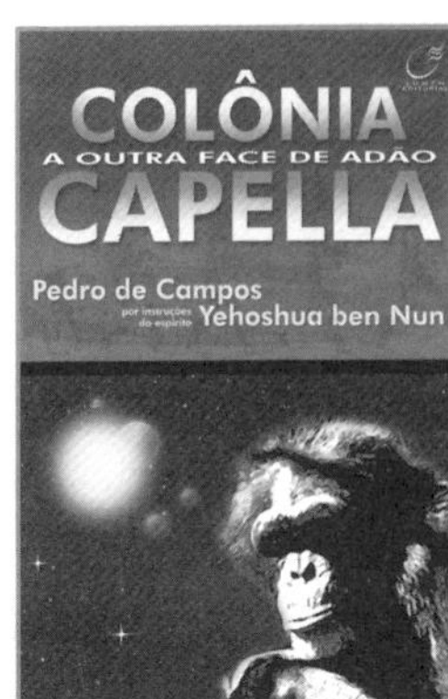

Colônia Capella – A outra face de Adão (espírito Yehoshua ben Nun)

Uma extraordinária viagem no tempo até os primórdios da Humanidade que une o evolucionismo proposto por Charles Darwin e a Teoria Evolucionista Espiritual, a partir das constatações feitas por Allan Kardec de que "existem seres inteligentes extrafísicos com os quais é possível comunicar-se".

384 páginas | 14 x 21 cm
ISBN 85-86474-54-1
Código de Barras 9788586474545

Maria Nazareth Dória
obras do espírito Helena

Jóia Rara

Leitura edificante, uma página por dia. Um roteiro diário para nossas reflexões e para a conquista de uma padrão vibratório elevado, com bom ânimo e vontade de progredir. Essa é a proposta deste livro que irá encantar o leitor de todas as idades.

98 páginas | 11 x 15 cm (bolso)

ISBN 85-86474-83-5 | Código de Barras 9788586474835

Sob o Olhar de Deus

Gilberto é um maestro de renome internacional, compositor famoso e respeitado no mundo todo. Casado com Maria Luiza, é pai de Angélica e Hortência, irmãs gêmeas com personalidades totalmente distintas. Fama, dinheiro e harmonia compõem o cenário daquela bem-sucedida família. Contudo, um segredo guardado na consciência de Gilberto vem modificar a vida de todos.

192 páginas | 14 x 21 cm | ISBN 85-86474-79-7

Código de Barras 9788586474798

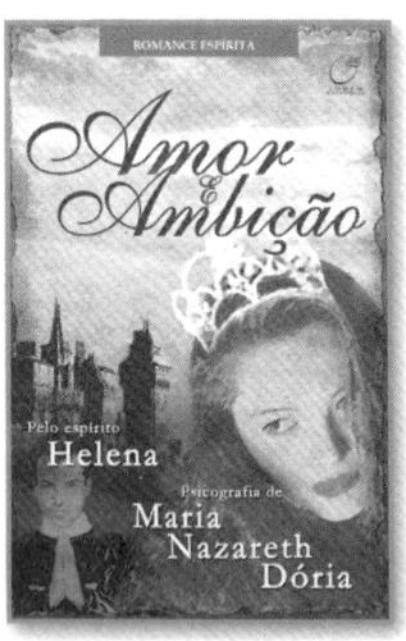

Amor e Ambição

Loretta era uma jovem nascida e criada na corte de um grande reino europeu entre os séculos XVII e XVIII. Determinada e romântica, desde a adolescência guardava um forte sentimento em seu coração: a paixão por seu primo Raul. Um detalhe apenas os separava: Raul era padre, convicto em sua vocação.

320 páginas | 14 x 21 cm

ISBN 85-86474-60-6 | Código de Barras 9788586474606

Um Novo Despertar

Simone é uma moça simples de uma pequena cidade interiorana. Lutadora incansável, ela trabalha em uma casa de família para sustentar a mãe e os irmãos, e sempre manteve acesa a esperança de conseguir um futuro melhor. Em meio à rotina de suas duras tarefas, ela nunca deixou de estudar até conseguir o seu diploma.

Porém, a história de cada um segue caminhos que desconhecemos.

192 páginas | 14 x 21 cm

ISBN 85-86474-66-5 | Código de Barras 9788586474668

Sônia Tozzi espírito Irmão Ivo

A Essência da Alma

Ensinamentos e mensagens de Irmão Ivo que orientam a reforma íntima do leitor e o auxiliam em seu processo de autoconhecimento.

160 páginas
Formato 11x15 cm (bolso)
ISBN 85-86474-82-7
Código de Barras 9788586474828

O Amor Enxuga as Lágrimas

Paulo e Marília, um típico casal classe média brasileiro, levam uma vida tranqüila e feliz com os três filhos, Fábio, André e Laís. Quando tudo parece caminhar em segurança, começam as provações daquela família: o garoto Fábio, após um período de internação para a cura de uma doença banal, vem a falecer de maneira quase inacreditável.

264 páginas | 14 x 21 cm
ISBN 85-86474-68-1
Código de Barras 9788586474682

Somos Todos Aprendizes

Bernadete, uma estudante de Direito, está quase terminado seu curso. Arrogante, lógica e racional, vive em conflito com familiares e amigos de faculdade por causa de seu comportamento rígido. Apesar de seu coração duro, ela conquista o amor de Geraldo, amigo de longa data, romance que resultará em um casamento.

368 páginas | 14 x 21 cm | ISBN 85-86474-77-0 | Código de Barras 9788586474774

Renato Modesto espírito Amadeu

Muitas Vidas, um Amor

Jean Valloise era um humilde ferreiro na França de 1789. Com a eclosão da Revolução Francesa, sua casa, como outras tantas daquele povo sofrido de então, foi saqueada e incendiada. Pior! Sua esposa Marianne, grávida e frágil, acabou sendo raptada por Terence e seu bando, inescrupulosos saqueadores e aproveitadores da balbúrdia geral. Após sobreviver ao ataque, um só pensamento dominava o alquebrado Valloise: descobrir o paradeiro de Marianne e resgatá-la com vida.

312 páginas | 14 x 21 cm
ISBN 85-86474-78-9 | Código de Barras 9788586474781

Impresso nas oficinas da
Gráfica Palas Athena